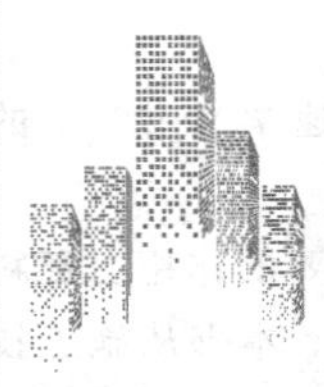

建筑工程
业务管理人员
速学丛书

资料员速学手册 第三版

戴成元 主编

化学工业出版社
·北京·

《资料员速学手册》第三版是“建筑工程业务管理人员速学丛书”中的一本。

随着建筑行业的发展，工程资料管理也发挥着越来越重要的作用。资料员的工作很大程度上影响着施工能否有序、高效高质地完成。本书从施工技术、测量、物资、记录、试验、验收、竣工、监理等各方面介绍了施工现场资料管理的基本内容，操作性、实用性强，通俗易懂。

本书以笔记式的体例格式编写，更适合自学人员及初学者学习，可供施工现场资料管理人员、施工技术人员查阅参考，也可供相关专业大中专及职业学校师生使用。

图书在版编目（CIP）数据

资料员速学手册/戴成元主编. —3版. —北京：化学工业出版社，2018.3（2023.7重印）

（建筑工程业务管理人员速学丛书）

ISBN 978-7-122-31517-5

Ⅰ.①资… Ⅱ.①戴… Ⅲ.①建筑工程-技术档案-档案管理-技术手册 Ⅳ.①G275.3-62

中国版本图书馆CIP数据核字（2018）第026576号

责任编辑：袁海燕　　装帧设计：张　辉

责任校对：吴　静

出版发行：化学工业出版社（北京市东城区青年湖南街13号　邮政编码100011）

印　　装：涿州市般润文化传播有限公司

850mm×1168mm　1/32　印张11　字数293千字

2023年7月北京第3版第9次印刷

购书咨询：010-64518888　　售后服务：010-64518899

网　　址：http：//www.cip.com.cn

凡购买本书，如有缺损质量问题，本社销售中心负责调换。

定　　价：39.00元

《资料员速学手册》第三版
编写人员名单

主　　编　戴成元

参编人员　（按姓名笔画排序）

于　涛	王　健	王红微	白雅君
刘艳君	孙石春	邢丽娟	杜庆斌
何　影	张黎黎	姚继权	董　慧

前　言

鉴于国家标准《建筑工程施工质量验收统一标准》(GB 50300—2013)、《建设工程监理规范》(GB/T 50319—2013)、《建设工程文件归档整理规范》(GB/T 50328—2014)、《混凝土结构工程施工质量验收规范》(GB 50204—2015)、《建筑电气工程施工质量验收规范》(GB 50303—2015)、《通风与空调工程施工质量验收规范》(GB 50243—2016)、《智能建筑工程质量验收规范》(GB 50339—2013)等规范进行了修订，本书第 2 版的相关章节已经不能适应发展的需要，故本书进行了修订。

由于编者的水平有限，书中疏漏在所难免，望广大读者给予批评、指正。

编者

2017 年 12 月

第1版前言

近年来，随着建筑行业发展的日趋完善和成熟，工程资料管理正以其鲜明的特点发挥着越来越重要的作用。搜集和整理好建筑工程资料是建筑施工中的一项重要工作，是工程质量管理的组成部分。工程资料的质量和工程质量密切相连，成为工程分项、分部、竣工验收的重要依据，任何一项工程如果施工技术资料不符合标准规定，就可能判定该项工程不合格。所以，资料员的工作在很大程度上制约着工程施工现场能否有序、高效、高质量地按时完成施工任务。为了提高广大资料员的专业素质和工作水平，以进一步健全和完善施工现场的全面质量管理，根据《建筑工程文件归档整理规范》（GB/T 50328—2001）和《建筑工程施工质量验收统一标准》（GB 50300—2001）等相关规范、标准的规定以及施工现场资料编制的要求编写了本书。

本书共九章，分别从工程管理资料概论、土建工程资料管理、建筑工程施工技术资料管理和施工测量记录、建筑工程施工物资资料管理、建筑工程施工记录、建筑工程施工试验记录、建筑工程施工质量验收记录、建筑工程竣工组卷资料管理、建筑工程监理资料管理九个方面介绍了施工现场资料管理的基本内容。书中内容表现形式新颖，易于理解，便于执行，方便读者抓住主要问题，及时查阅和学习。本书操作性、实用性强，通俗易懂，可供施工现场资料管理人员、施工技术人员查阅参考，也可供相关专业大中专及职业学校的师生使用。

由于编者的水平和学识有限，尽管编者尽心尽力，但仍难免有疏漏或未尽之处，敬请有关专家和读者提出宝贵意见，以不断充实、提高、完善。

编者

2009年8月

第 2 版前言

《资料员速学手册》自第 1 版出版发行以来，一直深受广大读者的喜爱。鉴于《砌体工程施工质量验收规范》GB 50203—2011、《地下防水工程质量验收规范》GB 50208—2011 以及《屋面工程质量验收规范》GB 50207—2012 等国家标准、规范进行了修改，此次修订对相应内容进行了更全面、更完善的改进。

由于编者学识和经验有限，虽经编者尽心尽力，但难免存在疏漏或不妥之处，望广大读者批评指正。

编者

2012 年 12 月

目 录

第 1 章　工程管理资料概论

第 1 节　工程资料的管理职责

要　点

搜集和整理好建筑工程资料是建筑施工中的一项重要工作，是工程质量管理的组成部分。任何一个工程质量技术资料如不符合有关标准规定，则判定该工程不合格，对该工程质量具有否定权。做好施工质量技术资料管理工作是很重要的，应首先了解工程资料的管理职责。

解　释

一、通用职责

① 工程资料的形成应符合国家相关的法律、法规、规范和施工质量验收标准、工程合同与设计文件等规定。

② 工程各参建单位应将工程资料的形成和积累纳入工程建设管理的各个环节和有关人员的职责范围。

③ 工程各参建单位应确保各自文件的真实、有效、完整和齐全，对工程资料进行涂改、伪造、随意抽撤、损毁或丢失等的，应按有关规定予以处罚，情节严重的，应依法追究法律责任。

④ 工程资料应随工程进度同步收集、整理并按规定移交。

⑤ 工程资料应实行分级管理，由建设、监理、施工单位主管（技术）负责人组织本单位工程资料的全过程管理工作。建设过程中工程资料的收集、整理工作和审核工作应有专人负责，并按规定取得相应的岗位资格。

二、工程各参建单位职责

1. 建设单位职责

① 应负责基建文件的管理工作，并设专人对基建文件进行收

集、整理和归档。

② 必须向参与工程建设的勘察、设计、监理、施工等单位提供与建设工程有关的资料。

③ 在工程招标及与参建各方签订合同或协议时，应对工程资料和工程档案的编制责任、费用、套数、质量和移交期限等提出明确要求。

④ 由建设单位采购的建筑材料、设备和构配件，建设单位应保证建筑材料、设备和构配件符合设计文件和合同要求，并保证相关物资文件的真实、完整和有效。

⑤ 应负责监督和检查各参建单位工程资料的形成、积累和立卷工作，也可委托监理单位检查工程资料的形成、积累和立卷工作。

⑥ 对须建设单位签认的工程资料应签署意见。

⑦ 应收集和汇总勘察、设计、监理和施工等单位立卷归档的工程档案。

⑧ 应负责组织竣工图的绘制工作，也可委托设计单位、监理单位或施工单位，并按相关文件规定承担费用。

⑨ 列入城建档案馆接收范围的工程档案，建设单位应在组织工程竣工验收前，提请城建档案馆对工程档案进行预验收，未取得《建设工程竣工档案预验收意见》的，不得组织工程竣工验收。

⑩ 建设单位应在工程竣工验收后三个月内将工程档案移交城建档案馆。

2. 勘察、设计单位职责

① 应按合同和规范要求提供勘察、设计文件。

② 对须勘察、设计单位签认的工程资料应签署意见。

③ 工程竣工验收，应出具工程质量检查报告。

3. 监理单位职责

① 应负责监理资料的管理工作，并设专人对监理资料进行收集、整理和归档。

② 应按照合同约定，在勘察、设计阶段，对勘察、设计文件

的形成、积累、组卷和归档进行监督、检查；在施工阶段，应对施工资料的形成、积累、组卷和归档进行监督、检查，使工程资料的完整性、准确性符合有关要求。

③ 列入城建档案馆接收范围的监理资料，监理单位应在工程竣工验收后两个月内移交建设单位。

4. 施工单位职责

① 应负责施工资料的管理工作，实行技术负责人负责制，逐级建立健全施工资料管理岗位责任制。

② 应负责汇总各分包单位编制的施工资料，分包单位应负责其分包范围内施工资料的收集和整理，并对施工资料的真实性、完整性和有效性负责。

③ 应在工程竣工验收前，将工程的施工资料整理、汇总完成。

④ 应负责编制两套施工资料，其中一套移交建设单位，另一套自行保存。

5. 城建档案馆职责

① 应负责接收、收集、保管和利用城建档案的日常管理工作。

② 应负责对城建档案的编制、整理、归档工作进行监督、检查、指导，对国家和各省、市重点、大型工程项目的工程档案编制、整理、归档工作应指派专业人员进行指导。

③ 在工程竣工验收前，应对列入城建档案馆接收范围的工程档案进行预验收，并出具《建设工程竣工档案预验收意见》。

相关知识

工程资料的意义和作用

搜集和整理好建筑工程资料是建筑施工中的一项重要工作，是工程质量管理的组成部分。每个建筑工程竣工验收前必须具备两个条件：一是施工过程中质量技术管理资料达到验收条件；二是建筑物体达到验收条件，两者缺一不可。

一个建筑物体竣工后是看得见摸得着的有形物体，验收时只能在外观上加以评价，但内在的施工质量及质量管理实施情况，只能通过验收整个施工过程的有关质量技术资料，看其是否清楚齐全，是否符合有关规范、规程的要求来检验。同时它又是将来对该建筑物检查、维修、使用、管理、改建的最原始依据。

对于一份排列有序、内容齐全、清楚明了的单位工程施工质量技术资料，必须在施工中根据工程实际物体，按照有关规范、规程去检测、评定，做到物体实际质量等级与资料内所记载的质量数据相符，这是物体质量实质反映。

第2节　工程资料分类

要　点

工程建设一般将工程资料分为五个部分，包括工程准备阶段文件、监理资料、施工资料、竣工图和工程竣工文件。

解　释

工程资料分类

工程资料分类见表1-1。

表1-1　工程资料分类表

工程资料类别		工程资料名称	工程资料来源	工程资料保存			
				施工单位	监理单位	建设单位	城建档案馆
A类		工程准备阶段文件					
A1类	决策立项文件	项目建议书	建设单位	—	—	●	●
		项目建议书的批复文件	建设行政管理部门	—	—	●	●
		可行性研究报告	建设单位	—	—	●	●
		可行性报告的批复文件	建设行政管理部门	—	—	●	●
		关于立项的会议纪要、领导批示	建设单位	—	—	●	●
		专家对项目的有关建议文件	建设单位	—	—	●	●
		项目评估研究资料	建设单位	—	—	●	●

续表

工程资料类别		工程资料名称	工程资料来源	工程资料保存			
				施工单位	监理单位	建设单位	城建档案馆
A2 类	建设用地文件	选址申请及选址规划意见通知书	建设单位规划部门	—	—	●	●
		建设用地批准文件	土地行政管理部门	—	—	●	●
		拆迁安置意见、协议、方案等	建设单位	—	●	●	●
		建设用地规划许可证及其附件	规划行政管理部门	—	—	●	●
		国有土地使用证	土地行政管理部门	—	—	●	●
		划拨建设用地文件	土地行政管理部门	—	—	●	●
A3 类	勘察设计文件	岩土工程勘察报告	勘察单位	●	●	●	●
		建设用地钉桩通知单(书)	规划行政管理部门	●	●	●	●
		地形测量和拨地测量成果报告	测绘单位	—	—	●	●
		审定设计方案通知书及审查意见	规划行政管理部门	—	—	●	●
		审定设计方案通知书要求征求有关部门的审查意见和要求取得有关协议	有关部门	—	—	●	●
		初步设计图及设计说明	设计单位	—	—	●	—
		消防设计审核意见	公安机关消防机构	○	○	●	●
		施工图设计文件审查通知书及审查报告	施工图审查机构	○	○	●	—
		施工图设计及说明	设计单位	○	○	●	—
A4 类	招投标及合同文件	勘察招投标文件	建设、勘察单位	—	—	●	—
		勘察合同*	建设、勘察单位	—	—	●	●
		设计招投标文件	建设、设计单位	—	—	●	—
		设计合同*	建设、设计单位	—	—	●	●
		监理招投标文件	建设、监理单位	—	●	●	—
		委托监理合同*	建设、监理单位	—	●	●	●
		施工招投标文件	建设、施工单位	●	○	●	—
		施工合同	建设、施工单位	●	○	●	●

续表

工程资料类别		工程资料名称	工程资料来源	工程资料保存			
				施工单位	监理单位	建设单位	城建档案馆
A5类	开工文件	建设项目列入年度计划的申报文件	建设单位	—	—	●	●
		建设项目列入年度计划的批复文件或年度计划项目表	建设行政管理部门	—	—	●	●
		规划审批申报表及报送的文件和图纸	建设、设计单位	—	—	—	●
		建设工程规划许可证及其附件	规划部门	—	—	●	●
		建设工程规划许可证及其附件	建设行政管理部门	●	●	●	●
		工程质量安全监督注册登记	质量监督机构	○	○	●	●
		工程开工前的原貌影像资料	建设单位	●	●	●	●
		施工现场移交单	建设单位	○	○	○	—
A6类	商务文件	工程投资估算资料	建设单位	—	—	●	—
		工程设计概算资料	建设单位	—	—	●	—
		工程施工图预算资料	建设单位	—	—	●	—
A类其他资料							
B类		监理资料					
B1类	监理管理资料	监理规划	监理单位	—	●	●	●
		监理实施细则	监理单位	○	●	●	●
		监理月报	监理单位	—	●	●	—
		监理会议纪要	监理单位	○	●	●	—
		监理工作日志	监理单位	—	●	—	—
		监理工作总结	监理单位	—	●	●	●
		工作联系单	监理单位、施工单位	○	○	—	—
		监理工程师通知	监理单位	○	○	—	—
		监理工程师通知回复单*	施工单位	○	○	—	—
		工程暂停令	监理单位	○	○	○	●
		工程复工报审表*	施工单位	●	●	●	●

续表

工程资料类别		工程资料名称	工程资料来源	工程资料保存			
				施工单位	监理单位	建设单位	城建档案馆
B2 类	进度控制资料	工程开工报审表*	施工单位	●	●	●	—
		施工进度计划申报表	施工单位	○	○	—	—
B3 类	质量控制资料	质量事故报告及处理资料	施工单位	●	●	●	●
		旁站监理记录*	监理单位	●	●	●	●
		见证取样和送检见证人员备案表	监理单位或建设单位	●	●	●	●
		见证记录*	监理单位	●	●	●	—
		工程技术文件报审表*	施工单位	○	○	—	—
B4 类	造价控制资料	工程款支付申请表	施工单位	●	●	●	—
		工程支付证书	监理单位	○	○	●	—
		工程变更费用报审表*	施工单位	○	○	●	—
		费用索赔申请表	施工单位	○	○	●	—
		费用索赔审批表	监理单位	○	○	●	—
B5 类	合同管理资料	委托监理合同*	监理单位	—	●	●	●
		工程延期申请表	施工单位	●	●	●	●
		工程延期审批表	监理单位	●	●	●	●
		分包单位资质报审表*	施工单位	●	●	●	—
B6 类	竣工验收资料	单位(子单位)工程竣工预验收报验表*	施工单位	●	●	●	—
		单位(子单位)工程质量竣工验收记录**	施工单位	●	●	●	●
		单位(子单位)工程质量控制资料核查记录*	施工单位	●	●	●	●
		单位(子单位)工程安全和功能检验资料核查及主要功能抽查记录*	施工单位	●	●	●	●
		单位(子单位)工程观感质量检查记录*	施工单位	●	●	●	●
		工程质量评估报告	监理单位	●	●	●	●
		监理费用决算资料	监理单位	—	○	●	—
		监理资料移交书	监理单位	—	●	●	—

续表

工程资料类别		工程资料名称	工程资料来源	工程资料保存			
				施工单位	监理单位	建设单位	城建档案馆
B类其他资料							
C类		施工资料					
C1类	施工管理资料	工程概况表	施工单位	●	●	●	●
		施工现场质量管理检查记录*	施工单位提供	●	—	—	—
		企业资质证书及相关专业人员岗位证书	施工单位	○	○	—	—
		分包单位资质报审表*	施工单位	●	●	●	—
		建设工程质量事故调查、勘查记录	调查单位	●	●	●	●
		施工检测计划	施工单位	○	○	—	—
		见证记录*	监理单位	●	●	●	—
		见证试验检测汇总表	施工单位	●	—	—	—
		施工日志	施工单位	●	—	—	—
		监理工程师通知回复单*	施工单位	○	○	—	—
C2类	施工技术资料	工程技术文件报审表*	施工单位	○	○	—	—
		施工组织设计及施工方案	施工单位	○	○	—	—
		危险性较大分部分项工程施工方案专家论证表	施工单位	○	○	—	—
		技术交底记录	施工单位	○	—	—	—
		图纸会审记录**	施工单位	●	●	●	●
		设计变更通知书**	设计单位	●	●	●	●
		工程洽商记录(技术核定单)	施工单位	●	●	●	●

续表

工程资料类别		工程资料名称	工程资料来源	工程资料保存			
				施工单位	监理单位	建设单位	城建档案馆
C3类	进度造价资料	工程开工报审表*	施工单位	●	●	●	●
		工程复工报审表*	施工单位	●	●	●	●
		施工进度计划报审表	施工单位	○	○	—	—
		施工进度计划	施工单位	○	○	—	—
		人、机、料动态表	施工单位	○	○	—	—
		工程延期申请表	施工单位	●	●	●	●
		工程款支付申请表	施工单位	○	○	●	—
		工程变更费用报审表	施工单位	○	○	●	—
		费用索赔申请表*	施工单位	○	○	●	—
C4类	施工物资资料	出厂质量证明文件及检测报告					
		砂、石、砖、水泥、钢筋、隔热保温、防腐材料、轻集料出厂质量证明文件	施工单位	●	●	●	●
		其他物资出厂合格证、质量保证书、检测报告和报关单或商检证等	施工单位	●	○	○	—
		材料、设备的相关检验报告、型式检测报告、3C强制认证合格书或3C标志	采购单位	●	○	○	—
		主要设备、器具的安装使用说明书	采购单位	●	○	○	—
		进口的主要材料设备的商检证明文件	采购单位	●	○	●	●
		涉及消防、安全、卫生、环保、节能的材料、设备的检测报告或法定机构出具的有效证明文件	采购单位	●	●	●	—

续表

工程资料类别		工程资料名称	工程资料来源	工程资料保存			
				施工单位	监理单位	建设单位	城建档案馆
C4类	施工物资资料	进场检验通用表格					
		材料、构配件进场检验记录*	施工单位	○	○	—	—
		设备开箱检验记录*	施工单位	○	○	—	—
		设备及管道附件试验记录*	施工单位	●	○	●	—
		进场复试报告					
		钢材试验报告	检测单位	●	●	●	●
		水泥试验报告	检测单位	●	●	●	●
		砂试验报告	检测单位	●	●	○	●
		碎（卵）石试验报告	检测单位	●	●	●	●
		外加剂试验报告	检测单位	●	—	●	—
		防水涂料试验报告	检测单位	●	○	●	—
		防水卷材试验报告	检测单位	●	○	●	—
		砖（砌块）试验报告	检测单位	●	●	●	●
		预应力筋复试报告	检测单位	●	●	●	●
		预应力锚具、夹具和连接器复试报告	检测单位	●	●	●	●
		装饰装修用门窗复试报告	检测单位	●	○	●	—
		装饰装修用人造木板复试报告	检测单位	●	○	●	—
		装饰装修用花岗石复试报告	检测单位	●	○	●	—
		装饰装修用安全玻璃复试报告	检测单位	●	○	●	—
		装饰装修用外墙砖复试报告	检测单位	●	○	●	—
		钢结构用钢材复试报告	检测单位	●	●	●	●
		钢结构用防火涂料复试报告	检测单位	●	●	●	●
		钢结构用焊接材料复试报告	检测单位	●	●	●	●

续表

工程资料类别		工程资料名称	工程资料来源	工程资料保存			
				施工单位	监理单位	建设单位	城建档案馆
C4类	施工物资资料	钢结构用高强度大六角头螺栓连接副复试报告	检测单位	●	●	●	●
		钢结构用扭剪型高强螺栓连接副复试报告	检测单位	●	●	●	●
		幕墙用铝塑板、石材、玻璃、结构胶复试报告	检测单位	●	●	●	●
		散热器、供暖系统保温材料、通风与空调工程绝热材料、风机盘管机组、低压配电系统电缆的见证取样复试报告	检测单位	●	○	●	—
		节能工程材料复试报告	检测单位	●	●	●	—
C5类	施工记录	通用表格					
		隐蔽工程验收记录	施工单位	●	●	●	●
		施工检查记录	施工单位	○	—	—	—
		交接检查记录	施工单位	○	—	—	—
		专用表格					
		工程定位材料记录*	施工单位	●	●	●	●
		基槽验线记录	施工单位	●	●	●	●
		楼层平面放线记录	施工单位	○	○	—	—
		楼层标高抄测记录	施工单位	○	○	—	—
		建筑物垂直度、标高观测记录*	施工单位	●	○	—	—
		沉降观测记录	施工单位	●	○	●	●
		基坑支护水平位移监测记录	施工单位	○	○	—	—
		桩基、支护测量放线记录	施工单位	○	○	—	—
		地基验槽记录**	施工单位	●	●	●	●
		地基钎探记录	施工单位	○	○	●	●

续表

工程资料类别		工程资料名称	工程资料来源	工程资料保存			
				施工单位	监理单位	建设单位	城建档案馆
C5 类	施工记录	混凝土浇灌申请书	施工单位	○	○	—	—
		预拌混凝土运输单	施工单位	○	—	—	—
		混凝土开盘鉴定	施工单位	○	○	—	—
		混凝土拆模申请单	施工单位	○	○	—	—
		混凝土预拌测温记录	施工单位	○	—	—	—
		混凝土养护测温记录	施工单位	○	—	—	—
		大体积混凝土养护测温记录	施工单位	○	—	—	—
		大型构件吊装记录	施工单位	○	○	●	●
		焊接材料烘焙记录	施工单位	○	—	—	—
		地下工程防水效果检查记录*	施工单位	○	○	●	—
		防水工程试水检查记录*	施工单位	○	○	●	—
		通风(烟)道、垃圾道检查记录*	施工单位	○	○	●	—
		预应力筋张拉记录	施工单位	●	○	●	●
		有黏结预应力结构灌浆记录	施工单位	●	○	●	●
		钢结构施工记录	施工单位	●	○	●	—
		网架(索膜)施工记录	施工单位	●	○	●	●
		木结构施工记录	施工单位	●	○	●	—
		幕墙注胶检查记录	施工单位	●	○	●	—
		自动扶梯、自动人行道的相邻区域检查记录	施工单位	●	○	●	—
		电梯电气装置安装检测记录	施工单位	●	○	●	—
		自动扶梯、自动人行道电气装置检查记录	施工单位	●	○	●	—
		自动扶梯、自动人行道整机安装质量检查记录	施工单位	●	○	●	—

续表

工程资料类别		工程资料名称	工程资料来源	工程资料保存			
				施工单位	监理单位	建设单位	城建档案馆
C6类	施工实验记录及检测报告	通用表格					
		设备单机试运转记录*	施工单位	●	○	●	●
		系统试运转调试记录*	施工单位	●	○	●	●
		接地电阻测试记录*	施工单位	●	○	●	●
		绝缘电阻测试记录*	施工单位	●	○	●	—
		专用表格					
		建筑与结构工程					
		锚杆试验报告	检测单位	●	○	●	●
		地基承载力检验报告	检测单位	●	○	●	●
		桩基检测报告	检测单位	●	○	●	●
		土工击实试验报告	检测单位	●	○	●	●
		回填土试验报告(应附图)	检测单位	●	○	●	●
		钢筋机械连接试验报告	检测单位	●	○	●	●
		钢筋焊接连接试验报告	检测单位	●	○	●	●
		砂浆配合比申请单、通知单	施工单位	○	○	—	—
		砂浆抗压强度试验报告	检测单位	●	○	●	●
		砌筑砂浆试块强度统计、评定记录	施工单位	●	—	●	●
		混凝土配合比申请单、通知单	施工单位	○	○	—	—
		混凝土抗压强度试验报告	检测单位	●	○	●	●
		混凝土试块强度统计、评定记录	检测单位	●	—	●	●
		混凝土抗渗试验报告	检测单位	●	○	●	●
		砂、石、水泥放射性指标报告	施工单位	●	○	●	●
		混凝土碱总量计算书	施工单位	●	○	●	●

续表

工程资料类别		工程资料名称	工程资料来源	工程资料保存			
				施工单位	监理单位	建设单位	城建档案馆
C6 类	施工实验记录及检测报告	外墙饰面砖样板黏结强度试验报告	检测单位	●	○	●	●
		后置埋件抗拔试验报告	检测单位	●	○	●	●
		超声波探伤报告、探伤记录	检测单位	●	○	●	●
		钢构件射线探伤报告	检测单位	●	○	●	●
		磁粉探伤报告	检测单位	●	○	●	●
		高强度螺栓抗滑移系数检测报告	检测单位	●	○	●	●
		钢结构焊接工艺评定	检测单位	○	○	—	—
		网架节点承载力试验报告	检测单位	●	○	●	●
		钢结构防腐、防火涂料厚度检测报告	检测单位	●	○	●	●
		木结构胶缝试验报告	检测单位	●	○	●	—
		木结构构件力学性能试验报告	检测单位	●	○	●	●
		幕墙双组分硅酮结构密封胶混匀性及拉断试验报告	检测单位	●	○	●	●
		幕墙的抗风压性能、空气渗透性能、雨水渗透性能及平面内变形性能检测报告	检测单位	●	○	●	●
		外门窗的抗风压性能、雨水渗透性能检测报告	检测单位	●	○	●	●
		墙体节能工程保温板材与基层粘结强度现场拉拔试验	检测单位	●	○	●	●
		外墙保温浆料同条件养护试件试验报告	检测单位	●	○	●	●
		结构实体混凝土强度检验记录*	施工单位	●	○	●	●
		结构实体钢筋保护层厚度检验记录*	施工单位	●	○	●	●

续表

工程资料类别		工程资料名称	工程资料来源	工程资料保存			
				施工单位	监理单位	建设单位	城建档案馆
C6类	施工实验记录及检测报告	围护结构现场实体检验	基层单位	●	○	●	—
		室内环境检测报告	基层单位	●	○	●	—
		节能性能检测报告检测单位	基层单位	●	○	●	●
		给排水及供暖工程					
		灌(满)水试验记录*	施工单位	○	○	●	—
		强度严密性试验记录*	施工单位	●	○	●	●
		通水试验记录*	施工单位	○	○	●	—
		冲(吹)洗试验记录*	施工单位	●	○	●	—
		通球试验记录	施工单位	○	○	●	—
		补偿器安装记录	施工单位	○	○	—	—
		消火栓试射记录	施工单位	●	○	●	—
		安全附件安装检查记录	施工单位	●	○	—	—
		锅炉烘炉试验记录	施工单位	●	○	—	—
		锅炉煮炉试验记录	施工单位	●	○	—	—
		锅炉试运行记录	施工单位	●	○	●	—
		安全阀定压合格证书	基层单位	●	○	●	—
		自动喷水灭火系统联动试验记录	施工单位	●	○	●	●
		建筑电气工程					
		电气接地装置平面示意图表	施工单位	●	○	●	●
		电气器具通电安全检查记录	施工单位	○	○	●	—
		电气设备空载试运行记录*	施工单位	●	○	●	●
		建筑物照明通电试运行记录	施工单位	●	○	●	●
		大型照明灯具承载试验记录*	施工单位	●	○	●	—

续表

工程资料类别		工程资料名称	工程资料来源	工程资料保存			
				施工单位	监理单位	建设单位	城建档案馆
C6类	施工实验记录及检测报告	漏电开关模拟试验记录	施工单位	●	○	●	—
		大容量电气线路结点测温记录	施工单位	●	○	●	—
		低压配电电源质量测试记录	施工单位	●	○	●	—
		建筑物照明系统照度测试记录	施工单位	○	○	●	—
		智能建筑工程					
		综合布线测试记录*	施工单位	●	○	●	●
		光纤损耗测试记录*	施工单位	●	○	●	●
		视频系统末端测试记录*	施工单位	●	○	●	●
		子系统检测记录*	施工单位	●	○	●	●
		系统试运行记录*	施工单位	●	○	●	●
		通风与空调工程					
		风管漏光检测记录*	施工单位	○	○	●	—
		风管漏风检测记录*	施工单位	●	○	●	—
		现场组装除尘器、空调机漏风检测记录	施工单位	○	○	—	—
		各房间室内风量测量记录	施工单位	●	○	●	—
		管网风量平衡记录	施工单位	●	○	●	—
		空调系统试运转调试记录	施工单位	●	○	●	●
		空调水系统试运转调试记录	施工单位	●	○	●	●
		制冷系统气密性试验记录	施工单位	●	○	●	●
		净化空调系统检测记录	施工单位	●	○	●	●
		防排烟系统联合试运行记录	施工单位	●	○	●	●

续表

工程资料类别		工程资料名称	工程资料来源	工程资料保存			
				施工单位	监理单位	建设单位	城建档案馆
C6类	施工实验记录及检测报告	电梯工程					
		轿厢平层准确度测量记录	施工单位	○	○	●	—
		电梯层门安全装置检测记录	施工单位	●	○	●	—
		电梯电气安全装置检测记录	施工单位	●	○	●	—
		电梯整机功能检测记录	施工单位	●	○	●	—
		电梯主要功能检测记录	施工单位	●	○	●	—
		电梯负荷运行试验记录	施工单位	●	○	●	●
		电梯负荷运行试验曲线图表	施工单位	●	○	●	—
		电梯噪声测试记录	施工单位	○	○	○	—
		自动扶梯、自动人行道安全装置检测记录	施工单位	●	○	●	—
		自动扶梯、自动人行道整机性能、运行试验记录	施工单位	●	○	●	●
C7类	施工质量验收记录	检验批质量验收记录	施工单位	○	○	●	—
		分项工程质量验收记录*	施工单位	●	●	●	
		分部(子分部)工程质量验收记录*	施工单位	●	●	●	●
		建筑节能分部工程质量验收记录**	施工单位	●	●	●	●
		自动喷水系统验收缺陷项目划分记录**	施工单位	●	○	○	—
		程控电话交换系统分项工程质量验收记录	施工单位	●	○	●	—
		会议电视系统分项工程质量验收记录	施工单位	●	○	●	—
		卫星数字电视系统分项工程质量验收记录	施工单位	●	○	●	—
		有线电视系统分项工程质量验收记录	施工单位	●	○	●	—

续表

工程资料类别		工程资料名称	工程资料来源	工程资料保存			
				施工单位	监理单位	建设单位	城建档案馆
C7类	施工质量验收记录	公共广播与紧急广播系统分项工程质量验收记录	施工单位	●	○	●	—
		计算机网络系统分项工程质量验收记录	施工单位	●	○	●	—
		应用软件系统分项工程质量验收记录	施工单位	●	○	●	—
		网络安全系统分项工程质量验收记录	施工单位	●	○	●	—
		空调与通风系统分项工程质量验收记录	施工单位	●	○	●	—
		变配电系统分项工程质量验收记录	施工单位	●	○	●	—
		公共照明系统分项工程质量验收记录	施工单位	●	○	●	—
		给排水系统分项工程质量验收记录	施工单位	●	○	●	—
		热源和热交换系统分项工程质量验收记录	施工单位	●	○	●	—
		冷冻和冷却水系统分项工程质量验收记录	施工单位	●	○	●	—
		电梯和自动扶梯系统分项工程质量验收记录	施工单位	●	○	●	—
		数据通信接口分项工程质量验收记录	施工单位	●	○	●	—
		中央管理工作站及操作分站分项工程质量验收记录	施工单位	●	○	●	—
		系统实时性、可维护性、可靠性分项工程质量验收记录	施工单位	●	○	●	—
		现场设备安装及检测分项工程质量验收记录	施工单位	●	○	●	—

续表

工程资料类别		工程资料名称	工程资料来源	工程资料保存			
				施工单位	监理单位	建设单位	城建档案馆
C7类	施工质量验收记录	火灾自动报警及消防联动系统分项工程质量验收记录	施工单位	●	○	●	—
		综合防范功能分项工程质量验收记录	施工单位	●	○	●	—
		视频安防监控系统分项工程质量验收记录	施工单位	●	○	●	—
		入侵报警系统分项工程质量验收记录	施工单位	●	○	●	—
		出入口控制（门禁）系统分项工程质量验收记录	施工单位	●	○	●	—
		巡更管理系统分项工程质量验收记录	施工单位	●	○	●	—
		停车场（库）管理系统分项工程质量验收记录	施工单位	●	○	●	—
		安全防范综合管理系统分项工程质量验收记录	施工单位	●	○	●	—
		综合布线系统安装分项工程质量验收记录	施工单位	●	○	●	—
		综合布线系统性能检测分项工程质量验收记录	施工单位	●	○	●	—
		系统集成网络连接分项工程质量验收记录	施工单位	●	○	●	—
		系统数据集成分项工程质量验收记录	施工单位	●	○	●	—
		系统集成整体协调分项工程质量验收记录	施工单位	●	○	●	—
		系统集成综合管理及冗余功能分项工程质量验收记录	施工单位	●	○	●	—
		系统集成可维护性和安全性分项工程质量验收记录	施工单位	●	○	●	—
		电源系统分项工程质量验收记录	施工单位	●	○	●	—

续表

工程资料类别		工程资料名称		工程资料来源	工程资料保存			
					施工单位	监理单位	建设单位	城建档案馆
C8类	竣工验收资料	工程竣工报告		施工单位	●	●	●	●
		单位(子单位)工程竣工预验收报验表*		施工单位	●	●	●	—
		单位(子单位)工程质量竣工验收记录**		施工单位	●	●	●	●
		单位(子单位)工程质量控制资料核查记录*		施工单位	●	●	●	●
		单位(子单位)工程安全和功能检验资料核查及主要功能抽查记录*		施工单位	●	●	●	●
		单位(子单位)工程观感质量检查记录**		施工单位	●	●	●	●
		施工决算资料		施工单位	○	○	●	—
		施工资料移交书		施工单位	●	—	●	—
		房屋建筑工程质量保修书		施工单位	●	●	●	—
C类其他资料								
D类		竣工图						
D类	竣工图	建筑与结构竣工图	建筑竣工图	编制单位	●	—	●	●
			结构竣工图	编制单位	●	—	●	●
			钢结构竣工图	编制单位	●	—	●	●
		建筑装饰与装修竣工图	幕墙竣工图	编制单位	●	—	●	●
			室内装饰竣工图	编制单位	●	—	●	—
		建筑给水、排水与供暖竣工图		编制单位	●	—	●	●
		建筑电气竣工图		编制单位	●	—	●	●
		智能建筑竣工图		编制单位	●	—	●	●
		通风与空调竣工图		编制单位	●	—	●	●

续表

工程资料类别			工程资料名称	工程资料来源	工程资料保存			
					施工单位	监理单位	建设单位	城建档案馆
D类	竣工图	室外工程竣工图	室外给水、排水、供热、供电、照明管线等竣工图	编制单位	●	—	●	●
			室外道路、园林绿化、花坛、喷泉等竣工图	编制单位	●	—	●	●
D类其他资料								
E类		工程竣工文件						
E1类	竣工验收文件	单位(子单位)工程质量竣工验收记录**		施工单位	●	●	●	●
		勘察单位工程质量检查报告		勘察单位	○	○	●	●
		设计单位工程质量检查报告		设计单位	○	○	●	●
		工程竣工验收报告		建设单位	●	●	●	●
		规划、消防、环保等部门出具的认可文件或准许使用文件房屋建筑工程质量保修书		政府主管部门	●	●	●	●
		住宅质量保证书、住宅使用说明书		施工单位	—	—	●	—
		建设工程竣工验收备案表		建设单位	●	●	●	●
E2类	竣工决算文件	施工决算资料*		施工单位	○	○	●	—
		监理费用决算资料*		监理单位	—	○	●	—
E3类	竣工交档文件	工程竣工档案预验收意见		城建档案管理部门	—	—	●	●
		施工资料移交书*		施工单位	●	—	●	—
		监理资料移交书*		监理单位	—	●	●	—
		城市建设档案移交书		建设单位	—	—	●	—

续表

工程资料类别		工程资料名称	工程资料来源	工程资料保存			
				施工单位	监理单位	建设单位	城建档案馆
E4类	竣工总结文件	工程竣工总结	建设单位	—	—	●	●
		竣工新貌影像资料	建设单位	●	—	●	●
E类其他资料							

注：1. 表中工程资料名称与资料保存单位所对应的栏中“●”表示“归档保存”；“○”表示“过程保存”，是否归档保存可自行确定。

2. 表中注明“＊”的资料，宜由施工单位和监理或建设单位共同形成；表中注明“＊＊”的资料，宜由建设、设计、监理、施工等多方共同形成。

3. 勘察单位保存资料内容应包括工程地质勘察报告、勘察招投标文件、勘察合同、勘察单位工程质量检查报告以及勘察单位签署的有关质量验收记录等。

4. 设计单位保存资料内容应包括审定设计方案通知书及审查意见、审定设计方案通知书要求征求有关部门的审查意见和要求取得的有关协议、初步设计图及设计说明、施工图及设计说明、消防设计审核意见、施工图设计文件审查通知书及审查报告、设计招投标文件、设计合同、图纸会审记录、设计变更通知单、设计单位签署意见的工程洽商记录（包括技术核定单）、设计单位工程质量检查报告以及设计单位签署的有关质量验收记录。

相关知识

工程资料的分类原则

工程资料应按照收集、整理单位和资料类别的不同进行分类。工程资料的分类、整理可参考表1-1。施工资料分类应根据类别和专业系统划分。

第3节 工程资料编号

要做好工程资料管理，除应知道其管理职责和分类外，还应了解工程资料的编号原则。工程资料编号主要包括分部（子分部）工

程划分及代号规定、施工资料编号的组成、施工资料的类别编号填写原则、顺序号填写原则和监理资料编号。

解 释

一、分部（子分部）工程划分及代号规定

① 分部（子分部）工程代号规定是参考《建筑工程施工质量验收统一标准》(GB 50300—2013) 的分部（子分部）工程划分原则与国家质量验收推荐表格编码要求，并结合施工资料类别编号特点制定。

② 建筑工程共分十个分部工程，分部（子分部）工程划分及代号应符合有关监理资料用表的规定。

③ 对于专业化程度高、技术先进、施工工艺复杂的子分部（分项）工程，应分别单独组卷。应单独组卷的子分部（分项）工程名称及代号应符合表 1-2 的规定。

表 1-2　应单独组卷子分部（分项）工程名称及代号参考表

部分工程名称	部分工程代号	应单独组卷的子分部(分项)工程	应单独组卷的子分部(分项)工程代号
地基与基础	01	有支护土方	02
		地基及基础处理	03
		桩基	04
		钢结构	09
主体结构	02	钢结构	04
		木结构	05
		网架和索膜结构	06
建筑装饰装修	03	幕墙	07
屋面	04	—	—
建筑给水排水及供暖	05	供热锅炉及辅助设备	10
		自动喷水灭火系统	11
		气体灭火系统	12
		泡沫灭火系统	13
		固定水炮灭火系统	14

续表

部分工程名称	部分工程代号	应单独组卷的子分部（分项）工程	应单独组卷的子分部（分项）工程代号
通风与空调	06	—	—
建筑电气	07	变配电室	02
智能建筑	08	通信网络系统	01
		办公自动化系统	02
		建筑设备监控系统	03
		火灾报警及消防联动系统	04
		安全防范系统	05
		综合布线系统	06
		环境	09
		住宅（小区）智能化系统	10
建筑节能	09	—	—
电梯	10	电力驱动的曳引式或强制式电梯安装	01
		液压电梯安装	02
		自动扶梯、自动人行道安装	03

二、施工资料编号的组成

（1）施工资料编号可由分部（2位）、子分部（2位）、分类（2位）和顺序号（3位）组成，组与组之间用横线隔开。

编号形式如下：

××-××-××-×××→共9位编号
① ② ③ ④

① 分部工程代号（2位），应根据资料所属的分部工程，按表1-2规定的代号填写。

② 子分部（分项）工程代号（2位），应根据资料所属的子分部（分项）工程，按表1-2规定的代号填写。

③ 资料类别编号（2位），应根据资料所属类别，按表1-1《工程资料分类表》规定的类别编号填写。

④ 顺序号（共 3 位），应根据相同表格、相同检查项目，按时间自然形式的先后顺序号填写。

（2）属于单位工程整体管理内容的资料，编号中的分部、子分部工程代号可用“00”代替。

（3）同一厂家、同一品种、同一批次的施工物资用在两个分部、子分部工程中时，资料编号中的分部、子分部工程代号可按主要使用部位填写。

相关知识

工程资料编制的质量要求

（1）工程资料应与建筑工程建设过程同步形成，并应真实地反映建筑工程的建设情况和实体质量。

（2）工程资料的管理应符合下列规定。

① 工程资料管理应制度健全、岗位责任明确，并应纳入工程建设管理的各个环节和各级相关人员的职责范围。

② 工程资料的套数、费用、移交时间应在合同中明确规定。

③ 工程资料的收集、整理、组卷、移交及归档应及时。

（3）工程资料的形成应符合下列规定：

① 工程资料形成单位应对资料内容的真实性、完整性、有效性负责；由多方形成的资料，应各负其责。

② 工程资料的填写、编制、审核、审批、签认应及时进行，其内容应符合相关规定。

③ 工程资料不得随意修改；当需修改时，应实行划改，并由划改人签署。

④ 工程资料的文字、图表、印章应清晰。

（4）工程资料应为原件；当为复印件时，提供单位应在复印件上加盖单位印章，并应有经办人签字及日期。提供单位应对资料的真实性负责。

（5）工程资料应内容完整，结论明确，签认手续齐全。

（6）工程资料宜采用信息化技术进行辅助管理。

第4节　施工资料的形成

要　点

施工资料是施工单位在工程施工过程中所形成的全部资料。按其性质可分为：施工管理、施工技术、施工测量、施工物资、施工记录、施工试验、过程验收及工程竣工质量验收资料。

解　释

施工资料的形成

① 施工技术及管理资料的形成（图1-1）。

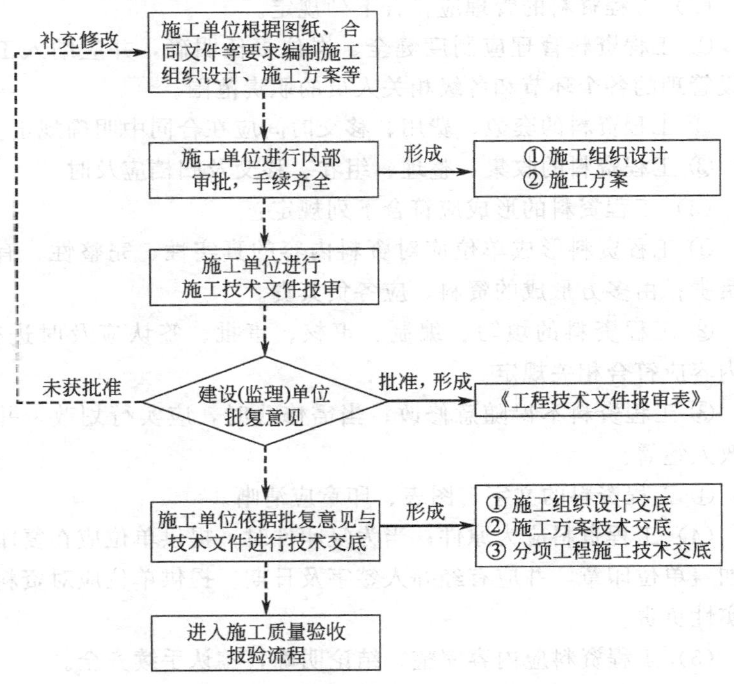

图1-1　施工技术及管理资料的形成

② 施工物资及管理资料的形成（图 1-2）。

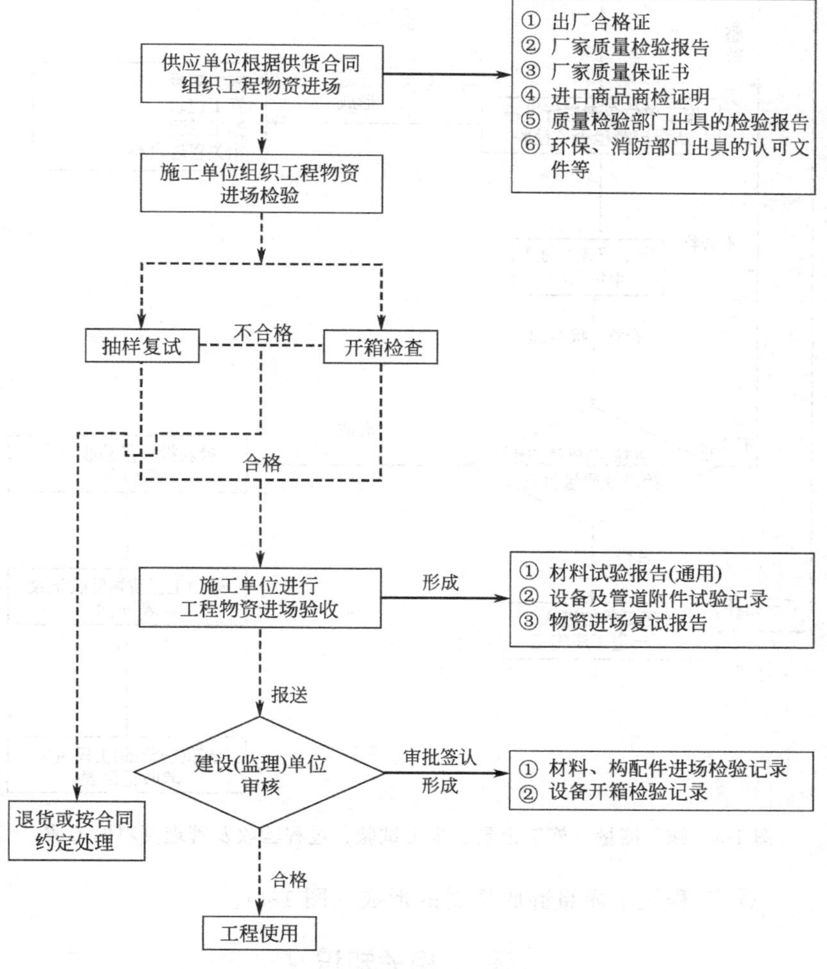

图 1-2　施工物资及管理资料的形成

③ 施工测量、施工记录、施工试验、过程验收及管理资料的形成（图 1-3）。

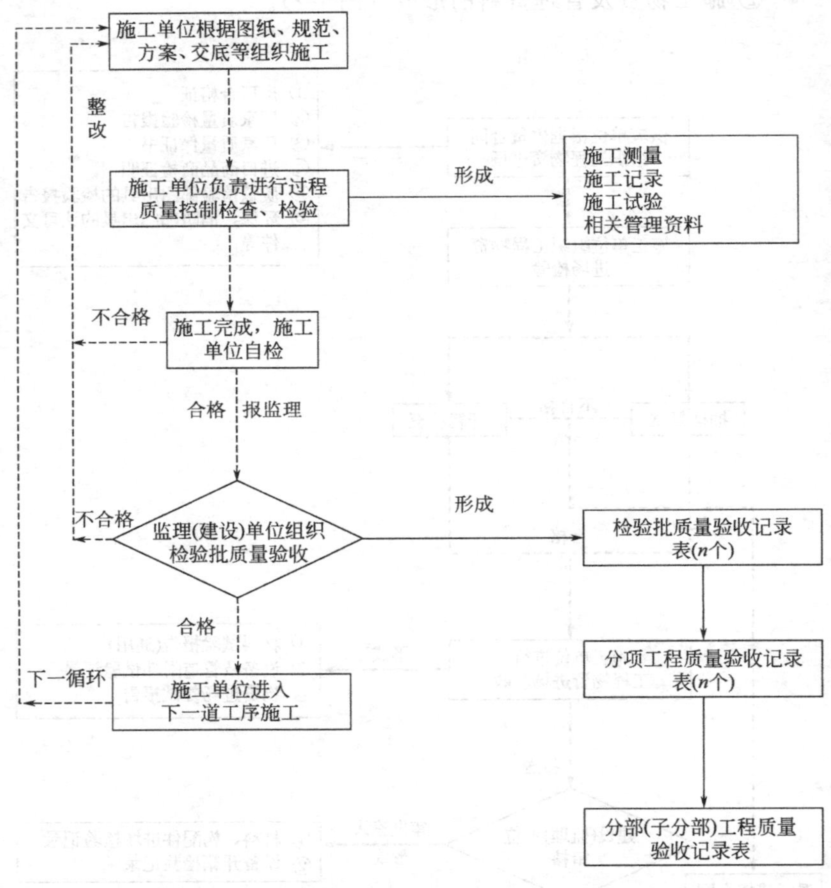

图 1-3　施工测量、施工记录、施工试验、过程验收及管理资料的形成

④ 工程竣工质量验收资料的形成（图 1-4）。

相关知识

施工管理资料规定

（1）施工管理资料是在施工过程中形成的反映施工组织及监理审批等情况资料的统称。主要内容有：施工现场质量管理检查记

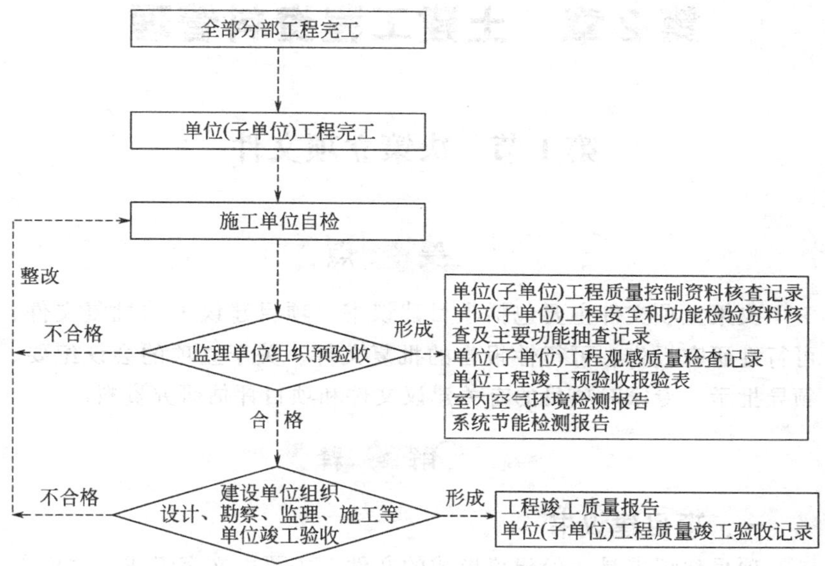

图 1-4　工程竣工质量验收资料的形成

录、施工过程中报监理审批的各种报验报审表、施工试验计划及施工日志等。

（2）施工现场质量管理检查记录应由施工单位填写报项目总监理工程师（或建设单位项目负责人）审查，并做出结论。

（3）单位工程施工前，施工单位应科学、合理地编制施工试验计划并报送监理单位。

（4）施工日志应以单位工程为记载对象，从工程开工起至工程竣工止，按专业指定专人负责逐日记载，其内容应真实。

第2章　土建工程资料管理

第1节　决策立项文件

要　点

决策立项文件主要包括项目建议书、项目建议书的批复文件、可行性研究报告、可行性报告的批复文件、关于立项的会议纪要、领导批示、专家对项目的有关建议文件和项目评估研究资料。

解　释

一、项目建议书

项目建议书是一份建议形式的文件，主要由文字组成。这份文件主要由建设单位编制并申报。

项目建议书的主要组成内容包括：建设项目提出的主要依据；产品方案、拟建规模和建设地点的初步设想；资源情况、建设条件、协作关系和引进国别、厂房的初步分析；引进技术、进口设备需证明进口的理由；投资结算和资金等筹措计划；项目的实施进度计划；经济效果和社会效益的测算。

二、项目建议书的批复文件

项目建议书的批复文件是指由上级部门或国家有关主管部门，对项目建设书批准文件，以此文件直接归存。

三、可行性研究报告

可行性研究是对新建、扩建项目的一些主要问题从经济和技术两个方面进行调查研究、分析比较，并预测此项目建成后可能取得的技术经济效果，以此来评价出该项目的可建性与实施意见，并为项目决策提供可靠的依据。

可行性研究的内容包括以下几个方面：

① 根据市场与经济的预测确定产品方案和建设规模；

② 建厂的地理位置与条件；

③ 对各种原材料、资源、燃料及公用设施的落实；

④ 技术工艺、主要设备选型、建设标准和相应的技术指标，成套设备进口项目（应具有维修材料）、辅助及配件供应的安排，引进技术、设备来源国别、设备的国内外分交或与外商合作制造的设想，对有关部门协作配套供应的要求；

⑤ 环境、文物的保护、防裂、防洪、防空、城市规划等要求和采取的措施方案；

⑥ 主要单项程，公共辅助设施，厂区布置方案和土建工程量的结算；

⑦ 企业组织、劳动定员和人员培训计划；

⑧ 建设工期和实施进度；

⑨ 投资结算和资金筹措；

⑩ 经济效果和社会效益。

四、可行性报告的批复文件

① 小型项目按隶属关系，由各主管部门、各省、自治区、直辖市审批。

② 大中型项目报国家计划部门审批，或由国家计划部门委托有关单位审批。

③ 重大项目或特大项目报国务院审批。

五、关于立项的会议纪要、领导批示

这类文件是指在立项过程中，会议纪要、领导批示的文件资料，由建设单位或其上级主管单位形成，应按实际形成的文件资料直接归存。

六、专家对项目的有关建议文件

这类文件是指在立项过程中，由建设单位组织形成的专家建议资料。

七、项目评估研究资料

项目评估资料是指对可行性研究报告的客观性、全面性、准确性进行评价与选择，并出具评估报告。通过批准后审批立项，颁发批准文件。

相关知识

项目评估研究资料的基本内容

项目建设的必要性；建设规模和产品方案；厂址（地址或路线规划方案）；建设工程的方案和标准；工艺、技术和设备的先进性、适用性和可靠性；外部协作配备项目和配合条件；环境保护；投资结算及投资来源；国民经济评价；财务评价；不确定性分析；社会效益评价；项目总评估。

第2节　建设用地、征地与拆迁文件

要　点

建设用地、征地与拆迁文件主要包括征占用地的批准文件和对使用国有土地的批准意见、规划意见书、建设用地规划许可证、国有土地使用证和国有土地使用权出让交易文件。

解　释

一、征占用地的批准文件和对使用国有土地的批准意见

① 工程项目建设的最基本条件是征用土地，要在工程设计时办理完成规划用地许可证和拆迁安置协议等有关事宜。

② 建设单位持有按国家基本建设程序批准的建设项目立项的有关证明文件，向城市规划管理部门提出用地申请，填写规划审批申报表以及把有关文件准备好。

③ 建设用地规划许可证申报表主要内容为建设单位、申报单位、工程名称、建设内容、规模、地址等概况。需要准备好的有关

文件，主要有计划主管部门批准的征用土地计划任务、土地管理部门的拆迁安置意见、地形图和规划管理部门选址意见书，以及要求取得的有关协议、意向书等图纸和文件。

④ 填写的申报表要加盖建设单位和申报单位公章。

⑤ 经审查符合申报要求的用地申请，发给建设单位或申报单位建设用地规划许可证立案表，作为取件凭证。

⑥ 征占用地的批准文件，对使用土地的批准意见分别由政府和国土资源、房屋土地管理部门批准形成。

二、规划意见书

① 指城市规划行政主管部门最终审批的工程项目选址申请及选址规划意见通知书。按当地城市规划行政主管部门的统一表式执行。以此文件直接归存。

② 各级政府计划部门审批项目建议书时，征求同级政府城市规划行政主管部门的意见。可行性研究报告请批时，必须附有城市规划行政主管部门的选址意见书。

规划意见书应由各地、市规划委员会办理。

三、建设用地规划许可证

① 建设用地规划许可证是由个人和建设单位提出建设用地申请，城市规划行政主管部门根据规划和建设项目的用地需要，确定建设用地位置、面积界限的法定凭证。

② 建设用地规划许可证规定的用地性质、位置和界线，未经原审批单位同意，任何个人和单位不得擅自变更。

四、国有土地使用证

① 国有土地使用证必须由县级以上人民政府土地管理部门核发土地使用许可证明。

② 按当地土地管理部门统一表式执行，必须是经县级以上人民政府依法批准，项目所在地土地管理部门颁发的土地使用证归存。

五、国有土地使用权出让交易文件

凡利用国有土地进行商业、娱乐、旅游、写字楼及商品住宅等经营性开发的项目用地，均须通过市土地交易市场购得国有土地使用权，并办理有关手续。

相关知识

建设项目选址意见书的内容

① 建设项目的基本情况。

② 选址依据。

③ 项目选址、用地范围及规划要求。

第3节　勘察、测绘与设计文件

要　点

勘察、测绘、设计类的文件应具有相应资质的勘察、测绘、设计单位提供的具体满足内部深度、要求的上述单位的责任制单位、人员签章齐全的文件。主要有工程地质、水文地质勘察报告，建筑用地钉桩通知单、验线合格文件、审定设计方案通知书、有关部门对审定设计方案通知书的审查意见和要求取得的有关协议、初步设计图纸及说明、施工图设计及说明、设计计算书、消防设计审核意见和施工图设计文件审查通知书。

解　释

一、工程地质勘察报告

工程地质勘察报告的内容分为文字和图表两部分。

（1）文字部分　包括：①概述；②场地描述及地下水；③地层分布；④工程地质条件评述。

（2）图表部分　包括：①钻孔平面布置图；②地质柱状图；③地质柱状及静探曲线图；④地质岩性剖面图；⑤土壤压缩曲线图；⑥土壤试验结果汇总表；⑦土壤剪力试验成果。

城市规划区内的建设工程，由于建筑范围有限，一般只进行工程地质勘察工作，就可以满足设计需要。需注意的是工程地质勘察报告要由建设单位委托的勘察设计单位勘察形成。

二、水文地质勘察报告

水文地质勘察是指为查明一个地区的水文地质条件而进行的水文地质调查工作。调查结果由勘察部门编制水文地质勘察报告，其内容包括：水文地质勘探、水文地质测绘、水文地质试验，以及地下水动态的长期观测、水文地质参数计算、地下水资源保护和地下水资源评价。

三、建筑用地钉桩通知单

建筑用地钉桩通知单是指建设单位委托测绘设计单位根据划拨用地等文件提供的用地测绘资料。该文件由本地、市规划委员会审批。

四、验线合格文件

验线合格文件是指建设单位委托测绘设计单位测量结果资料。该文件由本地、市规划委员会审批形成。应在测量情况栏中绘制示意图，并写明所采用的测量仪器及测量方法。

五、审定设计方案通知书

委托设计是指建设项目主管部门对有设计能力的设计单位或者经过招投标中标单位提出委托设计的委托书，建设单位和设计单位签订设计合同，并由规划管理部门签发工程设计条件通知书并附图。

① 建设单位申报规划设计应准备的相关文件和图纸为：可行性研究报告；拟建项目说明；拟建方案示意图；地形图和用地范围；其他。

② 规划行政管理部门对建设单位申报的规划设计条件进行审定和研究，符合规定时，可根据已签发规划设计条件通知书，建设单位可作为方案设计的依据。

设计方案通知书主要是规定了规划设计的条件，主要包括：用地情况；用地的使用度；用地的使用性质；建设设计要求；市政设计要求；市政要求；其他遵守事项。

六、有关部门对审定设计方案通知书的审查意见

该文件指分别由人防、消防、环保、交通、市政、园林、河湖、文物、通信、保密、教育等有关行政主管部门对项目涉及的相关方面审查批准文件或协议文件。

七、初步设计图纸及说明

初步设计是设计工作的第一阶段，是根据批准的可行性研究报告和规划设计条件通知书的各项要求，以及必备和准确的设计基础资料，对建设项目的建设方案、工艺流程、资金情况通盘考虑，进行粗略的计算和设计，做出总体的设计安排和编制出设计总概算。

初步设计图纸及说明指建设单位委托设计单位提出的初步设计阶段技术文件资料。初步设计的内容包括：初步设计依据和设计指导思想；生产工艺流程和各专业主要设计方案；建设规模，近景及远景规划；主要建筑物、构筑物、公用辅助设施、人防设施、生活区建设；新技术、新工艺、新设备采用情况；建设顺序和建设周期；环保、抗震评价，综合利用和“三废”合理；经济指标和评价；外部协作条件；生产组织、工作制度和劳动定员；初步设计总概算；各种依据、协议文件及附件、附图、附表。

初步设计完成后，应向规划行政主管部门申报设计方案，申报时填写设计方案报审表和报送设计方案的有关图纸、单体建筑模型、方案说明书等。

设计方案报审表由建设单位、设计单位、申报单位共同填写，并在建设单位、设计单位和申报单位一栏中加盖单位公章。设计方案审报表除要填写工程名称、建设内容、建设地点等概况外，还要填写设计方案有关数据及指标，设计方案的考虑，遵守事项等要求。

经规划行政主管部门审查后，由规划行政主管部门发出修改设计方案通知书，申报单位按通知书中修改意见和附图进行修改，修改完成后重新申报。

设计方案申报表经审查合格后，由规划行政主管部门发出审定设计方案通知书。通知书下发后，设计单位按通知书中的要求进行

施工图设计或技术设计。

审定设计方案还要征求有关人防、消防、环保、交通、园林等部门的意见，求得批复。

八、施工图设计及说明

施工图设计是建设项目设计工作的最后阶段，它是把初步设计和技术设计中确定的设计方案和设计原则进一步具体化、明确化，并把工程和设备的各个组成部分的尺寸、平面布置、节点大样和主要施工方法，以图样和文字说明的形式加以确定，并编制设备、材料明细表和施工图预算。

对于施工图一般不再组织进行专门的审批，由设计单位负责，注册结构师、注册建筑师等注册执业人员应当在设计文件上签字，对设计文件负责。施工图和预算经设计单位内部审定后，便成为建设项目施工和预算包干、工程结算的直接依据。还应有消防设计审批意见。

九、设计计算书

设计计算书是建设单位委托设计单位提供的设计计算资料，它是根据施工图纸、概（预）算定额、施工机械设备与材料价格和人工工资取定标准等资料编制的较为详细的技术经济文件。

十、消防设计审核意见

消防设计审核意见是由消防局审批而形成的技术资料文件。

十一、施工图设计文件审查通知书

施工图审查分程序性审查和技术性审查，是建设工程勘察设计质量监督管理的重要环节，也是基本建设必不可少的程序。

建设单位向施工图审查机构报审材料齐备后，建设行政主管部门向建设单位发出《审查通知书》，并委托具有相应资质的施工图审查机构进行审查。审查合格后施工图应标注有施工图审查批准号，施工图审查批准书是进行施工招投标办理施工许可证的必备条件之一。

相关知识

施工图设计的主要内容

施工图设计的主要内容为总平面图、公用设施详图、建筑物和构筑物详图、工艺流程和设备安装图等工程建设、安装、施工所需的全部图纸，以及施工图设计说明、设备材料明细表、结构计算书、预算书等文字材料。

第4节　工程开工文件

要　点

工程开工文件主要由年度施工任务批准文件、修改工程施工图纸通知书、建设工程规划许可证、建设工程施工许可证和工程质量监督手续组成。

解　释

一、年度施工任务批准文件

年度施工任务（年度计划）是国家和地方人民政府根据国家政策和建设任务制定和安排的。建设单位就本单位拟（已）建建设项目进展和准备情况编写本单位的年度计划，向计划主管部门申报，经计划部门综合平衡，待批准后列入国家和地方的基本年度计划。

建设项目年度计划的申报工作由建设单位办理。根据已经具备的建设条件，将正式年度计划报告向计划行政主管部门申报，要求本项目列入年度计划。已被列入年度计划的工程开工项目，才能开工建设。

建设工程开工证是各项建设开工前所必须具备文件，建设项目经审查完全具备开工条件后，由具有审批权限的建设行政主管部门核发建设工程开工证。军队由军队系统基本建设行政主管部门直接进行审核并核发建设工程开工证。

二、修改工程施工图纸通知书

修改施工图纸通知书是由市、县规划委员会对施工图纸审查后，必做修改变动而颁发文件。

三、建设工程规划许可证

建设工程规划许可证是由市、县规划委员会对施工方案与施工图纸的审查后，确定该工程符合整体规划而办理的证书。

建设工程规划许可证应包括附件和附图，它们是建设工程许可证的配套证件，具有同等法律效力；按不同工程的不同要求，由发证单位根据法律、法规和实际情况制定；该许可证由市、县规划行政主管部门核发。

四、建设工程施工许可证

建设单位在工程开工前，按照国家有关规定向工程所在地县以上人民政府建设行政主管部门出具已经办理该工程的用地批准手续；在城市规划区内的工程，已取得规划许可证；需要拆迁的其拆迁进度符合施工要求；已经确定建筑施工企业；有保证工程质量和安全的具体措施；有满足施工需要的施工图纸及技术资料；建设资金已经落实；法律、行政法规规定的其他等条件申请办理施工许可证。

以当地建设行政主管部门颁发的施工许可证归存。

五、工程质量监督手续

工程质量监督手续由建设单位在领取施工许可证前向当地建设行政主管部门委托的工程质量监督部门申报报监备案登记。

① 监督实施范围。凡在省行政区域内，投资额在20万元或建筑面积在500m^2及其以上的土木建筑、设备安装、建筑工程、管线敷设、装饰装修以及市政设施等工程的竣工验收，必须由各级质量监督机构对其实施监督。

② 实施监督过程中，发现有违反国家有关建设工程质量管理规定行为或工程质量不合格的，质量监督机构有权责令建设单位进行整改。建设单位接到整改通知书后，必须立即进行整改，并将整

改情况书面报工程质量监督机构。

③ 建设单位在质量监督机构监督下进行的工程竣工验收通过后，5日内未收到工程质量监督机构签发的重新组织验收通知书，即可进入验收备案程序。

④ 工程质量监督机构在工程竣工验收通过后并收到建设单位的竣工报告15个工作日内向负责竣工验收备案部门提交建设工程质量监督报告。

相关知识

年度计划的内容

年度计划的内容主要有以下两个部分。

（1）表格部分　包括：①建设项目年度基本建设计划项目表；②项目进度表、单项工程进度表、年度总进度表；③施工进度网络计划表。

（2）文字部分　包括：①编制年度计划的具体依据，指导思想，建设部署；②工程建设的主要目标、内容、进度要求；③关键项目的进度，总体形象进度；④材料设备、施工力量等条件的落实情况；⑤资金投入情况；⑥存在的主要问题及解决措施，要求有关部门解决的重大技术等问题。

第5节　工程竣工验收及备案文件

要　点

竣工验收备案管理工作，一般由市、区（县）两级建委委托市、区（县）两级质量监督机构，按现行的工程质量监督范围，具体负责房屋建筑工程和市政基础设施工程的竣工验收备案工作。

解　释

一、建设工程竣工验收备案表

建设工程竣工验收备案表由建设单位在建设工程竣工验收合格

后负责填报，具体的内容与格式见表2-1和表2-2。

表2-1　建设工程竣工验收备案表（封面表）

建设工程竣工验收备案表   ×××建设厅制

表2-2　建设工程竣工验收备案表

编号：________

工程名称			
建设单位		申报人	
施工单位			
设计单位			
施工图审查单位			
监理单位			
规划许可证号		施工许可证号	
所需文件审核情况(并将材料原件附后)			
文件名称	编号	核发机关、日期	
竣工验收报告			
规划验收认可文件			
消防验收意见书			
环保验收合格证			
工程档案验收许可书			
工程质量保修书			
住宅使用说明书			
以下由建设行政主管部门填写			
验收监督报告			
备案情况	已备案： 经办人(签字)：　　负责人(签章)		

二、工程竣工验收报告

1. 建筑单位在工程竣工验收过程中所制定的资料

工程竣工验收报告的基本内容如下。

① 工程概况：工程名称，工程地址，主要工程量；建设、勘察、设计、监理、施工单位名称；规划许可证号、施工许可证号、质量监督注册登记号；开工、完工日期。

② 对勘察、设计、监理、施工单位的评价意见；合同内容执行情况。

③ 工程竣工验收时间；验收程序、内容、组织形式（单位、参加人）；验收组对工程竣工验收的意见。

④ 建设单位对工程质量的总体评价。

项目负责人、单位负责人签字；单位盖公章；报告日期。

2. 填报说明

① 竣工验收报告由建设单位负责填写。

② 竣工验收报告一式四份，一律用钢笔书写，字迹要清晰工整。建设单位、施工单位、建设行政主管部门、城建档案管理部门或其他有关专业工程主管部门各存一份。

③ 报告内容必须真实可靠，如果发现虚假情况，不予备案。

④ 报告需经建设、设计、施工图审查机构、施工、工程监理单位法定代表人或其委托代理人签字，并加盖单位公章后才能有效。

三、由规划、环保等部门出具的认可文件或准许使用文件

建设单位在建设工程竣工验收合格后 15 日内，应向建设工程所在地县级以上建设行政主管部门进行备案，所提供的规划部门出具的工程规划验收认可文件；公安消防部门出具的《建设工程消防验收意见书》；环保部门出具的建设工程档案验收认可文件和法律、法规、规章规定的其他文件。此文件由建设单位和验收单位形成。

四、房屋建筑工程质量保修书

由施工单位向建设单位签署的一份质量保修协议书，具体内容由建设单位与施工单位签订。

五、住宅质量保证书和住宅使用说明书

对于商品住宅建设单位应提供《住宅质量保证书》和《住宅使用说明书》。

六、建设工程规划验收合格文件

由规划行政主管部门组织验收，验收合格后，在《建设工程规划许可证》附件上加盖规划验收合格章。

七、建设工程竣工档案预验收意见

城建档案馆对建设工程竣工档案预验收签署的意见归存资料。由城建档案馆形成。

工程竣工验收备案流程图

工程竣工验收备案的程序见图 2-1。

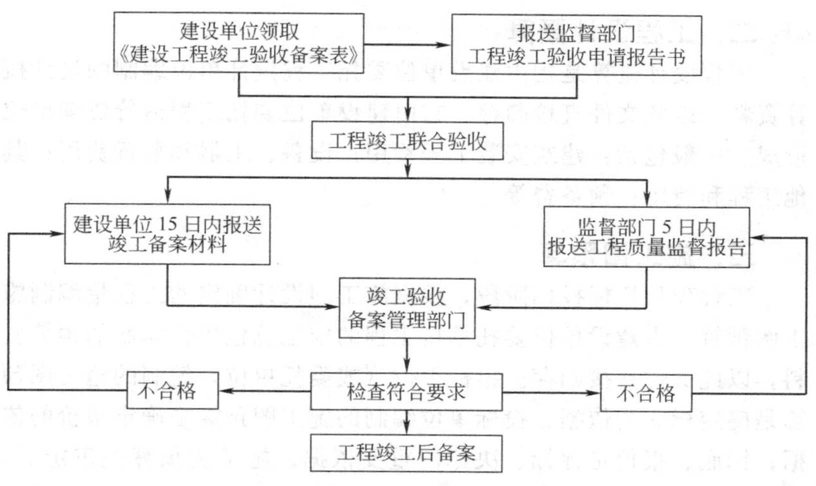

图 2-1　工程竣工验收备案程序

第6节 商务文件

要 点

商务文件由工程投资估算、工程设计概算、施工图预算、施工预算、工程结决算和交付使用固定资产清单等方面组成。

解 释

一、工程投资估算文件

工程投资估算文件是指由建设单位委托工程设计单位、勘察设计单位或咨询单位编制的工程投资估算资料，以此文件直接归存。具体内容包括：建筑安装工程费，设备、工器具购置费，工程建设其他费用，预备费，固定资产投资方向调节税，建设期贷款利息等。它由建设单位委托工程造价咨询单位编制。主要依据相应建设项目投资估算招标，参照以往类似工程的造价资料编制的。它对初步设计的工程造价和概算起控制作用。

二、工程设计概算

工程设计概算是指由建设单位委托工程设计单位编制的设计概算资料，以此文件直接归存。它由建设单位委托工程造价咨询单位形成。一般包括：建筑安装工程费用；设备、工器具购置费用；其他工程和费用；预备费等。

三、施工图预算

工程项目招标投标阶段，根据施工图设计确定的工程量编制施工图预算。由建设单位委托承接工程的施工总包单位编制的预算资料，以此文件直接归存。招标单位（或委托单位）编制的施工图预算是确定标底的依据；投标单位编制的施工图预算是确定报价的依据；标底、报价是评标、决标的重要依据。施工图预算经审定后，是确定工程预算造价、签订工程承包合同、实行建筑安装工程造价包干的依据。

四、施工预算

施工预算是以承接工程的施工单位提出的经有资质的造价审查单位核准的工程预算归存，它由施工单位形成。

五、工程结、决算

工程结算是建筑安装企业完成工程任务后向建设单位办理的工程款最终数额的计算。

竣工决算是建设单位在建设项目竣工后向国家报告建设成果和财务状况的总结性文件，是核定新增固定资产价值的依据。

由建设单位根据工程投资经审查核实的实际形成的固定资产编制的清单形成。

六、交付使用固定资产清单

交付使用固定资产清单是由建设单位对固定资产统计而编制的清单资料。

相关知识

各类费用介绍

（1）建筑安装工程费用　建筑安装工程费用指建设单位为从事该项目建筑安装工程所支付的全部生产费用。包括直接用于各单位工程的人工、材料、机械使用费，其他直接费以及分摊到各单位工程中去的管理费及利税。

（2）设备工器具费用　设备工器具费用是指建设单位按照建设项目设计文件要求而自备或购置的设备及工器具所需的全部费用，包括需要安装与不需要安装设备及未构成固定资产的各种工具、器具、仪器、生产家具的购置费用。

（3）工程建设其他费用　工程建设其他费用是指除上述工程和费用以外的，根据有关规定在固定资产投资中支付，并列入建设项目总概算或单项工程综合概算的费用。

（4）预备费　预备费是指在初步设计和概算中难以预料的工程和费用，其中包括实行按施工图概算加系数包干的概算包干费用。

第7节　其他文件

要　点

其他文件主要包括物资质量证明文件和工程竣工总结，还包括工程未开工前的原貌、竣工新貌照片和工程开工、施工、竣工的音像资料等。

解　释

一、物资质量证明文件

按合同约定由建设单位采购的材料、设备和构配件等物资的汇总表、进场物理性能检验报告、力学性能检验报告、工艺性能检验报告及产品质量证明书，应由建设单位收集、整理，并移交施工单位汇总。

二、工程竣工总结

由建设单位编制的综合性报告，简要介绍工程建设的全过程。

凡组织国家或市级工程竣工验收会的工程，可将验收会上的工程竣工报告作为工程竣工总结；其他工程，建设单位可根据下列要求编写工程竣工总结。

（1）概述

① 工程立项的依据和建设目的。

② 工程概况，包括工程位置、数量、规模、概算（包括征用土地、拆迁、补偿费）、决算、结算等。

③ 工程设计、工程监理、工程施工招投标情况。

（2）设计、施工情况

① 设计情况。设计单位、设计内容、工程设计特点及建筑新

材料。

② 施工情况。开、竣工日期；施工管理、质量、技术等方面。

③ 质量事故及处理情况。

④ 建筑红线内市政公用工程施工情况（包括给排水、电力、通信、燃气、热力等）及道路、绿化施工情况。

（3）工程质量及经验教训

工程质量鉴定意见和评价；工程遗留问题及处理意见。

（4）其他需要说明的问题。

相关知识

一、工程未开工前的原貌、竣工新貌照片

由建设单位收集、提供的工程未开工前的原貌和竣工后的新貌照片，按原貌、新貌档案整理归类存档。

二、工程开工、施工、竣工的音像资料

由建设单位收集、提供的工程开工、施工、竣工过程中录音、录像、照片等资料。按声像、电子、缩微档案整理归类存档。

第 3 章　建筑工程施工技术资料

第 1 节　工程技术文件报审表

要　点

施工单位填报的工程技术文件报审表应一式两份，并应由监理单位、施工单位各保存一份。

解　释

一、填写要求

（1）根据合同约定或监理单位要求，施工单位应在正式施工前将需要监理单位审批的施工组织设计、施工方案等技术文件，填写工程技术文件报审表报监理单位审批。

（2）工程技术文件报审应有时限规定，施工和监理单位均应按照施工合同和约定的时限要求完成各自的报送和审批工作。

（3）当涉及主体和承重结构改动或增加荷载时，必须将有关设计文件报原结构设计单位或具备相应资质的设计单位核查确认，并取得认可文件方可正式施工。

二、工程技术文件报审表

工程技术文件报审表见表 3-1。

相关知识

工程技术文件审查的主要内容

（1）承包单位的审批手续是否齐全。

（2）施工总平面布置是否合理。

（3）施工布置是否合理，施工方法是否可行，质量保证措施是否可靠并具有针对性。

表 3-1 工程技术文件报审表

<table>
<tr><td rowspan="3">工程名称</td><td rowspan="3"></td><td>施工编号</td><td></td></tr>
<tr><td>监理编号</td><td></td></tr>
<tr><td>日期</td><td></td></tr>
<tr><td colspan="4">致＿＿＿＿＿＿＿＿（监理单位）
我方已编制完成了＿＿＿＿＿＿＿＿技术文件，并经相关技术负责人审查批准，请予以审定。
附：技术文件＿页＿册
施工总承包单位＿＿＿＿＿＿ 项目经理/责任人＿＿＿＿＿＿
专业承包单位＿＿＿＿＿＿ 项目经理/责任人＿＿＿＿＿＿</td></tr>
<tr><td colspan="4">专业监理工程师审查意见：
专业监理工程师＿＿＿＿＿＿
日期＿＿＿＿＿＿</td></tr>
<tr><td colspan="4">总监理工程师审批意见：
审定结论：□同意 □修改后再报 □重新编制
监理单位＿＿＿＿＿＿
总监理工程师＿＿＿＿＿＿
日期＿＿＿＿＿＿</td></tr>
</table>

（4）工期安装是否满足建设工程施工合同要求。

（5）进度计划是否保证施工的连续性和均衡性，所需人力、材料、设备的配置与进度计划是否协调。

（6）承包单位的质量管理体系是否健全。

（7）安全、环保、消防和文明施工措施是否符合有关规定。

（8）季节性施工方案和专项施工方案的可行性、合理性和先进性。

（9）总监理工程师认为应审核的其他内容。

第 2 节 施工组织设计（方案）报审表

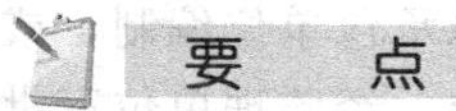

施工组织设计（方案）是承包单位根据承接工程特点编制的指

导施工的纲领性技术文件，施工组织设计（方案）报审表是施工单位提请项目监理单位机构对施工组织设计（方案）进行批复的文件资料。

解　释

一、填写要求

（1）施工组织设计的编写工作应在工程开工前10天完成。并经施工企业单位的技术负责人审批。

（2）施工组织设计内部会签、审批工作应在开工前完成。

（3）施工组织设计的会签、审批、审批手续符合要求。

（4）施工组织设计编制依据充分、可靠；质量目标明确；施工方法可行；技术准备充分；质保体系健全；质保措施得力；层次清楚；内容严谨全面；符合规范。

（5）规模较大的工程、工艺复杂的工程、群体工程或分期出图工程，可分阶段报批施工组织设计。

（6）主要分部（分项）工程、工程重点部位、技术复杂或采用新技术的关键工序应编制专项施工方案。冬、雨期施工应编制季节性施工方案。

（7）施工组织设计及施工方案编制内容齐全，施工单位应首先进行内部审核，并填写工程技术文件报审表，报监理单位批复后实施。发生较大的措施和工艺变更，应有变更审批手续，并进行交底。

二、施工组织设计（方案）报审表

施工组织设计（方案）报审表见表3-2。

相关知识

填表说明

（1）附件收集。所报审的施工组织设计、专项施工方案等，对重要方案还应附施工单位公司级技术负责人的审批意见。

（2）资料流程。由总承包单位编制，或对分包单位的方案进行审核，之后报送监理单位，经监理单位审批后返还总包单位，各相关单位存档。

表 3-2 施工组织设计（方案）报审表

<table>
<tr><td>工程名称</td><td></td><td>编号</td><td></td></tr>
<tr><td>施工单位</td><td></td><td>监理单位</td><td></td></tr>
<tr><td colspan="4">致：__________（监理单位）
我方已根据施工合同的有关规定完成了______工程施工组织设计(方案)的编制，并经我单位上级技术负责人审查批准,请予以审查。
附:施工组织设计(方案)

承包单位(章)__________
项目经理__________
日期__________</td></tr>
<tr><td colspan="4">专业监理工程师审查意见：

专业监理工程师__________
日期__________</td></tr>
<tr><td colspan="4">总监理工程师审查意见：

项目监理机构__________
总监理工程师__________
日期__________</td></tr>
</table>

（3）相关规定与要求。施工单位应编写工程技术文件，经施工单位技术部门审查通过，填写“施工组织设计（方案）”报项目监理部。总监理工程师组织专业工程监理工程师审核，填写审核意见，由总监理工程师签署审定结论。

（4）注意事项

①“编制单位名称”填写直接编制方案且负责该工程实施的单位。如各分包单位首先填写此栏，后经总承包单位审核并在“施工单位审核意见”栏写出意见后再报送监理单位。

②“监理单位审核意见”栏若空间不足时，可另附页。

第3节　技术交底记录

要　点

技术交底记录是工程具体的设计部位、施工项目来进行编写的，是继施工组织设计、施工方案后的第三层次的技术文件。使参与建设项目施工的技术人员与工人熟悉和了解所承担的工程项目的特点、设计意图、技术要求、施工工艺及应注意的问题。技术交底记录应按其编制原则及填写要求填写。

解　释

一、技术交底编制原则

（1）根据该工程的特点及时进行编制，内容应全面，具有很强的针对性和可操作性。

（2）严格执行相关规范、工艺，但严禁生搬原文条款，应根据实际将操作工艺具体化，使操作人员在执行工艺的同时能符合规范、工艺要求，并满足质量标准。

（3）在主要分项工程施工方法交底中能够反映出递进关系，交底内容、实际操作、实物质量及质量评定四者间必须相符。

二、技术交底的内容

（1）技术交底一般是按照工程施工的难易程度、建筑物的规模、结构复杂程度等，在不同层次的施工人员范围内进行，技术交底的内容与深度也各不相同。

（2）技术交底必须符合设计图纸、标准图集、现行施工验收规范、施工组织设计等的要求。

（3）技术交底的主要内容包括：主要的施工方法、关键性的施工技术及对实施存在问题的解决方法；特殊工程部位的技术处理细节及其注意事项；新技术、新工艺、新材料、新结构施工技术要求与实施方案及其注意事项；进度要求、施工部署、施工机械、劳动力安排与组织；总包与分包单位之间相互协作配合关系及其有关问题、施工质量标准和安全技术等。

(4) 技术交底的内容与深度要有针对性，力求全面、明确、及时，并突出重点。重点工程、大型工程、技术复杂的工程，应由企业技术负责人对有关科室工程技术负责人进行技术交底；工程技术负责人对项目经理部技术负责人进行技术交底；技术负责人对专业工长交底；专业工长对班组长按工种进行分部、分项工程技术交底；班组长对工人进行技术交底。这样技术交底就会得到层层贯彻与落实，具有针对性。

三、技术交底填写要求

(1) 依据标准表格进行填写，要求编制、报批及时，文字规范，条理清晰，填写齐全。

(2) 技术交底文件编号依据质量记录管理工作程序要求进行编写，依据文件和资料控制工作程序进行管理。

(3) “工程名称”与图纸图签中一致。

(4) 技术交底日期应在“交底提要”写清具体日期。

(5) 填写交底内容时，必须具有很强的可操作性和针对性，使施工人员持技术交底便可进行施工。

文字尽量通俗易懂，图文并茂。严禁出现“详见×××规程、×××标准”的话，而要将规范、规程中的条款转换为通俗语言。比如，纵向受拉钢筋的最小搭接长度，不同混凝土强度等级，不同钢筋类型其搭接倍数不同。在交底中就不能笼统写“C20 混凝土、HPB300 级钢，纵向受拉钢筋的最小搭接长度为 $35d$”，而应写其具体数值。

(6) 技术交底只有当签字齐全后，方可生效。

四、技术交底记录表

技术交底记录格式参考表 3-3。

表 3-3 技术交底记录

工程名称		编号		
		交底日期		
施工单位		分项工程名称		
交底提要		页数	共 页,第 页	
交底内容：				
签字栏	交底人		审核人	
	接受交底人			

相关知识

技术交底内容编制要求

（1）设计交底包括工程建筑概况、功能概况、建筑设计关键部位、结构设计关键部位及第一次设计变更和工程洽商变更。

（2）施工组织设计交底包括工程建筑概况、施工部署、主要施工方法及质量保证措施（含季节性施工方法及措施、架子搭设方案及构造措施）、进度计划、施工准备工作、文明施工规划（含成品保护措施）。

（3）分项工程技术交底内容应包括施工准备、操作工艺、质量要求、施工措施等几部分。

第 4 节 图纸会审记录

要 点

图纸会审记录是图纸会审过程中各方达到一致的意见、决定、

标准、变更等的原始记录，经各方签字认可的图纸会审记录应视为设计文件的一部分或补充，与正式设计文件具有同等效力。

解　释

一、填写要求

（1）监理、施工单位应将各自提出的图纸问题及意见，按专业整理、汇总后报建设单位，由建设单位提交设计单位做交底准备。

（2）图纸会审应由建设单位组织设计、监理和施工单位技术负责人及有关人员参加。设计单位对各专业问题进行交底，施工单位负责将设计交底内容按专业汇总、整理，形成图纸会审记录。

（3）图纸会审记录应由建设、设计、监理和施工单位的项目负责人签认，形成正式图纸会审记录。不得擅自在会审记录上涂改或变更其内容。

（4）图纸会审记录是正式文件，不得在记录上涂改变更。

（5）对图纸会审提出的问题，凡涉及设计变更的均应由设计单位按规定程序发出设计变更单（图），重要设计变更应由原施工图审查机构审核后方可实施。

（6）图纸会审的主要内容。设计是否符合国家现行规范标准和施工技术装备条件；特殊技术措施在技术上是否有困难、能否保证施工安全；特殊材料的品种、规格、数量等是否满足需要；建筑、结构、水暖、电气、设备等之间有无矛盾；图纸尺寸、坐标、标高及管线、道路交叉连接是否正确；图纸及说明是否齐全、清楚、明确；施工图审查机构的意见是否已反馈并通过其认可。

（7）填写要点。序号以审查问题的先后为序填写。图号按序号的顺序标明图纸编号。

会审记录栏为主要填写内容。提出方将存在的问题记录在问题一栏，答复意见记录在答复意见一栏，对于需变更或设计深度满足不了施工要求的，设计单位应出具书面设计文件重新处理。

二、图纸会审记录表

图纸会审记录见表 3-4。

表 3-4　图纸会审记录

<table>
<tr><td rowspan="2">工程名称</td><td rowspan="2"></td><td>编号</td><td colspan="2"></td></tr>
<tr><td>日期</td><td colspan="2"></td></tr>
<tr><td>设计单位</td><td></td><td>专业名称</td><td colspan="2"></td></tr>
<tr><td>地点</td><td></td><td>页数</td><td colspan="2">共　　页，第　页</td></tr>
<tr><td>序号</td><td>图号</td><td>图纸问题</td><td colspan="2">答复意见</td></tr>
<tr><td></td><td></td><td></td><td colspan="2"></td></tr>
<tr><td rowspan="2">签字栏</td><td>建设单位</td><td>监理单位</td><td>设计单位</td><td>施工单位</td></tr>
<tr><td></td><td></td><td></td><td></td></tr>
</table>

相关知识

填表说明

（1）资料流程。由施工单位整理、汇总后转签，建设单位、监理单位、施工单位、城建档案馆各保存一份。

（2）相关规定与要求。监理、施工单位应将各自提出的图纸问题及意见，按专业整理、汇总后报建设单位，由建设单位提交设计单位做交底准备。图纸会审应由建设单位组织设计、监理和施工单位技术负责人及有关人员参加。设计单位对各专业问题进行交底，施工单位负责将设计交底内容按专业整理、汇总，形成图纸会审记录。图纸会审记录应由建设、设计、监理和施工单位的项目相关负责人签认，形成正式图纸会审记录。

(3) 注意事项。图纸会审记录应根据专业（建筑、结构、给排水及供暖、电气、通风空调、智能系统等）汇总、整理。图纸会审记录一经各方签字确认后即成为设计文件的一部分，是现场施工的依据。

第5节　设计变更通知单

要　点

设计变更通知单是由于各种原因需要对设计文件部分内容进行修改而办理的变更设计文件。

解　释

一、填写要求

(1) 设计变更是由设计方提出，对原设计图纸的某个部位局部修改或全部修改的一种记录。

(2) 设计单位应及时下达设计变更通知单，必要时附图，并逐条注明应修改图纸的图号。设计变更内容如有文字无法叙述清楚时，应附图说明。设计变更、工程洽商是工程竣工图编制工作的重要依据，其内容的准确性和修改图号的明确性会影响竣工图绘制质量，因此应分专业办理，且应注明修改图纸的图号。

(3) 若在后期施工中，出现对前期某一变更或其中某条款重新修改的情况，必须在前期被修改条款上注明“作废”字样。

(4) 设计变更是工程施工和结算的依据，等同于施工图。建设、监理、设计、施工单位各保存一份。

(5) 分包单位的有关设计变更和洽商记录，应通过工程总包单位后办理。

(6) 设计变更通知单由建设（监理）单位和施工单位的有关负

责人及设计专业负责人签认后生效。

（7）设计变更由项目部技术部门管理，与图纸一并发放。

（8）同一区域相同工程如需用同一个设计变更时，可用复印件或抄件，须注明原件存放处。

二、设计变更通知单

设计变更通知单格式参考表3-5。

表3-5 设计变更通知单

<table>
<tr><td colspan="2" rowspan="2">工程名称</td><td colspan="2" rowspan="2"></td><td colspan="2">编号</td><td colspan="2"></td></tr>
<tr><td colspan="2">日期</td><td colspan="2"></td></tr>
<tr><td colspan="2">设计单位</td><td colspan="2"></td><td colspan="2">专业名称</td><td colspan="2"></td></tr>
<tr><td colspan="2">变更摘要</td><td colspan="2"></td><td colspan="2">页数</td><td colspan="2">共　　页，第　页</td></tr>
<tr><td>序号</td><td colspan="2">图号</td><td colspan="5">变更内容</td></tr>
<tr><td></td><td colspan="2"></td><td colspan="5"></td></tr>
<tr><td rowspan="2">签字栏</td><td colspan="2">建设单位</td><td colspan="2">设计单位</td><td colspan="2">监理单位</td><td>施工单位</td></tr>
<tr><td colspan="2"></td><td colspan="2"></td><td colspan="2"></td><td></td></tr>
</table>

相关知识

填表说明

（1）附件收集。所附的图样及说明文件等。

（2）资料流程。由设计单位发出，转签后建设单位、监理单位、施工单位、城建档案馆各保存一份。

（3）相关规定与要求。设计单位应及时下达设计变更通知单，内容翔实，必要时应附图，并逐条注明应修改图纸的图号。设计变更通知单应由设计专业负责人以及建设（监理）和施工单位的相关负责人签认。

（4）注意事项。设计变更是施工图样的补充和修改的记载，是现场施工的依据。由建设单位提出设计变更时，必须经设计单位同意。不同专业的设计变更应分别办理，不得办理在同一份设计变更通知单上。

第6节　工程洽商记录

要　点

工程洽商记录是建筑工程施工过程中，一种协调业主和施工方、施工方和设计方的记录，它是工程施工、验收、改扩建及维修的基本的重要的资料，也是做竣工图的重要依据。

解　释

一、填写要求

（1）工程洽商记录应分专业办理，内容翔实，必要时应附图，并逐条注明应修改图纸的图号。

（2）工程洽商记录应由设计专业负责人及建设、监理和施工单位相关负责人签认。

（3）设计单位如委托建设（监理）单位办理签认，应办理委托手续。

① 工程洽商是有关单位就技术或其他事务交换意见的记录文件，其内容涉及设计变更的，应由建设（监理）单位、设计单位、施工单位各方签认并满足设计变更记录的有关规定。不涉及设计变更的，由洽商涉及的各方签认。

② 工程洽商记录按日期先后顺序编号。

③ 工程洽商经签认后不得随意涂改或删除。

④ 工程洽商记录原件存档于提出单位，其他单位可复印（复印件应注明原件存放处）。

二、工程洽商记录

工程洽商记录见表 3-6。

表 3-6　工程洽商记录

<table>
<tr><td rowspan="2">工程名称</td><td rowspan="2"></td><td>编号</td><td></td></tr>
<tr><td>日期</td><td></td></tr>
<tr><td>提出单位</td><td></td><td>专业名称</td><td></td></tr>
<tr><td>洽商摘要</td><td></td><td>页数</td><td>共　　页，第　页</td></tr>
</table>

<table>
<tr><td>序号</td><td>图号</td><td colspan="4">洽商内容</td></tr>
<tr><td></td><td></td><td colspan="4"></td></tr>
<tr><td rowspan="2">签字栏</td><td>建设单位</td><td>设计单位</td><td>监理单位</td><td>施工单位</td></tr>
<tr><td></td><td></td><td></td><td></td></tr>
</table>

相关知识

填表说明

（1）附件收集。所附的图样及说明文件等。

（2）资料流程。由施工单位、建设单位或监理单位其中一方发出，经各方签认后存档。

（3）相关规定与要求。工程洽商记录应分专业办理，必要时应附图，并逐条注明应修改图纸的图号。工程洽商记录应由设计专业负责人以及建设、监理和施工单位的相关负责人签认。设计单位如委托建设（监理）单位办理签认，应办理委托手续。

（4）注意事项。不同专业的洽商应分别办理，不得办理在同一份上。签字应齐全，签字栏内只能填写人员姓名，不得另写其他意见。

第4章　建筑工程施工测量记录

第1节　施工测量放线资料

要　点

施工单位应将施工测量方案、红线桩的校核结果、水准点的引测结果填写施工测量放线报验表，附工程定位测量记录报项目监理部。编制时应注意其编制要求。

解　释

一、施工测量放线资料的编制要求

1. 对测量放线控制成果及保护措施的检查

专业监理工程师应按下列要求对承包单位报送的测量放线控制成果及保护措施进行检查，符合要求时，专业监理工程师对承包单位报送的施工测量成果报验申请表予以签认：

① 检查承包单位专职测量人员的岗位证书及测量设备检定证书。

② 复核控制桩的校核成果、控制桩的保护措施以及高程控制网、平面控制网和临时水准点的测量成果。

2. 施工测量放线报验

① 开工前的交桩复测及承包单位建立的控制网、水准系统的测量。

② 施工过程中的施工测量放线。

3. 开工前的审查程序

开工前的交桩复测及承包单位建立的控制网、水准点系统测量的审查程序如下。

① 根据专业监理工程师指令，承包单位应填写施工测量方案报审表，采用施工组织设计（方案）报审表，将施工测量方案报送

项目监理机构审查确认。

② 承包单位按批准的“施工测量方案”，对建设单位交给施工的红线桩、水准点进行校核复测，并在施工场地设置平面坐标控制网（或控制导线）及高程控制网后，填写施工测量放线报验申请表，并附上相应的放线依据资料及测量放线成果（工程定位测量及复测记录），报项目监理机构审查。

③ 专业监理工程师审核承包单位专职测量人员的岗位证书及测量设备检定证书、测量成果及现场查验桩、线的准确性及桩点、桩位保护措施的有效性，符合规定时，予以签认，并在其工程定位测量及复测记录签字盖章，完成交桩过程。

④ 当承包单位对交桩的桩位，通过复测提出质疑时，应通过建设单位邀请政府规定的规划勘察部门，复核红线桩及水准点测量的成果，最终完成交桩过程，并通过工程洽商的方式予以确认。

4. 施工过程中的施工测量放线审查程序

① 承包单位在测量放线完毕，应进行自检，合格后填写施工测量放线报验申请表，并附上放线的依据材料及放线成果表，报送项目监理机构。

② 专业监理工程师对施工测量放线报验申请表及附件进行审核，并应实地检验放线精度，是否符合规范及标准要求，经审核查验，签认施工测量放线报验申请表，并在其基槽及各层放线测量及复测记录签字盖章。

二、施工测量放线报验申请表

施工测量放线报验申请表见表 4-1。

相关知识

填表说明

① 承包单位施工测量放线完毕，自检合格后报项目监理机构复核确认。

表 4-1　施工测量放线报验申请表

工程名称：×××工程　　　　　　　　　　　　　　编号：×××

致：×××监理公司(监理单位)

我单位已完成了×××工程施工测量放线工作，现报上该工程报验申请表，请予以审查和验收。

附件：

(1)测量放线的部位及内容：

序号	工程部位名称	测量放线内容	专职测量员(岗位证书编号)	备注
1	四层 ②～⑦ /Ⓐ～Ⓓ	柱轴线控制线、墙柱轴线及边线、门窗洞口位置线等	××× (＊＊＊＊＊＊＊＊＊) ××× (＊＊＊＊＊＊＊＊＊)	30m 钢尺 DS3 级水准仪
2	四层 ⑥～⑨ /Ⓔ～Ⓗ	柱轴线控直线、柱边线等	××× (＊＊＊＊＊＊＊＊＊) ××× (＊＊＊＊＊＊＊＊＊)	

(2)放线的依据材料×页

(3)放线成果×页

承包单位(章)×××建筑工程公司

项目经理×××

日期×××

审查意见：

经检查，符合工程施工图的设计要求，达到了《建筑施工测量技术规程》DB11/T 446—2015 的精度要求。

项目监理机构××监理公司××项目监理部

总/专业监理工程师×××

日期×××

② 测量放线的专职测量人员资格及测量设备应是以经项目监理机构确认的。

③ 工程或部位的名称：工程定位测量填写工程名称，轴线、标高测量填写所测量项目部位名称。

④ 放线内容：指测量放线工作内容的名称，如轴线测量，标高测量等。

⑤ 专职测量人员（岗位证书编号）：指承担这次测量放线工作的专职测量人员及其岗位证书编号。

⑥ 备注：施工测量放线使用测量仪器的名称、型号、编号。

⑦ 测量放线依据材料及放线成果：依据材料是指施工测量方案、建设单位提供的红线桩、水准点等材料；放线成果指承包单位测量放线所放出的控制线及其施工测量放线记录表（依据材料应是已经项目监理机构确认的）。

⑧ 专业监理工程师审查意见：专业监理工程师根据对测量放线资料的审查和现场实际复测情况签署意见。

第 2 节　工程定位测量记录

要　点

工程定位测量是施工方依据测绘部门提供的放线成果、红线桩及场地控制网或建筑物控制网，测定建筑物位置，主控轴线、建筑物±0.000 绝对高程等，标明现场标准水准点，坐标点位置。

解　释

一、填表说明

（1）附件收集　可附水准原始记录。

（2）资料流程　由施工单位填写，随相应的测量放线报验表进入资料流程。

（3）相关规定与要求

① 测绘部门根据建设工程规划许可证（附件）批准的建筑工程位置及标高依据，测定出建筑的红线桩。

② 施工测量单位应依据测绘部门提供的放线成果、红线桩及场地控制网或建筑物控制网，测定建筑物位置、主控轴线及尺寸、建筑物±0.000 绝对高程，并填写工程定位测量记录报监理单位审核。

③ 工程定位测量完成后，应由建设单位报请政府具有相应资质的测绘部门申请验线，填写建设工程验线申请表报请政府测绘部门验线。

二、工程定位测量记录

工程定位测量记录见表 4-2。

表 4-2　工程定位测量记录

编号：________

工程名称		委托单位	
图纸编号		施测日期	
平面坐标依据		复测日期	
高程依据		使用仪器	
允许误差		仪器校验日期	
定位抄测示意图：			
复测结果：			

<table>
<tr><td rowspan="3">签字栏</td><td rowspan="2">建设(监理)单位</td><td>施工(测量)单位</td><td></td><td>测量人员岗位证书</td><td></td></tr>
<tr><td>专业技术负责人</td><td>测量负责人</td><td>复测人</td><td>施测人</td></tr>
<tr><td></td><td></td><td></td><td></td><td></td></tr>
</table>

注：本表由建设单位、监理单位、施工单位、城建档案馆各保存一份。

相关知识

注意事项

①“委托单位”填写建设单位或总承包单位。

②“平面坐标依据、高程依据”由测绘院或建设单位提供，应以规划部门钉桩坐标为标准，在填写时应注明点位编号，且与交桩资料中的点位编号一致。

第3节　基槽验线记录

要　点

基槽验线是施工测量单位根据主控轴线和基底平面图，检验建筑物基底外轮廓线、集水坑、电梯井坑、垫层标高（高程）、基槽断面的尺寸和坡度等。

解　释

一、填表说明

（1）附件收集　“普通测量成果”及基础平面图等。

（2）资料流程　由施工单位填写，随相应部位的测量放线报验表进入资料流程。

（3）相关规定与要求　施工测量单位应根据主控轴线和基槽底平面图，检验建筑物基底外轮廓线、集水坑、电梯井坑、垫层底标高（高程）、基槽断面尺寸和坡度等，填写基槽验线记录（表4-3）并报监理单位审核。

（4）基槽验线记录（表4-3）　建设单位、施工单位、城建档案馆各保存一份。

（5）注意事项　重点工程或大型工业厂房应有测量原始记录。

二、基槽验线记录

基槽验线记录见表4-3。

表 4-3 基槽验线记录

编号：________

工程名称		日期	
验线依据及内容：			
基槽平面、剖面简图：			
检查意见：			

签字栏	建设(监理)单位	施工测量单位		
		专业技术负责人	专业质检员	施测人

注：本表由建设单位、监理单位、施工单位、城建档案馆各保存一份。

相关知识

填写基槽验线记录要求

① 验线依据是指由建设单位或测绘院提供的坐标、高程控制点或工程测量定位控制桩、高程点等。内容要描述清楚。

② 基槽平面剖面简图要画出基槽平、剖面简图轮廓线，应标注主轴线尺寸，标注断面尺寸、高程。

③ 检查意见一栏由监理人员签署。要将检查意见表达清楚，不得用“符合要求”一词代替检查意见。

④ 签字栏中测量负责人为施测单位主管；技术负责人为项目总工；质量检查员为现场质检员。

⑤ 施工单位一栏按“谁施工填谁”这一原则执行。

第4节　楼层平面放线记录

要　点

楼层平面放线内容包括轴线竖向投测控制线、各层墙柱轴线、墙柱边线、门窗洞口位置线和垂直度偏差等。

解　释

一、填表说明

（1）附件收集　可附平面图。

（2）资料流程　由施工单位填写，随相应部位的测量放线报验表进入资料流程。

（3）相关规定与要求　楼层平面放线内容包括轴线竖向投测控制线、各层墙柱轴线、墙柱边线、门窗洞口位置线、垂直度偏差等，施工单位应在完成楼层平面放线后，填写楼层平面放线记录（表4-4）并报监理单位审核。

（4）楼层平面放线记录（表4-4）由施工单位保存。

（5）注意事项　“放线部位”及“放线依据”应准确、详细。

二、楼层平面放线记录

楼层平面放线记录见表4-4。

表 4-4　楼层平面放线记录

编号：________

工程名称		日期	
放线部位		放线内容	

放线依据：

放线简图：

检查意见：

签字栏	建设(监理)单位	施工单位		
		专业技术负责人	专业质检员	施测人

注：本表由施工单位填写并保存。

相关知识

楼层平面放线记录示例

楼层平面放线记录示例见表 4-5。

表 4-5　楼层平面放线记录示例

编号：×××

工程名称	××工程	日期	×××
放线部位	地下一层 1-7/A-J 轴顶板	放线内容	轴线竖向投测控制线，墙柱轴线、边线、门窗洞口位置线，垂直度偏差等

放线依据：

①施工图纸(图号××)，设计变更/洽商(编号××)

②本工程《施工测量方案》

③地下二层已放好的控制桩点

放线简图：

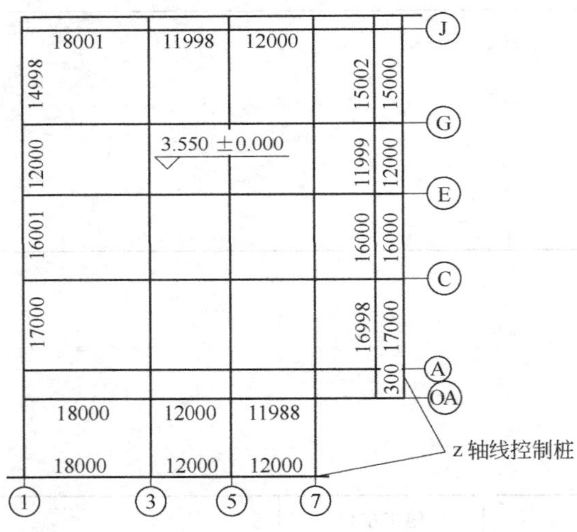

检查意见：

1. 1-7/A-J 轴为地下一层外廓纵横轴线
2. 括号内数据为复测数据(或结果)
3. 各细部轴线间几何尺寸相对精度最大偏差＋2mm，90°角中误差 10″，精度合格
4. 放线内容均已完成，位置准确，垂直度偏差在允许范围内，符合设计及测量方案要求.可以进行下道工序施工

签字栏	建设(监理)单位	施工单位	××建筑工程公司	
		专业技术负责人	专业质检员	施测人
	×××	×××	×××	×××

注：本表由施工单位填写并保存。

第5节　楼层标高抄测记录

要　点

楼层标高抄测内容包括楼层+0.5m（或+1.0m）水平控制线、皮数杆等。施工单位应在完成楼层标高抄测后，填写楼层标高抄测记录报监理单位审核。

解　释

一、填表说明

（1）附件收集　可附平面图及立面图。

（2）资料流程　由施工单位填写，随相应部位的测量放线报验表进入资料流程。

（3）相关规定与要求　楼层标高抄测内容包括楼层+0.5m（或+1.0m）水平控制线、皮数杆等，应施工单位应在完成楼层标高抄测记录后，填写楼层标高抄测楼层放线记录（表4-6）报监理单位审核。

（4）楼层标高抄测记录（表4-6）由施工单位保存。

（5）注意事项　基础、砖墙必须设置皮数杆，以此控制标高，用水准仪校核（允许误差±3mm）。

二、楼层标高抄测记录

楼层标高抄测记录见表4-6。

相关知识

楼层标高抄测记录填写要求

① 抄测部位应注明哪层哪段，如首层Ⅱ段⑤～⑩轴。

② 抄测内容写明是50cm线还是1m线。

③ 抄测简图：画出抄测部位的简图。

表 4-6　楼层标高抄测记录

编号：______

<table>
<tr><td>工程名称</td><td colspan="2"></td><td>日　　期</td><td></td></tr>
<tr><td>抄测部位</td><td colspan="2"></td><td>抄测内容</td><td></td></tr>
<tr><td colspan="5">抄测依据：</td></tr>
<tr><td colspan="5">抄测说明：</td></tr>
<tr><td colspan="5">检查意见：</td></tr>
<tr><td rowspan="3">签字栏</td><td rowspan="2">建设(监理)单位</td><td>施工单位</td><td colspan="2"></td></tr>
<tr><td>专业技术负责人</td><td>专业质检员</td><td>施测人</td></tr>
<tr><td></td><td></td><td></td><td></td></tr>
</table>

注：本表由施工单位填写并保存。

④ 抄测依据：要根据测绘院给出的高程点、施工图等。

⑤ 检查意见一栏由监理人员签署。要将检查意见表达清楚，不得用“符合要求”一词代替检查意见。

⑥ 签字栏中测量责任人为具体操作人员；技术负责人为项目总工；质量检查员为现场质检员。

⑦ 施工单位一栏按“谁施工填谁”这一原则执行。

第 6 节　建筑物垂直度、标高测量记录

要　点

施工单位应在施工期间、结构工程完工、单位工程竣工后分别对建筑物垂直度和全高进行实测并记录，填写建筑物垂直度、标高测量记录报监理单位审核。超过允许偏差且影响结构性能的部位，要由技术处理方案和具体补救措施。

解　释

一、填表说明

(1) 资料流程　由施工单位填写，随相应部位的测量放线报验

表进入资料流程。

(2) 相关规定与要求　施工单位应在结构工程完成和工程完工竣工时，对建筑物进行垂直度测量记录和标高全高进行实测并控制记录，填写建筑物垂直度、标高测量记录（表 4-7）报监理单位审核。超过允许偏差且影响结构性能的部位，应由施工单位提出技术处理方案，并经建设（监理）单位认可后进行处理。

(3) 建筑物垂直度、标高测量记录（表 4-7）　由建设单位、施工单位各保存一份。

(4) 注意事项　“专业技术负责人”栏内填写项目总工，“专业质检员”栏内填写现场质量检查员，“施测人”栏内填写具体测量人员。

二、建筑物垂直度、标高测量记录

建筑物垂直度、标高测量记录见表 4-7。

表 4-7　建筑物垂直度、标高测量记录

编号：______

<table>
<tr><td>工程名称</td><td colspan="3"></td></tr>
<tr><td>施工阶段</td><td>结构工程</td><td>观测日期</td><td></td></tr>
<tr><td colspan="4">观测说明(附观测示意图)：</td></tr>
<tr><td colspan="2">垂直度测量(全高)</td><td colspan="2">标高测量(全高)</td></tr>
<tr><td>观测部位</td><td>实测偏差/mm</td><td>观测部位</td><td>实测偏差/mm</td></tr>
<tr><td></td><td></td><td></td><td></td></tr>
<tr><td></td><td></td><td></td><td></td></tr>
<tr><td></td><td></td><td></td><td></td></tr>
<tr><td></td><td></td><td></td><td></td></tr>
<tr><td colspan="4">结论：
工程垂直度、标高测量结果符合设计及规范规定</td></tr>
</table>

<table>
<tr><td rowspan="3">签字栏</td><td rowspan="2">建设(监理)单位</td><td>施工单位</td><td colspan="2"></td></tr>
<tr><td>专业技术负责人</td><td>专业质检员</td><td>施测人</td></tr>
<tr><td></td><td></td><td></td><td></td></tr>
</table>

注：本表由建设单位、施工单位各保存一份。

相关知识

建筑物垂直度、标高测量记录填写要求

① 施工阶段。

② 观测说明：采用仪器类型，观测点位布置，观测时间的确定等，均应说明。

③ 观测示意图：按实际建筑物轮廓画示意图，标注观测点位置。

④ 观测结果：可将观测的数值填上。

⑤ 结论：根据观测的数值下结论。

⑥ 签字栏中技术负责人为项目总工；测量负责人为施测单位主管；质量检查员为现场质检员。

⑦ 施工单位一栏按“谁施工填谁”这一原则执行。

第 5 章　建筑工程施工物资资料管理

第 1 节　施工物资资料管理概述

要　点

施工物资资料是反映工程所用物资质量和性能指标等的各种证明文件和相关配套文件（如使用说明书、安装维修文件等）的统称。

解　释

施工物资资料的管理

1. 对文件资料的要求

① 工程物资主要包括建筑材料、成品、半成品、构配件、设备等，建筑工程所使用的工程物资均应有出厂质量证明文件（包括产品合格证、出厂检验报告、产品生产许可证和质量保证书等）。当无法或不便提供质量证明文件原件时，复印件亦可。复印件必须清晰可辨认，其内容应与原件一致，并应加盖原件存放单位公章、注明原件存放处、有经办人签字和时间。

② 涉及结构安全和使用功能的材料需要代换且改变了设计要求时，必须有设计单位签署的认可文件。涉及安全、卫生、环保的物资应有相应资质等级检测单位的检测报告，如压力容器、消防设备、生活供水设备、卫生洁具等。

③ 凡使用的新材料、新产品，应由具备鉴定资格的单位或部门出具鉴定证书，同时具有产品质量标准和试验要求，使用前应按其质量标准和试验要求进行试验或检验。新材料、新产品还应提供安装、维修、使用和工艺标准等相关技术文件。

④ 进口材料和设备等应有商检证明（国家认证委员会公布的

强制性［COC］产品除外)、中文版的质量证明文件、性能检测报告以及中文版的安装、维修、使用、试验要求等技术文件。

2. 对进场检验的要求

建筑工程采用的主要材料、半成品、成品、构配件、器具、设备等应实行进场验收，做进场检验记录；涉及安全、功能的有关物资应按工程施工质量验收规范及相关规定进行复试和有见证取样送检，及时提供相应试（检）验报告。

3. 对分级管理的要求

(1) 分级管理的原则

供应单位或加工单位负责收集、整理和保存所供物资原材料的质量证明文件，施工单位则需收集、整理和保存供应单位或加工单位提供的质量证明文件和进场后进行的试（检）验报告。各单位应对各自范围内工程资料的汇集、整理结果负责，并保证工程资料的可追溯性。

(2) 钢筋资料的分级管理

钢筋采用场外委托加工形式时，加工单位应保存钢筋的原材出厂质量证明、复试报告、接头连接试验报告等资料，并保证资料的可追溯性；加工单位必须向施工单位提供《半成品钢筋出厂合格证》，半成品钢筋进场后施工单位还应进行外观质量检查，如对质量产生怀疑或有其他约定时可进行力学性能和工艺性能的抽样复试。

(3) 混凝土资料的分级管理

①预拌混凝土供应单位必须向施工单位提供以下资料：配合比通知单；混凝土运输单；混凝土出厂合格证（32 天内提供)；混凝土氯化物和碱总量计算书。

② 预拌混凝土供应单位除向施工单位提供上述资料外，还应保证以下资料的可追溯性：试配记录、水泥出厂合格证和试（检）验报告、砂和碎（卵）石试验报告、轻集料试（检）验报告、外加剂和掺合料产品合格证和试（检）验报告、开盘鉴定、混凝土抗压强

度报告（出厂检验混凝土强度值应填入预拌混凝土出厂合格证)、抗渗试验报告（试验结果应填入预拌混凝土出厂合格证)、混凝土坍落度测试记录（搅拌站测试记录）和原材料有害物含量检测报告。

③ 施工单位应形成以下资料：混凝土浇灌申请书；混凝土抗压强度报告（现场检验)；抗渗试验报告（现场检验)；混凝土试块强度统计、评定记录（现场)。

④ 采用现场搅拌混凝土方式的，施工单位应收集、整理上述资料中除预拌混凝土出厂合格证、预拌混凝土运输单之外的所有资料。

（4）预制构件资料的分级管理

施工单位使用预制构件时，预制构件加工单位应保存各种原材料（如钢筋、钢材、钢丝、预应力筋、木材、混凝土组成材料）的质量合格证明、复试报告等资料以及混凝土、钢构件、木构件的性能试验报告和有害物含量检测报告等资料，并应保证各种资料的可追溯性；施工单位必须保存加工单位提供的预制混凝土构件出厂合格证、钢构件出厂合格证以及其他构件合格证和进场后的试（检）验报告。

相关知识

施工物资资料包含的内容

施工物资资料的内容主要有各种质量证明文件、材料及构配件进场检验记录、设备开箱检验记录、设备及管道附件试验记录、设备安装使用说明书、各种材料的进场复试报告、预拌混凝土（砂浆）运输单等。

第2节　工程材料/构配件/设备报审表

工程材料/构配件/设备报审表是由直接使用所报验施工物资的

施工单位填写的，应掌握其表格的填写和相关的规定要求、注意事项等。

解　释

一、填表说明

1. 附件收集

① 物资进场报验须附资料应根据具体情况（合同、规范、施工方案等要求）由监理、施工单位和物资供应单位预先协商确定。

② 由施工单位负责收集附件（包括产品出厂合格证、性能检测报告、出厂试验报告、进场复试报告、材料构配件进场检验记录、产品备案文件、进口产品的中文说明和商检证等）。

2. 资料流程

由直接使用所报验施工物资的施工单位填写（总承包单位或分承包单位）。

3. 相关规定与要求

① 工程物资进场后，施工单位要及时检查外观、数量及供货单位提供的质量证明文件等，合格后填写表 5-1。

② 填写齐全且收集全所需附件后报上级单位检查（若由总包单位填写，则直接上报监理单位审批；若由分包单位填写，需先上报总包单位检查，总包检查合格并签认后由总包上报监理单位审批）。

③ 监理单位审批后将资料返还总包单位，若表 5-1 是由分包单位填写的则总包单位还应返还给分包单位。

④ 上述流程中涉及的各单位（监理、总包、分包等）均应将签认后的资料留取备份并按要求存档。

二、工程材料/构配件/设备报审表

工程材料/构配件/设备报审表见表 5-1。

表 5-1 工程材料/构配件/设备报审表

工程名称：××××工程　　　　编号：×××

致：××××监理公司(监理单位)

我方于××年×月×日进场的工程材料/构配件/设备数量如下(见附件)。现将质量证明文件及自检结果报上，拟用于下述部位：

请予以审核。

附件：

1. 数量清单

工程材料/构配件/设备名称	主要规格	单　位	数　量	取样报审表编号
××	××	×	××	××××
××	××	×	××	××××
××	××	×	××	××××
××	××	×	××	××××
××	××	×	××	××××

2. 质量证明文件

① 出厂合格证×页(如出厂合格证无原件，有抄件或原件复印件亦可。但抄件或原件复印件上要注明原件存放单位，抄件人和抄件、复印件单位签名并盖公章。)

② 厂家质量检验报告×页

③ 进场复试报告×页(复试报告一般应提供原件)

3. 自检结果

工程材料质量证明资料齐全，观感质量及进场复试检验结果合格。

承包单位(章)××建筑工程公司

项目经理×××

日期××年×月×日

审查意见：

经检查上述工程材料/构配件/设备，符合/不符合设计文件和规范的要求，准许/进场，同意/使用于拟定部位。

项目监理机构××监理公司××项目监理部

总/专业监理工程师×××

日期××年×月×日

注：本表由施工单位填报，建筑单位、监理单位、施工单位各保存一份。

相关知识

注意事项

① 施工单位和监理单位应约定涉及结构安全、使用功能、建筑外观、环保要求的主要物资的进场报验范围和要求。

② 工程名称填写应准确、统一，报验日期应准确。

③ 物资名称、规格、单位、数量等填写应规范、准确，与附件内容相符。

④ 附件必须齐全、真实、清晰、有效。

⑤ 检查意见及相关人员签字应清晰可辨认，严禁其他人代签。

⑥ 物资报验和审批的时间应在合同规定时限内，未经审批认可之前严禁使用。

第 3 节　材料、构配件进场检验记录

要　点

材料、构配件是建设工程的基础，其质量的好坏直接影响工程质量，不仅影响建筑的使用功能及美观，更重要的是影响建筑物的安全。因此应加强对材料、构配件质量的控制，不允许不合格的材料、构配件流入施工现场用于工程上。

解　释

一、材料、构配件主要检查内容

① 物资出厂质量证明文件及检测报告是否齐全。

② 实际进场物资数量、规格和型号等是否满足设计和施工计划要求。

③ 物资外观质量是否满足设计要求或规范规定。

④ 按规定须抽检的材料、构配件是否及时抽检等。

二、填表说明

1. 附件收集

① 物资进场报验须附资料应根据具体情况（合同、规范、施工方案等要求）由监理、施工单位和物资供应单位预先协商确定。

② 由施工单位负责收集附件（包括产品出厂合格证、性能检测报告、出厂试验报告、进场复试报告、材料构配件进场检验记录、产品备案文件、进口产品的中文说明和商检证等）。

2. 资料流程

由直接使用所检查的材料及配件的施工单位填写，作为工程物资进场报验表填表进入资料流程。

3. 相关规定与要求

工程物资进场后，施工单位应及时组织相关人员检查外观、数量及供货单位提供的质量证明文件等，合格后填写材料、构配件进厂检验记录。

4. 注意事项

① 工程名称填写应准确、统一，日期应准确。

② 物资名称、规格、数量、检验项目和结果等填写应规范、准确。

③ 检验结论及相关人员签字应清晰可辨认，严禁其他人代签。

④ 按规定应进场复试的工程物资，必须在进场检查验收合格后取样复试。

三、材料、构配件进场检验记录

材料、构配件进场检验记录见表 5-2。

相关知识

材料试验报告（通用）

通用材料试验报告见表 5-3。

表 5-2　材料、构配件进场检验记录

<table>
<tr><td colspan="2">工程名称</td><td colspan="3" rowspan="2"></td><td>编号</td><td colspan="2"></td></tr>
<tr><td colspan="2"></td><td>检验日期</td><td colspan="2"></td></tr>
<tr><td rowspan="2">序号</td><td rowspan="2">名称</td><td rowspan="2">规格
型号</td><td rowspan="2">进场
数量</td><td>生产厂家</td><td>外观检验项目</td><td>试件编号</td><td rowspan="2">备　注</td></tr>
<tr><td>质量证明书
编号</td><td>检验结果</td><td>复验结果</td></tr>
<tr><td rowspan="2">1</td><td rowspan="2"></td><td rowspan="2"></td><td rowspan="2"></td><td></td><td></td><td></td><td rowspan="2"></td></tr>
<tr><td></td><td></td><td></td></tr>
<tr><td rowspan="2">2</td><td rowspan="2"></td><td rowspan="2"></td><td rowspan="2"></td><td></td><td></td><td></td><td rowspan="2"></td></tr>
<tr><td></td><td></td><td></td></tr>
<tr><td rowspan="2">3</td><td rowspan="2"></td><td rowspan="2"></td><td rowspan="2"></td><td></td><td></td><td></td><td rowspan="2"></td></tr>
<tr><td></td><td></td><td></td></tr>
<tr><td rowspan="2">4</td><td rowspan="2"></td><td rowspan="2"></td><td rowspan="2"></td><td></td><td></td><td></td><td rowspan="2"></td></tr>
<tr><td></td><td></td><td></td></tr>
<tr><td rowspan="2">5</td><td rowspan="2"></td><td rowspan="2"></td><td rowspan="2"></td><td></td><td></td><td></td><td rowspan="2"></td></tr>
<tr><td></td><td></td><td></td></tr>
<tr><td colspan="8">检查意见(施工单位)：
附件:共__页</td></tr>
<tr><td colspan="8">验收意见(监理/建设单位)

□同意　□重新检验　□退场　验收日期：</td></tr>
</table>

<table>
<tr><td rowspan="3">签字栏</td><td rowspan="2">施工单位</td><td rowspan="2"></td><td>专业质检员</td><td>专业工长</td><td>检验员</td></tr>
<tr><td></td><td></td><td></td></tr>
<tr><td>监理或建设单位</td><td colspan="2"></td><td colspan="2">专业工程师</td></tr>
</table>

表 5-3 材料试验报告（通用）

编　　号：＿＿＿

试验编号：＿＿＿

委托编号：＿＿＿

工程名称及部位				式样编号	
委托单位				试验委托人	
材料名称及规格				产地、厂别	
代表数量		来样日期		试验日期	
要求试验项目及说明：					
试验结果：					
结论：					

批　　准		审核		试验	
试验单位					
报告日期					

注：本表由试验单位提供，建设单位、施工单位各保存一份。

第 4 节　钢筋（材）试验报告

要　　点

填写钢筋（材）试验报告，首先应先进行资料准备，包括钢筋质量证明文件、钢筋的力学性能复试、化学成分检验等。填写试验报告时，应按照表格形式准确填写。

解　　释

一、资料准备

① 钢筋（材）及相关材料（如钢筋连接用机械连接套筒）必须有质量证明文件。

② 钢筋及重要钢材应按现行规范规定取样做力学性能的复试，承重结构钢筋及重要钢材应实行有见证取样和送检。

③ 当使用进口钢材、钢筋脆断、焊接性能不良或力学性能显著不正常时，应进行化学成分检验或其他专项检验，有相应检验报告。

二、钢筋（材）试验报告

钢筋（材）试验报告见表5-4。

表5-4 钢筋（材）试验报告

编　　号：______

试验编号：______

委托编号：______

<table>
<tr><td colspan="2">工程名称</td><td colspan="4"></td><td colspan="2">证件编号</td><td></td></tr>
<tr><td colspan="2">委托单位</td><td colspan="4"></td><td colspan="2">试验委托人</td><td></td></tr>
<tr><td colspan="2">钢材种类</td><td></td><td>规格和牌号</td><td colspan="2"></td><td colspan="2">生产厂</td><td></td></tr>
<tr><td colspan="2">代表数量</td><td></td><td>来样日期</td><td colspan="2"></td><td colspan="2">试验日期</td><td></td></tr>
<tr><td colspan="2">公称直径(厚度)</td><td colspan="4">mm</td><td colspan="2">公称面积</td><td></td></tr>
<tr><td rowspan="9">试验结果</td><td colspan="5">力学性能</td><td colspan="3">弯曲性能</td></tr>
<tr><td>屈服点/MPa</td><td>抗拉强度/MPa</td><td>伸长率/%</td><td>$\sigma_{b实}/\sigma_{s实}$</td><td>$\sigma_{s实}/\sigma_{b标}$</td><td>弯心直径</td><td>角　度</td><td>结　果</td></tr>
<tr><td></td><td></td><td></td><td></td><td></td><td></td><td></td><td></td></tr>
<tr><td></td><td></td><td></td><td></td><td></td><td></td><td></td><td></td></tr>
<tr><td colspan="7">化学分析</td><td rowspan="5">其他：</td></tr>
<tr><td rowspan="2">分析编号</td><td colspan="6">化学成分</td></tr>
<tr><td>C</td><td>Si</td><td>Mn</td><td>P</td><td>S</td><td>C_{eq}</td></tr>
<tr><td></td><td></td><td></td><td></td><td></td><td></td><td></td></tr>
<tr><td></td><td></td><td></td><td></td><td></td><td></td><td></td></tr>
<tr><td colspan="9">结论：</td></tr>
<tr><td colspan="2">批　　准</td><td colspan="2"></td><td>审核</td><td></td><td>试验</td><td colspan="2"></td></tr>
<tr><td colspan="2">试验单位</td><td colspan="7"></td></tr>
<tr><td colspan="2">报告日期</td><td colspan="7"></td></tr>
</table>

注：本表由试验单位提供，建设单位、施工单位、城建档案馆各保存一份。

相关知识

注意事项

钢筋对混凝土结构的承载力至关重要，应加强进场物资的验收和复验。有下列情况之一钢筋，应视为不合格品：出厂质量证明文件不齐全；品种、规格与设计文件上的品种、规格不一致。

机械性能检验项目不齐全或某一机械性能指标不符合标准规定；进口钢材使用前未做化学成分检验和可焊性试验。《混凝土结构工程施工质量验收规范》GB 50204—2015 规定：对按一、二、三级抗震等级设计的框架和斜撑构件（含梯段）中的纵向受力钢筋应采用 HRB335E、HRB400E、HRB500E、HRBF335E、HRBF400E 或 HRBF500E 钢筋，其强度和最大力下总伸长率的实测值应符合下列规定：抗拉强度实测值与屈服强度实测值的比值不应小于 1.25；屈服强度实测值与屈服强度标准值的比值不应大于 1.30；最大力下总伸长率不应小于 9%。其目的是保证重要结构构件的抗震性能。对性能不良的钢筋批，可根据专项检验结果进行处理。

第 5 节　水泥试验报告

要　点

水泥是建材工业中一种重要的建筑材料，是现代化建设的主要材料之一，用途极为广泛，它能将砖、石子、砂和钢筋等材料黏结在一起，成为一个坚硬的整体，达到较高的机械强度。

解　释

一、资料准备

① 水泥生产厂家必须提供有出厂质量合格证明文件，内容有厂别、品种、出厂日期、出厂编号和必要的试验数据；水泥生产单位应在水泥出厂 7d 内提供 28d 强度以外的各项试验结果，28d 强度结果应在水泥发出日起 32d 内补报。

② 用于承重结构的水泥、用于使用部位有强度等级要求的水

泥、水泥出厂超过三个月（快硬硅酸盐水泥为一个月）和进口水泥在使用前必须进行复试，具有应有试验报告；混凝土和砌筑砂浆用水泥应实行有见证取样和送检。

二、水泥试验报告

水泥试验报告见表 5-5。

表 5-5　水泥试验报告

编　　号：______
试验编号：______
委托编号：______

<table>
<tr><td>工程名称</td><td colspan="2"></td><td>试样编号</td><td colspan="2"></td></tr>
<tr><td>委托单位</td><td colspan="2"></td><td>试验委托人</td><td colspan="2"></td></tr>
<tr><td>品种及强度等级</td><td></td><td>出厂编号及日期</td><td></td><td>厂别牌号</td><td></td></tr>
<tr><td>代表数量/t</td><td></td><td>来样日期</td><td></td><td>试验日期</td><td></td></tr>
</table>

<table>
<tr><td rowspan="14">试验结果</td><td colspan="2" rowspan="2">细　度</td><td colspan="3">80μm 方孔筛余量</td><td colspan="3"></td></tr>
<tr><td colspan="3">比表面积</td><td colspan="3"></td></tr>
<tr><td colspan="2">标准稠度用水量(P)</td><td colspan="2"></td><td colspan="2"></td><td colspan="2"></td></tr>
<tr><td colspan="2">凝结时间</td><td colspan="2">初凝</td><td colspan="2"></td><td>终凝</td><td></td></tr>
<tr><td colspan="2">安定性</td><td colspan="2">雷氏法</td><td colspan="2"></td><td>饼法</td><td></td></tr>
<tr><td colspan="2">其他</td><td colspan="2"></td><td colspan="2"></td><td></td><td></td></tr>
<tr><td colspan="2">强度/MPa</td><td colspan="2"></td><td colspan="2"></td><td></td><td></td></tr>
<tr><td colspan="4">抗　折　强　度</td><td colspan="4">抗　压　强　度</td></tr>
<tr><td colspan="2">3d</td><td colspan="2">28d</td><td colspan="2">3d</td><td colspan="2">28d</td></tr>
<tr><td>单块值</td><td>平均值</td><td>单块值</td><td>平均值</td><td>单块值</td><td>平均值</td><td>单块值</td><td>平均值</td></tr>
<tr><td></td><td></td><td></td><td></td><td></td><td></td><td></td><td></td></tr>
<tr><td></td><td></td><td></td><td></td><td></td><td></td><td></td><td></td></tr>
<tr><td></td><td></td><td></td><td></td><td></td><td></td><td></td><td></td></tr>
<tr><td></td><td></td><td></td><td></td><td></td><td></td><td></td><td></td></tr>
<tr><td colspan="9">结论：</td></tr>
</table>

<table>
<tr><td>批　准</td><td></td><td>审核</td><td></td><td>试验</td><td></td></tr>
<tr><td>试验单位</td><td colspan="5"></td></tr>
<tr><td>报告日期</td><td colspan="5"></td></tr>
</table>

注：本表由试验单位提供，建设单位、施工单位、城建档案馆各保存一份。

相关知识

● **注意事项**

① 用于钢筋混凝土结构、预应力混凝土结构中的水泥，检测（验）报告应含有害物含量检测内容，混凝土和砌筑砂浆用水泥应实行有见证取样和送检。

② 用于钢筋混凝土结构、预应力混凝土结构中的水泥，检测（验）报告应有氯化物含量检测内容。

第 6 节　砂与碎（卵）石试验报告

要　点

砂与碎（卵）石试验报告的填写主要包括砂试验报告和碎（卵）石试验报告两部分，应按照表格形式准确填写。

解　释

一、资料准备

砂、石使用前应按规定取样复试，具有应有试验报告。

二、砂与碎（卵）石试验报告

砂试验报告见表 5-6。

碎（卵）石试验报告见表 5-7。

相关知识

● **注意事项**

对受地下水影响较大的地下结构按规定应预防碱-集料反应的工程或结构部位所使用的砂、石还应进行碱活性检验，供应单位应具有提供相应砂、石的碱活性检验报告的资格。

表 5-6　砂试验报告

编　　号：______

试验编号：______

委托编号：______

工程名称		试样编号	
委托单位		试验委托人	
种　　类		产　　地	

代表数量		来样日期		试验日期	

试验结果			
试验结果	筛分析	细度模数(μ_f)	
		级配区域	区
	含泥量		%
	泥块含量		%
	表观密度		kg/m^3
	堆积密度		kg/m^3
	碱活性指标		
	其他		

结论：

批　　准		审核		试验	
试验单位					
报告日期					

注：本表由试验单位提供，建设单位、施工单位、城建档案馆各保存一份。

表 5-7　碎（卵）石试验报告

编　　号：______

试验编号：______

委托编号：______

<table>
<tr><td colspan="2">工程名称</td><td colspan="2"></td><td colspan="2">试样编号</td><td></td></tr>
<tr><td colspan="2">委托单位</td><td colspan="2"></td><td colspan="2">试验委托人</td><td></td></tr>
<tr><td colspan="2">种类、产地</td><td colspan="2"></td><td colspan="2">公称粒径</td><td>mm</td></tr>
<tr><td colspan="2">代表数量</td><td></td><td>来样日期</td><td></td><td>试验日期</td><td></td></tr>
<tr><td rowspan="11">试
验
结
果</td><td rowspan="3">筛分析</td><td colspan="2">级配情况</td><td colspan="3">□连续粒级　□单粒级</td></tr>
<tr><td colspan="2">级配结果</td><td colspan="3"></td></tr>
<tr><td colspan="2">最大粒径</td><td colspan="3">mm</td></tr>
<tr><td>含泥量</td><td colspan="5">%</td></tr>
<tr><td>泥块含量</td><td colspan="5">%</td></tr>
<tr><td>针、片状颗粒含量</td><td colspan="5">%</td></tr>
<tr><td>压碎指示值</td><td colspan="5">%</td></tr>
<tr><td>表观密度</td><td colspan="5">kg/m³</td></tr>
<tr><td>堆积密度</td><td colspan="5">kg/m³</td></tr>
<tr><td>碱活性指标</td><td colspan="5"></td></tr>
<tr><td>其他</td><td colspan="5"></td></tr>
<tr><td colspan="7">结论：</td></tr>
<tr><td colspan="2">批　　准</td><td></td><td>审核</td><td></td><td>试验</td><td></td></tr>
<tr><td colspan="2">试验单位</td><td colspan="5"></td></tr>
<tr><td colspan="2">报告日期</td><td colspan="5"></td></tr>
</table>

注：本表由试验单位提供，建设单位、施工单位、城建档案馆各保存一份。

第7节　混凝土外加剂试验报告

要　点

混凝土外加剂主要包括减水剂、早强剂、缓凝剂、泵送剂、防水剂、防冻剂、膨胀剂等。外加剂必须具备质量合格证明书等，使用前应进行取样复试。表格的填写应认真准确。

解　释

一、资料准备

① 外加剂主要包括减水剂、早强剂、缓凝剂、泵送剂、防水剂、防冻剂、膨胀剂、引气剂和速凝剂等。

② 外加剂必须提供有质量合格证明书或合格证、相应资质等级检测材料检测部门出具的检测报告、产品性能和使用说明书等。

③ 使用前应按照现行产品标准和检测方法标准进行规定取样复试，应具有复试报告；承重结构混凝土使用的外加剂应实行有见证取样和送检。

二、混凝土外加剂试验报告

混凝土外加剂试验报告的具体内容与表式见表5-8。

相关知识

注意事项

钢筋混凝土结构所使用的外加剂应有氯化物含量的检测报告。当含有氯化物时，应做混凝土氯化物总含量的检测，其总含量应符合国家现行标准要求。

表 5-8　混凝土外加剂试验报告

编　　号：______

试验编号：______

委托编号：______

工程名称			试样编号		
委托单位			试验委托人		
产品名称		生产厂		生产日期	
代表数量		来样日期		试验日期	
试验项目					
试验结果	试　验　项　目		试　验　结　果		
结论：					
批　　准		审核		试验	
试验单位					
报告日期					

第 8 节　混凝土掺合料试验报告

要　点

混凝土掺合料主要包括粉煤灰、粒化高炉矿渣粉、沸石粉和复合掺合料等，掺合料必须要有质量合格证明。试验报告的填写要真实清晰。

解　释

一、资料准备

① 掺合料主要包括粉煤灰、粒化高炉矿渣粉、沸石粉、硅灰

和复合掺合料等。

② 掺合料应有必须有出厂质量合格证明文件。

二、混凝土掺合料试验报告

混凝土掺合料试验报告见表 5-9。

表 5-9 混凝土掺合料试验报告

编　　号：______

试验编号：______

委托编号：______

工程名称		试样编号	
委托单位		试验委托人	

掺合料种类		等　级		产　地	
代表数量		来样日期		试验日期	

试验结果	细度	0.045mm 方孔筛筛余	%
		80μm 方孔筛筛余	%
	需水量比		
	吸氨值		%
	28d 水泥胶砂抗压强度比		
	烧失量		%
	其他		

结论：

批　准		审核		试验	
试验单位					
报告日期					

相关知识

注意事项

用于结构工程的掺合料应按规定取样复试，应有复试报告。

第9节　防水材料试验报告

要　点

防水材料主要包括防水涂料、防水卷材、黏结剂、止水带、膨胀胶条、密封膏、密封胶、水泥基渗透结晶性防水材料等。

解　释

一、资料准备

① 防水材料主要包括防水涂料、防水卷材、黏结剂、止水带、膨胀胶条、密封膏、密封胶、水泥基渗透结晶性防水材料等。

② 防水材料必须有出厂质量合格证、法定相应资质等级检测检测部门出具的检测报告、产品性能和使用说明书。

③ 防水材料进场后应进行外观检查，合格后按规定取样复试，并实行有见证取样和送检。

二、防水材料试验报告

防水涂料试验报告见表5-10。

防水卷材试验报告见表5-11。

相关知识

注意事项

① 如使用新型防水材料，应有法定相关部门、单位的鉴定资料文件，使用过程中，应并有专门的施工工艺操作规定规程和有代表性的抽样试验记录。

② 对于止水条、密封膏、黏结剂等辅助性防水材料，属于用量较少的一般工程，当供货方提供有效的试验报告及出厂质量证明，且进场外观检查合格，可不作进场复验。

表 5-10　防水涂料试验报告

编　　号：______

试验编号：______

委托编号：______

工程名称及部位			试样编号		
委托单位			试验委托人		
种类、型号			生产厂		
代表数量		来样日期		试验日期	

试验结果	延伸性	mm			
	拉伸强度	MPa			
	断裂伸长率	%			
	黏结性	MPa			
	耐热度	温度/℃		评定	
	不透水性				
	柔韧性(低温)	温度/℃		评定	
	固体含量	%			
	其他				

结论：

批　　准		审核		试验	
试验单位					
报告日期					

注：本表由试验单位提供，建设单位、施工单位、城建档案馆各保存一份。

表 5-11　防水卷材试验报告

编　　号：______
试验编号：______
委托编号：______

工程名称及部位		试样编号	
委托单位		试验委托人	
种类、等级、牌号		生产厂	

代表数量		来样日期		试验日期	

试验结果	项目					
	拉力试验	拉力	纵	N	横	N
		拉伸强度	纵	MPa	横	MPa
	断裂伸长率(延伸率)		纵	%	横	%
	耐热度	温度/℃		评定		
	不透水性					
	柔韧性(低温柔性、低温弯折性)	温度/℃		评定		
	其他					

结论：

批　　准		审核		试验	
试验单位					
报告日期					

注：本表由试验单位提供，建设单位、施工单位、城建档案馆各保存一份。

第 10 节　砖与砌块试验报告

要　点

砖与砌块必须要有质量证明文件，填写试验报告时应清晰、准确、有效。

解　释

一、资料准备

砖与砌块生产厂家必须提供有出厂质量合格证明文件。

二、砖与砌块试验报告

砖与砌块试验报告见表5-12。

表5-12 砖与砌块试验报告

编　　号：______

试验编号：______

委托编号：______

工程名称		试样编号	
委托单位		试验委托人	
种　　类		生产厂	

强度等级		密度等级		代表数量	
试件处理日期		来样日期		试验日期	

试验结果

烧结普通砖

抗压强度平均值 f/MPa	变异系数 $\delta \leqslant 0.21$	变异系数 $\delta > 0.21$
	强度标准值 f_k/MPa	单块最小强度值 f_k/MPa

轻集料混凝土小型空心砌块

砌块抗压强度/MPa		砌块干燥表观密度/(kg/m³)
平均值	最小值	

其他种类

抗压强度/MPa						抗折强度/MPa	
平均值	最小值	大　面		条　面		平均值	最小值
		平均值	最小值	平均值	最小值		

结论：

批　　准		审核		试验	
试验单位					
报告日期					

注：本表由试验单位提供，建设单位、施工单位、城建档案馆各保存一份。

相关知识

注意事项

① 用于承重结构、产品无合格证或出厂试验项目不齐全的砖与砌块应做进场取样复试，应有复试报告。

② 用于承重墙的用砖和混凝土小型砌块应实行有见证取样和送检。

第 11 节　轻集料试验报告

要　点

用轻粗集料、轻集料（或普通砂）和水泥配制成的混凝土，其干表观密度不大于 1900kg/m^2 者，称为轻集料混凝土。轻集料要求有质量证明文件。

解　释

一、资料准备

轻集料必须有质量证明文件。

轻骨料试验报告是对用于工程中的轻骨料的筛分指标等进行复试后，由试验单位出具的质量证明文件。

资料要求如下：①粗细骨料试验报告必须是经项目监理机构审核同意的试验室出具的试验报告单；②按工程需要的品种、规格，先试后用且符合标准的质量要求为正确；③不试为不符合要求。

二、轻集料试验报告

轻集料试验报告见表 5-13。

相关知识

注意事项

使用前并按规定取样复试，应有复试报告。

表 5-13 轻集料试验报告

编　　号：______

试验编号：______

委托编号：______

<table>
<tr><td colspan="2">工程名称</td><td colspan="2"></td><td colspan="2">试样编号</td><td colspan="2"></td></tr>
<tr><td colspan="2">委托单位</td><td colspan="2"></td><td colspan="2">试验委托人</td><td colspan="2"></td></tr>
<tr><td colspan="2">种　　类</td><td></td><td colspan="2">密度等级</td><td></td><td>产地</td><td></td></tr>
<tr><td colspan="2">代表数量</td><td></td><td colspan="2">来样日期</td><td></td><td>试验日期</td><td></td></tr>
<tr><td rowspan="9">试
验
结
果</td><td rowspan="3">筛分析</td><td colspan="2">密度模数(细骨料)</td><td colspan="4"></td></tr>
<tr><td colspan="2">最大粒径(粗骨粒)</td><td colspan="4">mm</td></tr>
<tr><td colspan="2">级配情况</td><td colspan="4">□连续粒级　□单粒级</td></tr>
<tr><td>表观密度</td><td colspan="6">kg/m^3</td></tr>
<tr><td>堆积密度</td><td colspan="6">kg/m^3</td></tr>
<tr><td>筒压强度</td><td colspan="6">MPa</td></tr>
<tr><td>吸水率(1h)</td><td colspan="6">%</td></tr>
<tr><td>粒型系数</td><td colspan="6"></td></tr>
<tr><td>其他</td><td colspan="6"></td></tr>
<tr><td colspan="8">结论：</td></tr>
<tr><td colspan="2">批　　准</td><td></td><td colspan="2">审核</td><td></td><td>试验</td><td></td></tr>
<tr><td colspan="2">试验单位</td><td colspan="6"></td></tr>
<tr><td colspan="2">报告日期</td><td colspan="6"></td></tr>
</table>

注：本表由试验单位提供，施工单位保存。

第 12 节　其他土建工程施工物资资料管理

要　点

装饰装修工程、预应力工程、钢结构工程、木结构工程、幕墙工程等物资资料管理主要包括资料准备和注意事项等方面的内容。

其中幕墙工程还包括对其空气渗透性能、雨水渗透性能、风压变形性能和平面内变形性能的检测。

解　释

一、装饰装修物资资料

1. 资料准备

① 装饰、装修物资主要包括抹灰材料、地面材料、门窗材料、吊顶材料、轻质隔墙材料、饰面板（砖）、涂料、裱糊与软包材料和细部工程材料等。

② 装饰、装修工程所用的主要物资均应有出厂质量证明文件，包括出厂合格证、检验（测）报告和质量保证书等。

2. 注意事项

① 进场后需要应进行复验复试的物资（如建筑外窗、人造木板、室内花岗石、外墙面砖和安全玻璃等），应须按照现行相关规范规定执行进行复试，并具有应有相应复试报告。

② 建筑外窗应有抗风压性能、空气渗透性能和雨水渗透性能检测报告。

③ 有隔声、隔热、防火阻燃、防水防潮和防腐等特殊要求的物资应有相应的性能检测报告。

④ 当规范或合同约定应对材料进行做见证检验（测）时，或对材料质量发生产生争议异议时，应须进行见证检验，具有应有相应检验（测）报告。

二、预应力工程物资资料

1. 资料准备

① 预应力工程物资主要包括预应力筋、锚（夹）具和连接器、水泥和预应力筋用螺旋管等。

② 主要物资应有出厂质量合格证明文件，包括出厂合格证、检验（测）报告等。

2. 注意事项

① 预应力筋、锚（夹）具和连接器等应有进场复试报告。涂

包层和套管、孔道灌浆用水泥及外加剂应按照规定取样复试，并有复试报告。

② 预应力筋用涂包层和套管、孔道灌浆用水泥及外加剂应按照规定取样复试。

③ 预应力混凝土结构所使用的外加剂的检测报告应有氯化物含量检测内容报告，严禁使用含氯化物的外加剂。

三、钢结构工程物资资料

1. 资料准备

① 钢结构工程物资主要包括钢材、钢构件、焊接材料、连接用紧固件及配件、防火防腐涂料、焊接（螺栓）球、封板、锥头、套筒和金属板等。

② 主要物资应有出厂质量合格证明文件，包括出厂合格证、检验（测）报告和中文标志等。

2. 注意事项

① 钢材、钢构件应有性能检验报告，其品种、规格和性能等应符合现行国家标准、设计和合同规定标准要求。按规定应复验复试的钢材必须有复验复试报告，并按规定实行有见证取样和送检。

② 重要钢结构采用焊接材料应有复试报告，并按规定实行有见证取样和送检。焊接材料应有性能检验报告。重要钢结构采用焊接材料应进行抽样复验，具有复验报告并按规定实行有见证取样和送检。

③ 高强度大六角头螺栓连接副和扭剪型高强度螺栓连接副应有扭矩系数和紧固轴力（预拉力）检验报告，并按规定做进场复验复试，实行有见证取样和送检。

④ 防火涂料应有相应资质等级国家法定检测机构出具的检测报告。

四、木结构工程物资资料

1. 资料准备

① 木结构工程物资主要包括木材方木、原木、胶合木、胶合剂和钢连接件等。

② 主要物资应有出厂质量合格证明文件，包括产品合格证、检测报告等。

2. 注意事项

① 按规定须复试的木材、胶合木的胶缝和钢件应有复试报告。

② 木构件应有含水率试验报告。

③ 木结构用圆钉应有强度检测报告。

五、幕墙工程物资资料

1. 资料准备

幕墙工程物资主要包括玻璃、石材、铝塑金属板、铝合金型材、钢材、黏结剂及密封材料、五金件及配件、连接件和涂料等。

2. 注意事项

① 按规定应复试的幕墙物资必须应有复试报告。幕墙工程用玻璃、石材和铝塑板应有法定检测机构出具的性能检测报告。

② 幕墙应有抗风压性能、空气渗透性能、雨水渗透性能及平面变形性能的检测报告。

③ 硅酮结构胶应有国家指定检测机构出具的相容性和剥离黏结性检验报告。

④ 玻璃、石材和金属板应有法定相应资质等级检测机构出具的性能检测报告。应复验的幕墙物资须按现行规范要求，在正式使用前取样复试，具有复试报告。

⑤ 幕墙用铝合金型材应有涂膜厚度的检测，并符合设计和规范要求。

⑥ 幕墙用防火材料应有相应资质等级国家法定检测机构出具的耐火性能检测报告。

相关知识

三性试验

所有幕墙工程，包括玻璃幕墙、石材幕墙、瓷质幕墙、铝板幕墙及复合幕墙，其幕墙总面积 $200m^2$ 以上者均应进行三性试验

(空气渗透性、雨水渗漏性、风压变形性)，高度超过 60m 者同时应进行平面内变形性能试验。

(1) 空气渗透性能　指在风压作用下，其开启部分为关闭状态的幕墙透过空气的性能。与其有关的气候因素主要为室外风速与温度。其分极的值是在标准状态下，压力差为 10Pa 时，每小时通过固定（开启）部分每米缝长的空气渗透量，见表 5-14。

表 5-14　标准状态下的空气渗透量

性　能	$q(10Pa)/(m^3/m \cdot h)$	
	开启部分	固定部分
Ⅰ	$q \leqslant 0.5$	$q \leqslant 0.01$
Ⅱ	$0.5 < q \leqslant 1.5$	$0.01 < q \leqslant 0.05$
Ⅲ	$1.5 < q \leqslant 2.5$	$0.05 < q \leqslant 0.10$
Ⅳ	$2.5 < q \leqslant 4.0$	$0.10 < q \leqslant 0.20$
Ⅴ	$4.0 < q \leqslant 6.0$	$0.20 < q \leqslant 0.50$

(2) 雨水渗漏性能　指在风雨同时作用下幕墙透过雨水的性能。和水密性能有关的气候因素主要指暴风雨时的风速和降雨强度，见表 5-15。

表 5-15　雨水渗透性能

性　能	P/Pa	
	开启部分	固定部分
Ⅰ	$\geqslant 500$	$P \geqslant 2500$
Ⅱ	$350 \leqslant P < 500$	$1600 \leqslant P < 2500$
Ⅲ	$250 \leqslant P < 350$	$1000 \leqslant P < 1600$
Ⅳ	$150 \leqslant P < 250$	$700 \leqslant P < 1000$
Ⅴ	$100 \leqslant P < 150$	$500 \leqslant P < 700$

(3) 风压变形性能　指建筑幕墙在与其垂直风压作用下，保持正常的使用功能，不发生任何损坏的能力。和风压变形性能有关的气候参数主要为风速值和相应的风压值，见表 5-16。

表 5-16　风压变形性能

性　　能	WK/kPa	性　　能	WK/kPa
Ⅰ	$WK \geqslant 5$	Ⅳ	$2 \leqslant WK < 3$
Ⅱ	$4 \leqslant WK < 5$	Ⅴ	$1 \leqslant WK < 2$
Ⅲ	$3 \leqslant WK < 4$		

（4）平面内变形性能　表示幕墙全部构造在建筑物层间变位强制幕墙变形后，应予保持的性能。以建筑物层间相对位移值 γ 表示。要求幕墙在该相对位移范围内不受损坏，见表 5-17。

表 5-17　相对位移值 γ 的范围

性　　能	γ	性　　能	γ
Ⅰ	$\gamma \geqslant 1/100$	Ⅳ	$1/300 \leqslant \gamma < 1/200$
Ⅱ	$1/150 \leqslant \gamma < 1/100$	Ⅴ	$1/400 \leqslant \gamma < 1/300$
Ⅲ	$1/200 \leqslant \gamma < 1/150$		

第 13 节　材料污染物含量检测报告

要　点

在建筑物中，由于建筑材料、装饰装修材料中所含有害物质造成的建筑物内的环境污染，尤其是房屋室内的空气污染，严重地影响用户身心健康。劣质建筑及装饰装修材料散发出的有害气体是导致室内空气污染的主要原因，必须对建筑材料有害物质进行控制和质量验收。

解　释

一、质量要求

《建筑装饰装修工程质量验收规范》GB 50210—2001 要求，在分部工程质量验收时，室内环境质量应符合《民用建筑工程室内环境污染控制规范》GB 50325—2010 的规定，应按该规范要求进行室内环境质量验收。

对材料污染物的质量保证要求：民用建筑工程所使用的材料做污染物检测应按照现行规范要求，有污染物含量检测报告。民用建筑工程室内装饰装修用花岗石材根据有关规定应有放射性复试报告，人造木板及饰面人造板根据有关规定应有甲醛含量复试报告，并按规定实行有见证取样和送检。

二、检验取样

1. 取样数量

室内环境污染物浓度检测点数应按房间面积设置。房间使用面积小于 $50m^2$ 时，设 1 个检测点。房间使用面积 $50\sim100m^2$ 时，设 2 个检测点。房间使用面积 $100\sim500m^2$ 时，检测点不少于 3 个。房间使用面积 $500\sim1000m^2$ 时，检测点不少于 5 个。房间使用面积 $1000\sim3000m^2$ 时，检测点不少于 6 个。房间使用面积不小于 $3000m^2$ 时，检测点每 $1000m^2$ 不少于 3 个。

2. 取样要求

民用建筑工程验收时，应抽检每个建筑单体有代表性的房间室内环境污染物浓度，氡、甲醛、氨、苯、TVOC 的抽检量不得少于房间总数的 5%，每个建筑单体不得少于 3 间，当房间总数少于 3 间时，应全数检测。凡进行了样板间室内环境污染物浓度检测且检测结果合格的，抽检量减半，并不得少于 3 间。

3. 取样方法

① 环境污染物浓度现场检测点应距内墙面不小于 0.5m，距楼地面高度 0.8～1.5m。检测点应均匀分布，应避开通风道和通风口。

② 对采用集中空调的建筑工程室内环境中甲醛、苯、氨、总挥发性有机化合物（TVOC）浓度和氡浓度检测时，应在空调正常运转的条件下进行；对采用自然通风的建筑工程室内环境中甲醛、苯、氨、总挥发性有机化合物（TVOC）浓度检测时，应在房间的门窗关闭 1h 后进行；氡浓度检测时，应在房间的对外门窗关闭 24h 以后进行。

4. 检测质量评价

（1）评价指标　室内环境污染物浓度限量按国家规定的民用建筑工程室内环境污染物浓度限量进行检测和评价。室内环境污染物浓度限量见表5-18。

表5-18　室内环境污染物浓度限量

污　染　物	Ⅰ类民用建筑工程	Ⅱ类民用建筑工程
氡/(Bq/m^3)	≤200	≤400
甲醛/(mg/m^3)	≤0.08	≤0.1
苯/(mg/m^3)	≤0.09	≤0.09
氨/(mg/m^3)	≤0.2	≤0.2
TVOC/(mg/m^3)	≤0.5	≤0.6

注：Ⅰ类民用建筑工程：住宅、医院、老年建筑、幼儿园、学校教室等。

Ⅱ类民用建筑工程：办公楼、商店、旅馆、文化娱乐场所、书店、图书馆、展览馆、体育馆、公共交通等候车室，餐厅、理发店等。

（2）验收评价

① 当室内环境污染浓度的全部检测结果符合规定时，应判定该工程室内环境质量合格。

② 当室内环境污染物浓度检测结果不符合规范的规定时，应查找原因，采取措施进行处理。采取措施进行处理后的工程，可对不合格项进行再次检测。再次检测时，抽检量应增加1倍，并应包含同类型房间及原不合格房间。再次检测结果全部符合规范的规定时，应判定为室内环境质量合格。

③ 室内环境质量验收不合格的工程，严禁投入使用。

相关知识

一、资料准备

民用建筑工程所使用的材料应按照现行规范要求做污染物检测，应有污染物含量检测报告。

二、注意事项

民用建筑工程室内装饰装修用花岗石材应有放射性复试报告，人造木板及饰面人造板应有甲醛含量复试报告。

第14节 建筑给排水及采暖工程物资资料

要 点

建筑给排水及采暖工程资料准备应包括管材、阀门、调压装置、消防设备、绝热材料等质量证明。常用物资包括镀锌钢管、无缝钢管、焊接钢管等。

解 释

一、资料准备

① 各类管材应有产品质量证明文件。

② 以下设备应有产品质量合格证及相关检验报告：阀门、调压装置、消防设备、卫生洁具、给水设备、中水设备、排水设备、采暖设备、热水设备、散热器、锅炉及附属设备、各类开（闭）式水箱（罐）、分（集）水器、安全阀、水位计、减压阀、热交换器、补偿器、疏水器、除污器、过滤器、游泳池水系统设备等。

③ 对于特定设备及材料，应附有相应资质检验单位提供的检验报告。

④ 绝热材料应有产品质量合格证和材质检验报告。

⑤ 主要设备、器具应有安装使用说明书。

二、常用物资所需质量证明文件及要求

建筑给水排水及采暖、电气、电梯与智能建筑工程常用物资所需质量证明文件及要求见表5-19。

表5-19 常用物资所需质量证明文件及要求

序号	物资名称	供应单位提供的质量证明文件	检验报告应含基本检测项目
1	镀锌钢管	质量证明书	
2	无缝钢管	质量证明书	

续表

序号	物资名称	供应单位提供的质量证明文件	检验报告应含基本检测项目
3	焊接钢管	质量证明书	
4	二次镀锌管道及附件	质量证明书,检验报告	锌层厚度、附着强度、外观
5	建筑给水塑料管道	质量证明书、检验报告、备案证明	生活饮用给水管道的卫生性能、纵向回缩率、维卡软化温度等
6	建筑排水塑料管道	质量证明书、检验报告、备案证明	纵向回缩率、维卡软化温度等,螺旋消声管材要有消声检测证明
7	铜管道及配件	质量证明书、检验报告	生活饮用给水管道的卫生性能
8	柔性接口排水铸铁管	质量证明书,产品合格证,备案证明	
9	不锈钢管	质量证明书、检验报告	生活饮用给水管道的卫生性能
10	钢管外涂塑管道(室外景观)	质量证明书	涂覆材料、涂层颜色、外观质量、涂层厚度、针孔检测、附着力
11	法兰	产品合格证或质量证明书、检验报告	国家标准或行业标准
12	沟槽连接件	质量证明书、检验报告	用于生活饮用水系统应有胶圈卫生性能
13	快速接头(园林绿化)	质量证明书、检验报告	壳体试验、密封试验、上密封试验、连接尺寸、标志包装、铸件质量/表面质量、装配质量、阀体壁厚
14	刚性密闭套管	质量证明书(外购)	
15	柔性防水套管	质量证明书(外购)	
16	人防密闭套管	质量证明书(外购)	
17	型钢(角钢、槽钢、扁钢、工字钢)	质量证明书	
18	焊条	产品合格证、质量证明书	
19	水表、热量表	产品合格证、计量检定证书	

续表

序号	物资名称	供应单位提供的质量证明文件	检验报告应含基本检测项目
20	压力表、温度计	产品合格证	
21	各种阀类(截止阀、闸阀、蝶阀、球阀等)	产品合格证、检验报告	强度、严密度
22	安全阀、减压阀	产品合格证、调试报告及定压合格证书	
23	消防供水设备、消火栓箱	产品合格证、检验报告	强制检验
24	消火栓、灭火器、消防接口、消防枪炮、防火阻燃材料	产品合格证、检验报告	型式认可
25	洒水喷头、湿式报警阀、水流指示器、消防用压力开关、消防水带	产品合格证、检验报告	强制认证
26	散热器	质量证明书、检验报告	耐压强度、热工性能
27	整体或拼装水箱	质量证明书、检验报告(生活水箱)	卫生性能
28	卫生洁具	质量证明书、检验报告、备案证明	冲击功能、吸水率、抗龟裂试验、水封试验、污水排放试验、环保检测
29	疏水器、过滤器、除污器	质量证明书	
30	地漏、清扫口	产品合格证	
31	金属波纹补偿器	产品合格证、检验报告、成品补偿器预拉伸证明书	外观、尺寸偏差、形位偏差、补偿量、刚度检测、应变、耐压力、气密性、稳定性
32	绝热材料	产品合格证、检验报告	体积质量、导热性能、燃烧性能
33	布基胶带	产品合格证、检验报告	总厚度、初粘、持粘、剥离力、抗拉强度
34	锅炉、压力容器	质量证明书、检验报告、安装使用说明书	焊缝无损探伤

续表

序号	物资名称	供应单位提供的质量证明文件	检验报告应含基本检测项目
35	换热器	质量证明书、安装使用说明书	
36	水泵、变频供水设备	产品合格证或质量证明书、安装使用说明书	

注：1. 对涉及建筑工程质量、安全、节能、环保的建筑材料，实行供应备案管理。

2. 已实施产品强制认证制度的消防产品：点型感烟火灾探测器、点型感温火灾探测器、火灾报警控制器、洒水喷水、湿式报警阀、水流指示器、消防用压力开关、消防水带、手动火灾报警按钮、消防联动控制设备。实施型式认可制度的消防产品：灭火剂、防火门、消火栓、灭火器、消防接口、消防枪炮、消防应急灯具、火灾报警设备（可燃气体报警控制器、可燃气体探测器、家用可燃气体报警器）、防火阻燃材料（钢结构、饰面板、电缆、无机防火堵料、有机防火堵料、阻火包）。实施强制检验制度的消防产品：气体或灭火系统、干粉灭火系统、气溶胶灭火系统、防火卷帘门、防排烟风机、防护阀、排烟防火阀、消防供水设备、消火栓箱等。

3. 境内制造、使用的锅炉压力容器、制造企业必须取得《中华人民共和国锅炉压力容器制造许可证》。

4. 安装于建筑工程中用于贸易结算的电能表、水表、燃气表、热量表等计量仪表的生产和厂家必须是提供产品合格证和法定计量检测单位出具的计量检定证书。

5. 国家实施生产许可证产品目录包括：焊条、空气压缩机、家用燃气快速热水器、泵、燃气调压器（箱）、铜及铜合金管材、耐火材料、锅炉及压力容器用钢管（管坯）、锅炉、压力容器用钢板、制冷设备等产品。

相关知识

供应单位提供的质量证明文件管理

供应单位应提供营业执照复印件（有厂家签章，并有年审记录）等资质文件。

材料、设备一般为按规定标准（国家标准、地方标准、行业标准或通过备案的企业标准）生产的产品，并具有出厂质量证明文件（包括产品合格证、质量合格证、检验报告、试验报告、产品生产许可证和质量保证书等）。

产品合格证或质量合格证应具有产品名称、产品型号、产品规格、数量、质量标准代号或地方（地区）企业代号，出厂日期、厂名、地址、产品出厂检验证明（检验章）或代号等。其中，原材料及辅料合格证，同种材料、相同规格、同批生产的保存一份合格证即可。主要设备、器具合格证要全部保存，并将合格证编号同设备铭牌对照保证一致。取得合格证后施工单位应统一编号。

检验报告由具有相应资质检验单位提供。

主要设备、器具安装使用说明书由供应单位提供。

质量证明文件的复印件应与原件内容一致，加盖原件存放单位公章，注明原件存放处，并有经办人签字和时间。复印件要求字迹清晰，项目填写及签认手续完整。

第15节　通风与空调工程物资资料

要　点

通风与空调工程资料准备主要包括制冷机组、空调机组、风机、水泵等的质量合格证书，阀门、疏水器、压力表、温度计等的检测报告等。常用物资主要包括冷水机组、各类水泵、换热器、空调箱等。

解　释

一、资料准备

① 以下物资应有产品合格证和其他质量合格证明：制冷机组、空调机组、风机、水泵、冰蓄冷设备、热交换设备、冷却塔、除尘设备、风机盘管、诱导器、水处理设备、加热器、空气幕、空气净化设备、蒸汽调压设备、热泵机组、去（加）湿机（器）、装配式洁净室、变风量末端装置、过滤器、消声器、软接头、风口、风阀、风罩等，以及防爆超压排气活门、自动排气活门等与人防有关的物资。

② 阀门、疏水器、水箱、分（集）水器、减震器、储冷罐、集气罐、仪表、绝热材料等应有出厂合格证、质量合格证明及检测报告。

③ 压力表、温度计、湿度计、流量计、水位计等应有产品合格证和检测报告。

④ 各类板材、管材等应有质量证明文件。

⑤ 主要设备应有安装使用说明书。

二、通风与空调工程常用物资所需质量证明文件及要求

通风与空调工程常用物资所需质量证明文件及要求见表 5-20。

表 5-20　通风与空调工程常用物资所需质量证明文件及要求

序号	物资名称	供货厂家提供的质量证明文件	检测报告应含检测项目
1	冷水机组	质量监督检验证书、合格证、安装使用说明书	—
2	各类水泵	合格证或质量证明书、安装使用说明书	—
3	热交换器	质量证明书、安装使用说明书	—
4	空调箱、新风机组	检测报告、合格证、安装使用说明书	外观、主要零部件检查、启动与运转、风量、出口全压、输入功率、漏风量、振动速度
5	风机盘管	合格证、质量证明书、安装使用说明书	—
6	冷却塔	质量证明书、安装使用说明书	—
7	减压阀、水位差浮球阀、浮球阀	检测报告、合格证	—
8	气压罐、分水器、低压硅磷晶加药设备、紫外线消毒器、集水器、综合水处理器	合格证、CCC 认证、设备保修卡、质量证明书、安装使用说明书	—
9	金属风管	质量证明书、型式检验报告	漏风量
10	金属风管及配件	合格证、质量证明书	—
11	镀锌钢管	质量证明书	—
12	无缝钢管	质量证明书	—

续表

序号	物资名称	供货厂家提供的质量证明文件	检测报告应含检测项目
13	焊接钢管	质量证明书	—
14	钢板卷管	质量证明书、焊缝射线探伤报告	—
15	各类管件	合格证或质量证明书	—
16	各类法兰	合格证或质量证明书	—
17	刚性密闭套管	出场检验报告、合格证	—
18	柔性防水套管	质量证明书、合格证	—
19	型钢(角钢、槽钢、扁钢、工字钢、C型钢)	质量证明书	—
20	各种阀类(密闭阀、闸阀、蝶阀)	质量证明书、合格证	—
21	各类水箱	质量证明书	—
22	金属波纹补偿器	合格证、检验报告	外观、尺寸偏差、形位偏差、补偿量、刚度检测、应变、耐压力、气密性、稳定性
23	保温材料	合格证、检测报告	燃烧性能
24	布基胶带	合格证、测试报告	总厚度、初粘、持粘、剥离力、抗拉强度
25	消声静压箱	合格证	—
26	液体消声器	材料/构配件/设备报验单	—
27	电动调节阀	合格证、检验报告	严密性检验(工作压力大于1000Pa应有1.5倍压力下自由开关强度测试报告)
28	防火调节阀	合格证、检验报告	严密性检验(工作压力大于1000Pa应有1.5倍压力下自由开关强度测试报告)
29	排烟阀	合格证、检验报告	严密性检验
30	多叶调节阀	合格证、检验报告	严密性检验

续表

序号	物资名称	供货厂家提供的质量证明文件	检测报告应含检测项目
31	防火风管	合格证、质量证明书	—
32	橡胶减振垫	合格证、质量证明书	—
33	管道支架底部减振垫	合格证、质量证明书	—
34	橡塑吊架减振器	合格证、质量证明书	—
35	橡胶剪切减振器	质量证明书	—
36	电动阀、定流量阀	设备进场验收报告	—
37	消声设备	合格证	—
38	橡胶软接头	质量证明书	—
39	金属软管	检测报告	外观检查、尺寸检查、压力试验、气密性

注：同表5-19。

相关知识

供应单位提供的质量证明文件管理

供应单位应提供营业执照复印件（有厂家签章，并有年审记录）等资质文件。

材料、设备一般为按规定标准（国家标准、地方标准、行业标准或通过备案的企业标准）生产的产品，并具有出厂质量证明文件（包括产品合格证、质量合格证、检验报告、试验报告、产品生产许可证和质量保证书等）。

产品合格证或质量合格证应具有产品名称、产品型号、产品规格、数量、质量标准代号或地方（地区）企业代号，出厂日期、厂名、地址、产品出厂检验证明（检验章）或代号等。其中，原材料及辅料合格证，同种材料、相同规格、同批生产的保存一份合格证即可。主要设备、器具合格证要全部保存，并将合格证编号同设备铭牌对照保证一致。取得合格证后施工单位应统一编号。

检验报告由具有相应资质检验单位提供。

主要设备、器具安装使用说明书由供应单位提供。

质量证明文件的复印件应与原件内容一致，加盖原件存放单位公章，注明原件存放处，并有经办人签字和时间。复印件要求字迹清晰，项目填写及签认手续完整。

第16节　电气工程物资资料

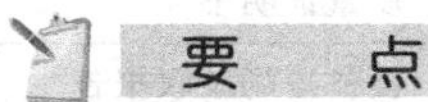

要　点

电气工程常用材料品种主要有金属导管、镀锌焊接钢管、PVC管、PE管、电线、电缆、开关、插座和灯具等等。

解　释

建筑电气工程常用材料品种及技术要求

建筑电气工程常用材料品种及技术要求见表5-21。

表5-21　建筑电气工程常用材料品种及技术要求

材料品种	技术标准	主要技术要求
镀锌焊接钢管	《低压流体输送用焊接钢管》GB/T 3091—2015	①牌号和化学成分 ②制造工艺 ③交货状态 ④力学性能 ⑤工艺性能 ⑥表面质量
焊接钢管	《低压流体输送用焊接钢管》GB/T 3091—2015	①牌号和化学成分 ②制造工艺 ③交货状态 ④力学性能 ⑤工艺性能 ⑥表面质量
电线、电缆	《额定电压450/750V及以下聚氯乙烯绝缘电缆》GB 5023.1～GB 5023.7—2008	①导体 ②绝缘 ③填充 ④内保护层 ⑤护套

续表

材料品种	技术标准	主要技术要求
开关	《家用和类似用途固定式电气装置的开关　第1部分:通用要求》GB 16915.1—2014	①防触电保护 ②接地措施 ③耐老化、开关外壳提供的防护和防潮 ④绝缘电阻和电气强度 ⑤温升 ⑥通断能力 ⑦机械强度 ⑧耐热 ⑨爬电距离、电气间隙和穿通密封胶距离 ⑩绝缘材料的耐非正常热、耐燃和耐电痕化 ⑪电磁兼容性
插座	《家用和类似用途插头插座　第1部分:通用要求》GB 2099.1—2008	①耐老化、防有害进水和防潮 ②温升 ③分断容量 ④机械强度 ⑤耐热 ⑥防锈性能
灯具	《灯具　第1部分:一般要求与试验》GB 7000.1—2015	①结构 ②外部接线和内部接线 ③接地规定 ④防触电保护 ⑤防尘、防固体异物和防水 ⑥绝缘电阻和电气强度、接触电流和保护导体电流 ⑦爬电距离和电气间距 ⑧耐久性试验和热试验 ⑨耐热、耐火和耐起痕 ⑩螺纹接线端子 ⑪无螺纹接线端子和电气连接件
金属线槽、桥架	《电控配电用电缆桥架》JB/T 10216—2013	①机械载荷 ②支吊架机械载荷 ③撞击 ④各种表面防护层的性能 ⑤保护电路连续性 ⑥防护等级

续表

材料品种	技术标准	主要技术要求
低压成套配电柜	《低压成套开关设备和控制设备 第1部分：总则》GB 7251.1—2013	①外壳的防护等级 ②电气间隙和爬电距离 ③电击防护和保护电路完整性 ④内装元件的组合 ⑤内部电路和连接 ⑥外接导线端子 ⑦机械操作 ⑧介电性能 ⑨布线、操作性能和功能
封闭式母线	《低压成套开关设备和控制设备 第6部分：母线干线系统(母线槽)》GB 7251.6—2015	①外壳的防护等级 ②电气间隙和爬电距离 ③电击防护和保护电路完整性 ④内装元件的组合 ⑤内部电路和连接 ⑥外接导线端子 ⑦机械操作 ⑧介电性能 ⑨布线、操作性能和功能
配电板(箱)	《低压成套开关设备和控制设备 第3部分：对非专业人员可进入场地的低压成套开关设备和控制设备 配电板的特殊要求》GB 7251.3—2006	①温升极限 ②介质性能 ③短路耐受强度 ④保护电路有效性 ⑤电气间隙和爬电距离 ⑥机械操作 ⑦防护等级 ⑧冲击强度 ⑨耐锈性能 ⑩绝缘材料的耐热能力 ⑪绝缘材料对非正常发热和着火危险的耐受能力 ⑫绝缘 ⑬防护措施

相关知识

资料准备

① 电力变压器、柴油发电机组、高压成套配电柜、蓄电池柜、不间断电源柜、控制柜（屏、台）应有出厂合格证、生产许可证和试验记录。

② 低压成套配电柜、动力、照明配电箱（盘、柜）应有出厂合格证、生产许可证、(CCC) 认证标志和认证证书复印件及试验记录。

③ 电动机、电加热器、电动执行机构和低压开关设备应有出厂合格证、生产许可证、(CCC) 认证标志和认证证书复印件。

④ 电线、电缆、照明灯具、开关、插座、风扇及附件应有出厂合格证、(CCC) 认证标志和认证证书复印件。电线、电缆还应有生产许可证。

⑤ 导管、型钢应有出厂合格证和材质证明书。

⑥ 电缆桥架、线槽、裸母线、裸导线、电缆头部件及接线端子、钢制灯柱、混凝土电杆和其他混凝土制品应有出厂合格证。

⑦ 镀锌制品（支架、横担、接地极、避雷用型钢等）和外线金具应有出厂合格证和镀锌质量证明书。

⑧ 封闭母线、插接母线应有出厂合格证、安装技术文件、(CCC) 认证标志和认证证书复印件。

第6章　建筑工程施工记录

第1节　隐蔽工程施工记录

要　点

隐蔽工程检查记录为通用施工记录，适用于各专业。按规范规定必须进行隐蔽工程检查的项目，施工单位应填报隐蔽工程检查记录。主要检查项目和内容包括土建隐蔽工程，建筑给排水及采暖工程、建筑电气工程、通风与空调工程、电梯工程和智能建筑工程隐蔽工程。

解　释

一、隐蔽工程检查记录

隐蔽工程检查记录（简称隐检，下同）见表6-1。

二、隐蔽工程检查记录填表说明

（1）附件收集

该隐蔽工程部位所涉及的施工试验报告等。

（2）资料流程

由施工单位填写后随各相应检验批进入资料流程，无对应检验批的直接报送监理单位审批后各相关单位存档。

（3）相关规定与要求

① 工程名称、隐检项目、隐检部位及日期必须填写准确。

② 隐检依据、主要材料名称及规格型号应准确，尤其对设计变更、洽商等容易遗漏的资料应填写完全。

③ 隐检内容应填写规范，必须符合各种规程规范的要求。

④ 签字应完整，严禁他人代签。

（4）注意事项

表 6-1 隐蔽工程检查记录

<table>
<tr><td>工程名称</td><td></td><td>编号</td><td colspan="2"></td></tr>
<tr><td>隐检项目</td><td></td><td>隐检日期</td><td colspan="2"></td></tr>
<tr><td>隐检部位</td><td>层</td><td>轴线</td><td colspan="2">标高</td></tr>
<tr><td colspan="5">隐检依据:施工图号______,设计变更/洽商/技术核定单(编号______)及有关国家现行标准等。
主要材料名称及规格/型号:______</td></tr>
<tr><td colspan="5">隐检内容:</td></tr>
<tr><td colspan="5">检查结论:
□同意隐蔽　□不同意隐蔽,修改后复查</td></tr>
<tr><td colspan="5">复查结论:
复查人:　复查日期:</td></tr>
</table>

<table>
<tr><td rowspan="3">签字栏</td><td rowspan="2">施工单位</td><td rowspan="2"></td><td>专业技术负责人</td><td>专业质检员</td><td>专业工长</td></tr>
<tr><td></td><td></td><td></td></tr>
<tr><td>监理或建设单位</td><td colspan="2"></td><td>专业工程师</td><td></td></tr>
</table>

① 审核意见应明确，将隐检内容是否符合要求表述清楚。

② 复查结论主要是针对上一次隐检出现的问题进行复查，因此要对质量问题整改的结果描述清楚。

(5) 隐蔽工程检查记录

由施工单位填报，建设单位、施工单位、城建档案馆各保存一份。

三、建筑给排水及采暖工程检查要点

(1) 当设计未注明时，管道安装坡度应符合下列规定：

① 气、水同向流动的热水采暖管道和汽、水同向流动的蒸汽

管道及凝结水管道，坡度应为3‰，不得小于2‰。

② 气、水逆向流动的热水采暖管道和汽、水逆向流动的蒸汽管道，坡度不应小于5‰。

③ 散热器支管的坡度应为1%，坡向应利于排气和泄水。

检验方法：观察，水平尺、拉线、尺量检查。

补偿器的型号、安装位置及预拉伸和固定支架的构造及安装位置应符合设计要求。

检验方法：对照图纸、现场观察并查验预拉伸记录。

(2) 平衡阀及调节阀型号、规格、公称压力及安装位置应符合设计要求。安装完后应根据系统平衡要求进行调试并做出标志。

检验方法：对照图纸查验产品合格证，并现场查看。

(3) 蒸汽减压阀和管道及设备上安全阀的型号、规格、公称压力及安装位置应符合设计要求。安装完毕后应根据系统工作压力进行调试，并做出标志。

检验方法：对照图纸查验产品合格证及调试结果证明书。

(4) 方形补偿器制作时，应用整根无缝钢管煨制，如需要接口，其接口应设在垂直臂的中间位置，且接口必须焊接。

检验方法：观察检查。

(5) 方形补偿器应水平安装，并与管道的坡度一致；如其臂长方向垂直安装，必须设排气及泄水装置。

检验方法：观察检查。

四、建筑电气工程检查要点

《建筑电气工程施工质量验收规范》GB 50303—2015规定，建筑电气分部工程检验批的划分应符合下列规定。

① 变配电室安装工程中分项工程的检验批，主变配电室应作为一个检验批；对于有数个分变配电室，且不属于子单位工程的子分部工程，应分别作为一个检验批，其验收记录应汇入所有变配电室有关分项工程的验收记录中；当各分变配电室属于各子单位工程的子分部工程时，所属分项工程应分别作为一个检验批，其验收记

录应作为分项工程验收记录，且应经子分部工程验收记录汇总后纳入分部工程验收记录中。

② 供电干线安装工程中分项工程的检验批，应按供电区段和电气竖井的编号划分。

③ 对于电气动力和电气照明安装工程中分项工程的检验批，其界区的划分应与建筑土建工程一致。

④ 自备电源和不间断电源安装工程中分项工程，应分别作为一个检验批。

⑤ 对于防雷及接地装置安装工程中分项工程的检验批，人工接地装置和利用建筑物基础钢筋的接地体应分别作为一个检验批，且大型基础可按区块划分成若干个检验批；对于防雷引下线安装工程，六层以下的建筑应作为一个检验批，高层建筑中依均压环设置间隔的层数应作为一个检验批；接闪器安装同一屋面，应作为一个检验批；建筑物的总等电位联结应作为一个检验批，每个局部等电位联结应作为一个检验批，电子系统设备机房应作为一个检验批。

⑥ 对于室外电气安装工程中分项工程的检验批，应按庭院大小、投运时间先后、功能区块等进行划分。

五、建筑通风与空调工程检查要点

(1) 依据规范：《通风与空调工程施工质量验收规范》GB 50243—2016；《压缩机、风机、泵安装工程施工及验收规范》GB 50275—2010。

(2) 对通风与空调工程各种类型的风机（含带有风机的设备）试运转（含试运转前后质量检查）。试运转前应对风机进行以下检查并记录检查结果。

① 安装的风机性能参数应符合设计文件的规定。

② 固定通风机的地脚螺栓必须拧紧，并有防松动措施。通风机转动装置的外露部位以及直通大气的进、出口，必须装设防护罩（网）或采取其他安全设施。

③ 润滑油的规格和数量应符合技术文件的规定。

④ 盘动叶轮，应转动灵活，无碰壳现象。

⑤ 传动皮带的松紧应适当，一般用手敲打已装好的皮带中间，以稍有弹跳为准。

⑥ 电机绕组对地绝缘电阻应大于 0.5MΩ。

⑦ 电机转向应与风机转向相符。

(3) 风机试运转要求：叶轮旋转方向应正确，运转平稳、无异常振动与声响，其电机运行电流、电压应符合产品技术文件的规定；在额定转速下连续运转 2h 后，风机轴承外壳最高温度——滑动轴承不得超过 70℃，滚动轴承不得超过 80℃；电机轴承最高温度——滑动轴承不应超过 80℃，滚动轴承不应超过 95℃；运行噪声符合设计或产品技术文件的规定；其他试运转时的测试参数应满足设计（产品）技术文件的规定。

六、电梯工程检查要点

1. 驱动主机承重梁型号、规格

① 在驱动主机承重梁施工时，首先要对现场实际承重梁的型号、规格与电梯生产厂商提供的《电梯机房、井道布置图》中标明的承重梁技术参数进行校核，确认其符合《电梯机房、井道布置图》的要求。

② 架设承重梁前，应对承重钢梁进行除锈防腐处理工作。

③ 根据样板线反映的位置的要求，按照《电梯机房、井道布置图》的设计规定，进行承重梁的架设工作。

④ 不能改变承重梁的架设形式，不能有任何减低承重梁的承载力的行为。

2. 驱动主机承重梁埋设长度

① 驱动主机承重梁两端必须架设在电梯井道的承重墙或承重梁上。

② 当驱动主机承重梁需埋入承重墙时，埋入的长度应超过墙厚中心至少 20mm，且支撑长度不应小于 75mm。

3. 驱动主机承重梁垫板规格

① 在驱动主机承重梁与电梯井道承重墙（或承重梁、钢梁除外）之间垫一块面积大于驱动主机承重梁接触面积的钢板，钢板的厚度一般不小于16mm。

② 驱动主机承重梁按照相关安装规范的要求安装找平找正之后，用电焊将承重梁和所垫钢板焊牢。

③ 驱动主机承重梁焊接工作完成后，应进行防腐处理工作，至少刷两遍防锈漆。承重梁在承重墙内的一端和袒露的一端用混凝土灌实抹平固定。

4. 起重吊环设计载荷

① 起重吊环设计载荷依据电梯整体负荷重量计算，起重吊环设计载荷在电梯生产厂商提供的《电梯机房、井道布置图》中明确标明，土建施工的图纸也是依据电梯生产厂商提供的《电梯机房、井道布置图》而设计的，因此在检查过程中应首先依据《电梯机房、井道布置图》对起重吊环的施工设计和施工组织计划进行审验，证明其符合《电梯机房、井道布置图》的设计要求。

② 起重吊环材料规格一般采用A3型圆钢，也可采用其他形式的材料。但是，不论采取哪种材料，其载荷必须符合《电梯设备机房、井道布置图》的设计要求。起重吊环所使用材料的规格、型号应在电梯承重梁、起重吊环埋设隐蔽工程检查记录中进行注明。

③ 起重吊环所固定的混凝土梁规格、位置应在电梯承重梁、起重吊环埋设隐蔽工程检查记录中进行注明。

④ 起重吊环与钢筋锚固尺寸、锚固方法应进行检查并记录，证明符合设计规范要求，并将锚固尺寸和方法在电梯承重梁、起重吊环埋设隐蔽工程检查记录中进行注明。

5. 制作钢丝绳头

① 制作钢丝绳头绳前应检查钢丝绳的规格、型号和长度符合设计要求，并符合《电梯用钢丝绳》GB 8903—2005和《电梯钢丝绳用钢丝》YB/T 5198—2015的规定。

② 将钢丝绳需作绳头的部分清洗干净，并保持清洁。在断绳

剁口处两端 5mm 处将钢丝绳用 0.7～1mm 的铅丝绑扎成 15mm 的宽度，然后留出钢丝绳在绳头锥体内的长度再进行绑扎，绑扎宽度为 20mm，绑扎两道，间距 30mm。

③ 用钢丝绳断绳器进行断绳工作。

④ 对于填充式的绳套，在做绳头时先将钢丝绳穿入锥体，除去剁口处的绑扎铅丝，松开绳股，除去麻芯，用汽油将绳套、绳股清洗干净，按安装工艺要求尺寸弯回头，将弯好的绳股拉入绳套内。

⑤ 检查绳股弯回的编花情况，自检合格后报有关部门（监理单位）进行隐蔽工程检查。隐蔽工程检查合格后，再进行绳头浇铸。

⑥ 浇铸绳头时，应先将绳头锥套缓慢加热至 100℃左右，然后将巴氏合金熔化，（熔化温度在 270～400℃）一次性完成浇铸巴氏合金的工作。

⑦ 浇铸时用榔头轻轻敲击绳头，使巴氏合金灌实。灌后在绳头冷却之前不可移动。

⑧ 自锁式绳套钢丝绳头预留比填充式绳套做法长 300mm 进行断绳。把钢丝绳向下穿出绳头拉直、回弯，留出足以装入楔块的弧度后再从绳套前端穿出。把楔块放入绳弧处，将楔块拉入绳套内。安装钢丝绳锁扣，防止楔块从绳套中脱落。

⑨ 挂绳前应将钢丝绳放开，或自由悬挂于井道内，消除内应力。

6. 梯导轨支架

（1）电梯导轨支架的检验根据《电梯机房、井道布置图》的设计要求规格和《电梯机房、井道预检记录》的实际记录结果，检验实际到货的电梯导轨支架长度、高度是否符合要求。

（2）电梯导轨支架的常见固定方式有膨胀螺栓固定，预埋钢板或预埋螺栓固定和导轨支架直接预埋三种，按照设计要求选择适当的固定方式。

（3）采用膨胀螺栓的方式固定导轨支架，膨胀螺栓的规格必须按照电梯供应厂商设计要求，需要勘查电梯井道井壁结构和井壁的厚度，只有现浇混凝土井壁或混凝土梁，而且井壁或混凝土梁的厚度符合膨胀螺栓固定的要求时，才可以使用膨胀螺栓固定方法。

（4）采用预埋钢板的方式固定导轨支架，埋铁厚度$\delta \geqslant 16$mm，预埋铁的大小尺寸规格符合设计要求。

（5）采用导轨支架直接埋设的固定方式。

① 导轨支架的埋入段的埋设深度≥120mm，燕尾夹角≥60°，燕尾夹角的长度一般为50mm。

② 直接预埋留孔的形式为矩形，孔底尺寸为240mm×240mm，孔口尺寸为200mm×200mm，深度150mm。

③ 在埋设导轨支架前，用清水冲洗预留孔，保证预留孔内没有渣土，按照现浇混凝土的施工工艺进行配置灌注混凝土工作。

④ 在进行混凝土灌注的作业时，导轨支架应保持水平并且所有的导轨支架应在同一垂直平面上，按照电梯导轨支架安装工艺进行施工。灌注混凝土的工作完成之后，要对混凝土进行养护，养护周期按照现浇混凝土的工艺要求，在养护周期内，保持预埋铁不要受到外力。

7. 电梯层门支架

① 电梯层门支架一般分为门楣支架、门套支架和地坎支架。其中电梯层门地坎支架的数量根据电梯轿厢载重量和开门宽度决定。在保证地坎有足够支撑强度情况下不能少于三点支撑。

② 电梯层门支架与电梯导轨支架的固定方式和要求基本相同。

③ 电梯层门支架多采用预埋铁或膨胀螺栓固定的方法，根据设计要求，参见导轨支架施工方法。

8. 电源开关

（1）主电源开关设置在机房入口处，与所控制的电梯进行对应识别编号。容量适当，其高度距地面1.3～1.5m。

（2）主电源开关不应切断下列供电电路：①轿厢照明和通风；②机房、滑轮间照明；③机房、轿顶和底坑的电源插座；④井道照明；⑤报警装置电源。

(3) 主电源开关在切断电源的情况下能够进行锁闭，防止因断电检修电梯设备时，其他人员误操作合闸造成触电或电梯运行事故发生。

(4) 主电源柜内的接地保护线（PE）端子和零线（N）接线端子必须严格区分。保护地线（PE），接线牢固可靠，导线规格、颜色符合标准规定。

(5) 主电源开关必须带有过载保护装置。

9. 机房照明

机房照明应保证机房内的地面照度≥200 lx，控制开关设置在机房门口，其灯具、开关、插座的安装符合《建筑电气工程施工质量验收规范》GB 50303—2015 的相关规定要求。

10. 轿厢照明和通风电路

① 轿厢照明和通风风扇电路不应受主电源开关控制，单独使用一个容量适当的并带有过载保护的电源控制开关。

② 轿厢照明和通风控制开关和主电源开关一样与所控制电梯进行对应识别编号。

③ 轿厢照明和通风控制开关能够在切断电源的情况下进行锁闭，防止因断电检修电梯设备时，其他人员误操作合闸造成触电事故发生。

④ 轿厢内照明分为正常照明和断电应急照明，当正常照明因电源故障而断电，应急照明应立即启动进行照明，电梯在驻停或正常锁梯情况下关闭轿厢照明时，应急电源照明不应启动工作。

11. 顶照明及电源插座

① 轿顶应设置照明，轿顶照明灯采用带有防护罩的照明灯（一般采用交流 36V 照明）。

② 轿顶照明开关的位置应设置在轿厢顶部靠近厅门门口侧（一般不大于 1m），使得在操作人员开启厅门后，在人身体的重心没有倾斜到井道时，就可以很容易地打开轿顶照明灯。

③ 轿顶检修 220V AC 插座型式是 2P＋PE 型（2 极＋保护接地）且应有明显标志。

12. 井道照明

① 电梯井道照明的电源一般从主电源控制开关的上口获取，也可从电梯机房的照明线路上获得，井道照明电压可以是36V AC或220V AC。

② 井道照明的控制开关应在机房和底坑内设置，两个开关均可以打开和关闭井道照明。底坑内的控制开关设置在检修人员打开首层厅门后，伸手可以触及的地方。

③ 井道照明灯最上一盏和最下一盏分别安装在距井道顶板和底坑地面0.5m以内，其余按照保证井道内照明度≥50 lx的标准等距分配安装。

13. 接地保护（PE）

① 所有电气设备及导管、线槽的外露可导电部分均必须可靠接地（PE）。

② 接地支线应分别直接接至接地干线的接线柱上，不得互相连接后再接地。

③ 接地线应采用黄绿相间的绝缘导线。

④ 接地电阻值≤4Ω。

14. 控制柜

① 控制柜的正面距门、窗；维修侧距墙≥600mm，距机械设备或其他电梯的控制柜的距离≥500mm。

② 控制柜的垂直偏差≤1.5/1000。

③ 控制柜上必须有设备编号，而且该编号必须与机房内该设备的主电源控制开关、井道照明开关、驱动主机、限速器的编号相对应。编号标识清晰、明显。

④ 控制柜的布局要合理，使用控制柜检修装置操纵电梯运行时，应能够看到曳引钢丝，绳上标注的平层标识和其相对应的轿厢平层标识说明。

⑤ 控制柜的基础应高出地面50～100mm。

15. 防护罩壳

① 为了防止触电的事故发生，所有工作电压超过国家规范规

定的安全电压的电气设备均需设置防护罩壳。防护罩壳上必须设有防触电警示标识，标识上应注明防护设备的最高工作电压值，防护罩壳的最低绝缘等级为IP2X。

② 为了防止运动设备对人体的伤害，运动设备的外部应设置防护罩，在防护罩上需有警示标志并予以警告说明。

16. 线路敷设

① 机房内各台电梯的供电电源和控制柜输出的动力电源应单独敷设或采取隔离措施。

② 动力线路与控制线路应隔离敷设，抗干扰线路按产品要求敷设。

③ 信号传感器线路应单独敷设，并采取隔离干扰措施。

④ 线路敷设应采用金属线槽、线管，严禁使用可燃性线槽、线管。

17. 电线线槽、线管

① 金属电线线槽和线管均应可靠接地（PE）保护，但线槽、金属软管不能作为保护接地线（PE）使用。

② 电线线槽和线管的安装应牢固可靠，其水平误差和垂直误差在机房内≤2/1000；在井道内≤5/1000；且井道全长误差值≤50mm。

③ 电线线槽和线管与曳引钢丝绳的距离在机房内≥50mm。在井道内与轿厢和曳引钢丝绳的距离最小≥20mm。

④ 导线线槽、线管在机房地面上敷设时，其壁厚≥1.5mm，线槽面板采用可踩踏的波纹钢板。导线线槽、线管架空敷设时，安装要牢固，每根线槽不少于两个固定点。

⑤ 线槽之间的接口严密，线槽盖齐全平整，便于开启，线槽拐弯、出线口无毛刺。

⑥ 电线管应用管卡子固定，线管卡子间距均匀，电线管与线槽箱、盒或其他设备相连接时必须使用金属管口护口，并将管口护口用备母锁紧。电线管为金属软管时，其管卡子固定间距≤1m，端头固定间距不应大于0.1m，拐弯处固定间距≤0.3m，弯曲半径

不小于金属软管外径的4倍。与其他设备连接时应用专用接头，并且采用专用接地卡连接，保护接地线采用≥$4mm^2$多股铜线。

⑦ 在轿顶固定线槽和线管时，不能用线槽或硬线管将活动的轿厢和轿厢上梁、侧梁进行硬连接。当需要与安装在上、下梁和侧梁上的电气设备进行连接时，应使用金属软管进行软连接。轿厢顶部电线应敷设在被固定的金属线槽或线管内。

⑧ 电线槽、线管和附属的构架均应进行防腐处理，涂刷防锈漆或进行金属镀锌处理。

18. 轿厢操纵盘及显示面板

① 轿厢操纵盘及显示面板应与轿壁贴实，洁净无划痕。

② 按钮触动应灵活无卡阻，信号应清晰正确，无串光现象。

19. 导线敷设

(1) 导线敷设前的材料检验

① 查验产品合格证，合格证有生产许可证编号和（CCC）认证标志。建筑电气施工中使用的电工产品必须通过“中国国家认证认可监督管理委员会”的认证，认证标志为“中国强制认证”（标志［CCC］）。

② 使用的铜芯绝缘导线和电缆额定电压不低于500V，必须是按照标准生产的合格产品。

③ 产品外观包装完好，电线电缆的绝缘层完好无损，厚度均匀。电缆无压扁、扭曲。电缆的绝缘或护套表面应有制造厂名、型号和电压的连续标志，标志应字迹清楚，容易辨认且耐擦。

④ 对导线、电缆进行现场抽样检测，绝缘层厚度和线芯直径误差不大于标称值的1%。

(2) 清理线槽、线管，保证线槽、线管内无污垢，无积水。

(3) 线槽拐弯、导线受力处应加绝缘衬垫，线槽、线管入口处应有护口或其他保护措施。线槽在井道的垂直部分每隔10m应加设一道导线减力装置，用以减小线槽内导线自身的重力。

(4) 电线管内的导线总截面积不大于电线管内净截面积的40%，线槽内导线总截面积不大于线槽内净截面积的60%。

(5) 配线要绑扎整齐，应设置备用线。备用线的长度与箱、盒内最长的导线相同。

(6) 接线线号清晰齐全，备用线单独编号。所有导线编号应有专册记录，记录详细说明导线编号、接线起始位置、终点位置，导线的颜色、型号、规格、线径和中间有无接头。

(7) 线槽内不应有接头。全部导线接头、连接端子及连接器应置于柜、盒内或为此目的设置的屏上，接头用冷压端子压接可靠。绝缘良好。导线和电缆的保护外皮应完全进入开关和设备的壳体或进入一个合适的封闭装置中。

(8) 如果不需要使用工具就能将连接件或插接式装置拔出时，则应保证重新插入时，决不会插错。

20. 绝缘电阻

导体之间和导体对地之间的绝缘电阻需大于1000Ω/V，而值不得小于：

① 动力电路和安全电路为0.5MΩ；

② 其他电路（控制、照明、信号等）为0.25MΩ。

七、智能建筑工程检查要点

① 埋在结构内的各种电线导管　检查导管的品种、规格、位置、弯扁度、弯曲半径、连接、跨接地线、敷设情况、需焊接部位的焊接质量、管盒固定、管口处理、防腐、保护层等。

② 不能进入吊顶内的电线导管　检查导管的品种、规格、位置、弯扁度、弯曲半径、连接、跨接地线、防腐、需焊接部位的焊接质量、管盒固定、管口处理、固定方法、固定间距等。

③ 不能进入吊顶内的线槽　检查其品种、规格、位置、连接、接地、防腐、固定方法、固定间距等。

④ 直埋电缆　检查电缆的品种、规格、埋设方法、埋深、弯曲半径、标桩埋设情况等。

⑤ 不进入的电缆沟敷设电缆　检查电缆的品种、规格、弯曲半径、固定方法、固定间距、标识情况等。

土建工程主要隐检项目及内容

土建工程主要隐检项目及内容见表6-2。

表6-2 土建工程主要隐检项目及内容

土方工程	土方基槽、房心回填前检查基底清理、基底标高情况等
支护工程	锚杆、土钉的品种、规格、数量、位置、插入长度、钻孔直径、深度和角度等；地下连续墙的成槽宽度、深度、倾斜度垂直度、钢筋笼规格、位置、槽底清理、沉渣厚度等
桩基工程	钢筋笼规格、尺寸、沉渣厚度、清孔情况等
地下防水工程	混凝土变形缝、施工缝、后浇带、穿墙套管、埋设件等设置的形式和构造；人防出口止水做法；防水层基层、防水材料规格、厚度、铺设方式、阴阳角处理、搭接密封处理等
结构工程（基础、主体）	用于绑扎的钢筋的品种、规格、数量、位置、锚固和接头位置、搭接长度、保护层厚度和除锈、除污情况、钢筋代用变更及胡子筋处理等；钢筋焊（连）接型式、焊（连）接种类、接头位置、数量及焊条、焊剂、焊口形式、焊缝长度、厚度及表面清渣和连接质量等
预应力工程	检查预留孔道的规格、数量、位置、形状、端部的预埋垫板；预应力筋的下料长度、切断方法、竖向位置偏差、固定、护套的完整性；锚具、夹具、连接点的组装等
钢结构工程	地脚螺栓规格、位置、埋设方法、紧固等
砌体工程	外墙内、外保温构造节点做法
地面工程	各基层（垫层、找平层、隔离层、防水层、填充层、地龙骨）材料品种、规格、铺设厚度、方式、坡度、标高、表面情况、节点密封处理、黏结情况
抹灰工程	具有加强措施的抹灰应检查其加强构造的材料规格、铺设、固定、搭接等
门窗工程	预埋件和锚固件、螺栓等的数量、位置、间距、埋设方式、与框的连接方式、防腐处理、缝隙的嵌填、密封材料的黏结等
吊顶工程	吊顶龙骨及吊件材质、规格、间距、埋设方式、固定、表面防火、防腐处理、外观情况、接缝和边缝情况、填充和吸声材料的品种、规格及铺设、固定等
轻质隔墙工程	预埋件、连接件、拉结筋的位置、数量、连接方法、与周边墙体及顶棚的连接、龙骨连接、间距、防火、防腐处理、填充材料设置等

续表

饰面板(砖)工程	预埋件、(后置埋件)、连接件规格、数量、位置、连接方式、防腐处理等。有防水构造部位应检查找平层、防水层、找平层的构造做法、同地面基层工程检查
幕墙工程	构件之间以及构件与主体结构的连接节点的安装及防腐处理；幕墙周围、幕墙与主体结构之间间隙节点的处理、封口的安装；幕墙伸缩缝、沉降缝、防震缝及墙面转角节点的安装；幕墙的防雷接地节点的安装等
组部工程	预埋件或后置件和连接件的数量、规格、位置连接方式、防腐处理等
建筑屋面工程	基层、找平层、保温层、防水层、隔离层情况、材料的品种、规格、厚度、铺贴方式、搭接宽度、接缝处理、黏结情况；附加层、天沟、檐沟、泛水和变形缝细部做法、隔离层设置、密封处理部位等

第2节 预检记录

要 点

预检是在自检的基础上由质量检查员专业工长对其分项工程进行把关检查，把工作中的偏差检查记录下来，并加以认真解决，预检是防止质量事故发生的有效途径。预检记录为通用施工记录，适用于各专业。预检合格方可进入下道工序。

解 释

一、填表说明

① 依据标准表格进行填写，要求填写齐全、字迹工整。

② 预检记录填写应及时、真实，反映工程实际情况。

③ 预检记录编号依据企业对应与质量记录管理工作程序进行编写，依据文件和资料控制工作程序进行管理。

④“施工队”一栏中应填写项目及施工单位名称，以便追溯。

⑤“工程名称”与图纸图签中一致。

⑥ 在“预检内容”一栏中必须将该预检部位的施工依据填写清楚、齐全、简明。

⑦ 在预检中一次验收未通过，应写明不合格内容，并在“复查意见”一栏中注明二次检查意见；在复查中仍出现不合格项，则按不合格品的控制工作程序进行处置。

⑧ 各种填写日期必须注明年、月、日。

⑨ 预检记录中有关测量放线和构件安装（主要指阳台、楼梯、楼板等）的测量记录及附图作为预检记录的附件归档，其附件的纸张规格应与预检表一样。

二、预检记录

预检记录具体表式见表 6-3。

表 6-3 预检记录

工程名称		编号	
		预检项目	
预检部位		检查日期	
依据：施工图纸（施工图纸号________）、设计变更/洽商（编号________）和有关规范、规程 主要材料或设备：________ 规格/型号：________			
预检内容：			
检查结论：			
复查结论： 复查人：　　　　复查日期：			
施工单位			
专业技术负责人	专业质检员		专业工长

注：本表由施工单位填写并保存。

三、检查要点

① 模板：检查几何尺寸、轴线、标高、预埋件及预留孔位置、模板牢固性、接缝严密性、起拱情况、清扫口留置、模内清理、脱模剂涂刷、止水要求等；节点做法，放样检查。

② 设备基础和预制构件安装：检查设备基础位置、混凝土强度、标高、几何尺寸、预留孔、预埋件等。

③ 地上混凝土结构施工缝：检查留置方法、位置、接槎处理等。

④ 管道预留孔洞：检查预留孔洞的尺寸、位置、标高等。

⑤ 管道预埋套管（预埋件）：检查预埋套管（预埋件）的规格、型式、尺寸、位置、标高等。

⑥ 机电各系统的明装管道（包括进入吊顶内）、设备安装、检查位置、标高、坡度、材质、防腐、接口方式、支架形式、固定方式等。

⑦ 电气明配管（包括进入吊顶内）：检查导管的品种、规格、位置、连接、弯扁度、弯曲半径、跨接地线、焊接质量、固定、防腐、外观处理等。

⑧ 明装线槽、桥架、母线（包括能进入吊顶内）：检查材料的品种、规格、位置、连接、接地、防腐、固定方法、固定间距等。

⑨ 明装等电位连接：检查连接导线的品种、规格、连接配件、连接方法等。

⑩ 屋顶明装避雷带：检查材料的品种、规格、连接方法、焊接质量、固定、防腐情况等。

⑪ 变配电装置：检查配电箱、柜基础槽钢的规格、安装位置、水平与垂直度、接地的连接质量；配电箱、柜的水平与垂直度；高低压电源进出口方向、电缆位置等。

⑫ 机电表面器具（包括开关、插座、灯具、风口、卫生器具等）：检查位置、标高、规格、型号、外观效果等。

⑬ 依据现行施工规范，对于其他涉及工程结构安全，实体质量及建筑观感，须做质量预控的重要工序，应填写预检记录。

相关知识

预检的依据及程序

需预检的分项工程项目完成后，班组填写自检表格，专业工长核定后填写预检工程检查记录单，项目技术负责人组织，由监理、质量检查员、专业工长及班组长参加验收（其中建筑物位置线、标准水准点、标准轴线桩由上级单位组织）。未预检或预检未达到合格标准的不得进入下道工序。

第 3 节　施工检查记录

要　点

按照现行规范要求应进行施工检查的重要工序，且《建筑工程资料管理规程》（DB11/T 695—2009）无相应施工记录表格的，应填写施工检查记录（通用），它适用于各专业。具体应明确检查的工程名称、检查项目、检查部位、检查日期、检查依据等。填写施工检查记录，由有关单位、人员盖章签字。

解　释

一、填表说明

① 附件收集　附相关图表、图片、照片及说明文件等。

② 资料流程　由施工单位填写并保存。

③ 相关规定与要求　按照现行规范要求应进行施工检查的重要工序，且无与其相适应的施工记录表格的施工检查记录（通用）（表 6-8）适用于各专业。

④ 注意事项　对隐蔽检查记录和预检记录不适用的其他重要工序，应按照现行规范要求进行施工质量检查，填写施工检查记录（通用）。

二、施工检查记录

施工检查记录见表 6-4。

表 6-4　施工检查记录

<table>
<tr><td rowspan="2">工程名称</td><td rowspan="2"></td><td>编号</td><td></td></tr>
<tr><td>检查项目</td><td></td></tr>
<tr><td>检查部位</td><td></td><td>检查日期</td><td></td></tr>
<tr><td colspan="4">检查依据：</td></tr>
<tr><td colspan="4">检查内容：</td></tr>
<tr><td colspan="4">检查结论：</td></tr>
<tr><td colspan="4">复查结论：

复查人：　　　　　　　　　　　　　　　　　　复查日期：</td></tr>
</table>

<table>
<tr><td>施工单位</td><td colspan="2"></td></tr>
<tr><td>专业技术负责人</td><td>专业质检员</td><td>专业工长</td></tr>
<tr><td></td><td></td><td></td></tr>
</table>

注：本表由施工单位填写并保存。

相关知识

施工检查记录范例

施工检查记录范例见表 6-5。

表 6-5　施工检查记录范例

工程名称	××幼儿园	编号	
		检查项目	砌筑
检查部位	三层①～⑫/Ⓐ～Ⓟ轴墙体	检查日期	××年×月×日

检查依据：

1. 施工图纸建-1,建-5

2.《砌体结构工程施工质量验收规范》GB 50203—2011

检查内容：

1. 瓦工班 15 人砌筑①～⑫/Ⓐ～Ⓟ轴填充墙,并于当日全部完成

2. 质检员检查时发现一处填充墙砌筑不合格(①/Ⓑ～Ⓒ轴卧室)并责令瓦工班进行返工处理

3. 试验员制作两组砌筑砂浆试块,强度等级 M7.5

检查结论：

经检查:①/Ⓑ～Ⓒ轴卧室处填充墙返工重新砌筑,检查内容已经整改完成,符合设计及《砌体结构工程施工质量验收规范》GB 50203—2011 规定

复查结论：

复查人：　　　　　　　　　　　　　　　　　　复查日期：

施工单位	××建筑工程公司	
专业技术负责人	专业质检员	专业工长
×××	×××	×××

注：本表由施工单位填写并保存。

第 4 节　交接检查记录

要　点

不同施工单位之间工程交接，应进行交接检查，填写交接检查记录。移交单位、接收单位和见证单位共同对移交工程进行验收，并对质量情况、遗留问题、工序要求、注意事项、成品保护等进行记录，由有关单位人员盖章签字认可。

解　释

一、填表说明

① 资料流程　由施工单位填写，移交、接受和见证单位各存一份。

② 相关规定与要求　分项（分部）工程完成，在不同专业施工单位之间应进行工程交接，应进行专业交接检查，填写交接检查记录（表 6-6）。移交单位、接收单位和见证单位共同对移交工程进行验收，并对质量情况、遗留问题、工序要求、注意事项、成品保护、注意事项等进行记录，填写交接检查记录。

③ 注意事项　“见证单位”栏内应填写施工总承包单位质量技术部门，参与移交及接受的部门不得作为见证单位。

④ 其他　见证单位应根据实际检查情况，并汇总移交和接收单位意见形成见证单位意见。

二、交接检查记录

交接检查记录见表 6-6。

相关知识

交接检查记录范例

交接检查记录范例见表 6-7。

表 6-6 交接检查记录

<table>
<tr><td rowspan="2">工程名称</td><td rowspan="2"></td><td>编号</td><td></td></tr>
<tr><td>检查日期</td><td></td></tr>
<tr><td>移交单位</td><td></td><td>见证单位</td><td></td></tr>
<tr><td>交接部位</td><td></td><td>接收单位</td><td></td></tr>
<tr><td colspan="4">交接内容：</td></tr>
<tr><td colspan="4">检查结论：</td></tr>
<tr><td colspan="4">复查结论(由接收单位填写)：

复查人：　　　　　　　　　　　　复查日期：</td></tr>
<tr><td colspan="4">见证单位意见：</td></tr>
</table>

签字栏	移交单位	接收单位	见证单位

表 6-7　交接检查记录范例

<table>
<tr><td rowspan="2">工程名称</td><td rowspan="2">××大学科技综合楼</td><td>编号</td><td></td></tr>
<tr><td>检查日期</td><td>××年×月×日</td></tr>
<tr><td>移交单位</td><td>××工程公司</td><td>见证单位</td><td>××工程公司××工程项目质量部</td></tr>
<tr><td>交接部位</td><td>设备基础</td><td>接收单位</td><td>××工程公司</td></tr>
<tr><td colspan="4">交接内容：
按《建筑给水排水及采暖工程施工质量验收规范》GB 50242—2002 第 4.4.1 条、第 13.2.1 条和《通风与空调工程施工质量验收规范》GB 50243—2016 第 7.1.3 条规定及施工图纸××要求，设备就位前对其基础进行验收。
内容包括：混凝土强度等级(C25)、坐标、标高、几何尺寸及螺栓孔位置等</td></tr>
<tr><td colspan="4">检查结论：
经检查：设备基础混凝土强度等级达到设计强度等级的 132%，坐标、标高、螺栓孔位置准确，几何尺寸偏差最大值－1mm，符合设计和《建筑给水排水及采暖工程施工质量验收规范》GB 50242—2002、《通风与空调工程施工质量验收规范》GB 50243—2016 要求，验收合格，同意进行设备安装</td></tr>
<tr><td colspan="4">复查结论：

复查人：　　　　　　　　　　　　复查日期：</td></tr>
<tr><td colspan="4">见证单位意见：
符合设计及《建筑给水排水及采暖工程施工质量验收规范》GB 50242—2002、《通风与空调工程施工质量验收规范》GB 50243—2016 要求，同意交接</td></tr>
<tr><td rowspan="2">签字栏</td><td>移交单位</td><td>接收单位</td><td>见证单位</td></tr>
<tr><td>×××</td><td>×××</td><td>×××</td></tr>
</table>

第 5 节　地基验槽检查记录

要　点

地基验槽是指土方挖至槽底设计标高，钎探完成之后进行的对建筑物持力层情况的验收，是保证建筑物整体安全的重要环节，关

系到地基承载力，建筑物下沉倾斜等一系列结构安全问题。检查内容包括基坑位置、平面尺寸、持力层核查、基底绝对高程和相对标高、基坑土质及地下水位等，有桩支护或桩基的工程还应进行桩的检查。地基验槽检查记录应由建设、勘察、设计、监理、施工单位共同验收签认。

解　释

一、地基验槽记录应记录的内容

（1）地基土质是否与地质勘察报告记录相符，是否已控制到老土，是否有搅动；

（2）是否有局部土质坚硬、松软及含水量异常的现象，是否需下挖或处理；

（3）基槽实际开挖尺寸、标高、排水、护壁、不良基土（流沙、橡皮土）处理情况；

（4）遇有井、坑及原有电缆、管道及房屋基础等的数量、位置及其处理情况；

（5）回填土的土质名称、坑（槽）底积水和杂物清除情况、回填土含水量、分层夯实情况及回填顺序等，均填写在记录中；

（6）若存在地基处理，注明洽商编号，并填写复查意见；

（7）应在基槽标高断面图上方注明该工程的地质勘探报告编号。

二、填写要求

1. 工程名称

与施工图纸中图签一致。

2. 验槽日期

按实际检查时间填写。

3. 验槽部位

按实际检查部位填写。若分段则要按轴线标注清楚。

4. 检查依据

施工图纸、设计变更、工程洽商及相关的施工质量验收规范、规程及本工程的施工组织设计、施工方案技术交底。

5. 验槽内容

注明地质勘察报告编号、基槽标高、断面尺寸，必要时可附断面简图示意。

注明土质情况，附钎探记录和钎探点平面布置图，在钎探图上用红蓝铅笔标注软土、硬土情况。

若采用桩基还应说明桩的类型、数量等，附上桩基施工记录、桩基检测报告等。

6. 检查结论

检查结论要明确，验槽的内容是否符合要求要描述清楚。然后给出检查结论，根据检查情况在相应的结论框中画钩。在检查中一次验收未通过的要注明质量问题，并提出具体的地基处理意见。

7. 其他

(1) 对进行地基处理的基槽，还需再办理一次地基验槽检查记录，在内容栏，要将地基处理的洽商编号写上，地基的处理方法等要描述清楚。

(2) 本表由施工单位填报，其中检查意见、检查结论由勘察单位、监理单位填写。各方签字后生效。

(3) 地基验槽记录是施工中重要的记录，必须妥善保存，由建设单位、监理单位、勘察单位、设计单位、施工单位、城建档案馆各保存一份。

三、地基验槽记录表

地基验槽记录表见表6-8。

相关知识

填表说明

(1) 附件收集。相关设计图纸、设计变更洽商及地质勘察报告等。

表 6-8　地基验槽记录

<table>
<tr><td>工程名称</td><td></td><td>编号</td><td></td></tr>
<tr><td>验槽部位</td><td></td><td>验槽日期</td><td></td></tr>
<tr><td colspan="4">依据：施工图号____________________、
设计变更/洽商/技术核定编号____________及有关规范、规程。</td></tr>
<tr><td colspan="4">验槽内容：
1. 基槽开挖至勘探报告第______层，持力层为__________层。
2. 土质情况____。
3. 基坑位置、平面尺寸______________________________。
4. 基底绝对高程和相对标高__________________________。

申报人：</td></tr>
<tr><td colspan="4">检查结论：

□无异常，可进行下道工序　　□需要地基处理</td></tr>
</table>

签字公章栏	施工单位	勘察单位	设计单位	监理单位	建设单位

（2）资料流程。由总包单位填报，经各相关单位转签后存档。

（3）相关规定与要求

① 新建建筑物应进行施工验槽，检查内容包括基坑位置、平面尺寸、基底绝对高程和相对标高、持力层核查、基坑土质及地下水位等，有基础桩桩支护或桩基的工程还应有工程桩的检查。

② 地基验槽记录应由建设、勘察、设计、监理、施工单位共同验收签认。

（4）注意事项

对于进行地基处理的基槽，还应再办理一次地基验槽记录，并将地基处理的洽商编号、处理方法等注明。

第6节　地基处理记录

要　点

地基处理记录一般包括地基处理方案、地基处理的施工试验记录、地基处理记录填表说明。

解　释

一、地基处理方案

基槽挖至设计标高，经勘察、设计、建设（监理）、施工单位共同验槽，对实际地基与地质勘察报告不相符或不符合设计要求的基槽，拟定处理方案并办理全过程洽商。处理方案中应完整填写工程名称、验槽时间、钎探记录分析；标注清楚需要处理的部位；写明需要处理的实际情况、具体方法及是否达到设计、规范要求。最后必须由设计、勘察人员签认。

施工单位应依据勘察、设计单位提出的处理意见进行地基处理，完工后填写《地基处理记录》报请监理单位复查，特殊情况下（一般指设计、勘察部门有专门要求时），还应报请设计、勘察单位复查。本表由施工单位填写。

强夯地基处理应对锤重、落距、夯击点布置及夯击次数做好记录。其他人工地基处理记录，由施工单位做好施工记录。

（1）地基处理方案应由勘察、设计单位提出书面处理意见或下达设计变更通知，施工单位才能进行下道工序的施工。

（2）地基处理记录包括地基处理综合描述记录、试桩、试夯试验记录，地基处理施工过程记录，施工单位应根据确认的处理方案做好相应的记录。

（3）地基处理综合描述记录应对地基处理前状态、处理方案、处理部位、处理过程、处理结果作一综合的描述，必要时附简图。

（4）用换上垫层法做浅层地基处理时，其垫层材料应符合设计或规范要求。

（5）素土、灰土、砂垫层在施工前应对填料进行击实试验，垫层施工应根据不同的换填材料选择施工机械、分层厚度与分层遍数。垫层的检验必须分层进行，可用贯入法或环刀法检验压实系数。

（6）重锤夯实地基应做试夯记录，夯实过程应填写施工记录。

二、地基处理的施工试验记录

（1）灰土、砂、砂石三合土地基应有土质量干密度或贯入度试验记录，并应做击实试验，提供最大干密度、最佳含水率及根据密实度的要求提供最小干密度的控制指标。混凝土地基应按规定取试样，并做好强度试验记录。

（2）重锤夯实地基应有试夯报告及最后下沉量和总下沉量记录。试夯后，分别测定和比较坑底以下 2.5m 以内，每隔 0.25m 深度处，夯实土与原状土的密实度，其试夯密实度必须达到设计要求；施工前，应在现场进行试夯，选定锤重（2～3t）、锤底直径和落距（2.5～4.5m）、锤重与锤底面积的关系应符合锤重在底面上的单位静压力为 1.5～2.0N/cm^2。

试夯结束后应做试夯报告及试夯记录，同时在夯实过程中，应做好重锤夯实施工记录。

（3）强夯地基应对锤重（常用：10～25t；最大：40t）、间距（5～9m）、夯击点布置及夯击次数做好记录。

三、填表说明

（1）附件收集。相关设计图样、设计变更洽商及地质勘察报告等。

（2）资料流程。由总包单位填报，经各相关单位转签后存档。

（3）相关规定与要求。地基需处理时，应由勘察、设计部门提出处理意见，施工单位应依据勘察、设计单位提出的处理意见进行地基处理，且在完工后填写地基处理记录，内容包括地基处理方式、处理部位、深度及处理结果等。地基处理完成后，应报请勘察、设计、监理部门复查。

(4) 注意事项

① 当地基处理范围较大、内容较多、用文字描述较困难时，应附简图示意。

② 如勘察、设计单位委托监理单位进行复查时，应有书面的委托记录。

四、地基处理记录

地基处理记录见表 6-9。

表 6-9 地基处理记录

<table>
<tr><td rowspan="2">工程名称</td><td rowspan="2"></td><td>编号</td><td colspan="3"></td></tr>
<tr><td>日期</td><td colspan="3"></td></tr>
<tr><td colspan="6">处理依据及方式：</td></tr>
<tr><td colspan="6">处理部位及深度或用简图表示

□有/□无　　附页(图)</td></tr>
<tr><td colspan="6">处理结果：</td></tr>
<tr><td colspan="6">检查意见：

检查日期：</td></tr>
<tr><td rowspan="3">签字栏</td><td rowspan="2">监理单位</td><td rowspan="2">设计单位</td><td rowspan="2">勘察单位</td><td colspan="3">施工单位</td></tr>
<tr><td>专业技术负责人</td><td>专业质检员</td><td>专业工长</td></tr>
<tr><td></td><td></td><td></td><td></td><td></td><td></td></tr>
</table>

相关知识

地基处理分类

地基处理主要分为：基础工程措施、岩土加固措施。

有的工程，不改变地基的工程性质，而只采取基础工程措施；有的工程还同时对地基的土和岩石加固，以改善其工程性质。选定适当的基础形式，不需改变地基的工程性质就可满足要求的地基称为天然地基；反之，已进行加固后的地基称为人工地基。地基处理工程的设计和施工质量直接关系到建筑物的安全，如处理不当，往往发生工程质量事故，且事后补救大多比较困难。因此，对地基处理要求实行严格的质量控制和验收制度，以确保工程质量。

第7节　地基钎探记录

要　点

地基钎探用于检验浅层土的均匀性，确定地基的容许承载力及检验填土的质量。应按设计要求钎探记录。钎探前应绘制钎探点平面布置图，确定钎探点布置及顺序编号。

解　释

一、地基钎探记录说明

（1）轻便触探。轻便触探试验设备由尖锥头、触探杆、穿心锤组成。触探杆系用直径25mm的金属管，每根长1.0～1.5m，或用直径为25mm的光圆钢筋，每根长2.2m，穿心锤重10kg。

试验时，穿心锤落距为0.5m，使其自由下落，将触探杆竖直打入土层中，每打入土层0.3m的锤击数为N10。

（2）钎探记录表。施工单位、工程名称要写具体，锤重、自由落距、钎径、钎探日期要依据现场情况填写。

钎探记录表中各步锤数应为现场实际打钎各步锤击数的记录，每一钎探点必须钎探五步，1.5m 深。打钎中如有异常情况，要写在备注栏内。

(3) 标注与眷写。验槽时应先看钎探记录表，凡锤击数较少点，与周围差异较大点应标注在钎探记录表上，验槽时应对该部位进行重点检查。

钎探记录表原则上应用原始记录表，污损严重的可以重新抄写，但原始记录仍要原样保存好，誊写的记录数据、文字应与原件一致，并要注明原件保存处及有抄件人签字。

二、钎探记录表

钎探记录表见表 6-10。

表 6-10 钎探记录表

<table>
<tr><td>施工单位</td><td colspan="3"></td><td>工程名称</td><td colspan="3"></td></tr>
<tr><td>套锤重</td><td></td><td>自由落距</td><td></td><td>钎径</td><td></td><td>钎探日期</td><td></td></tr>
<tr><td rowspan="2">顺序号</td><td colspan="6">各步锤数</td><td></td></tr>
<tr><td>0～30cm</td><td>30～60cm</td><td>60～90cm</td><td>90～120cm</td><td>120～150cm</td><td>备注</td><td></td></tr>
<tr><td></td><td></td><td></td><td></td><td></td><td></td><td></td><td></td></tr>
<tr><td></td><td></td><td></td><td></td><td></td><td></td><td></td><td></td></tr>
<tr><td></td><td></td><td></td><td></td><td></td><td></td><td></td><td></td></tr>
<tr><td></td><td></td><td></td><td></td><td></td><td></td><td></td><td></td></tr>
<tr><td></td><td></td><td></td><td></td><td></td><td></td><td></td><td></td></tr>
<tr><td></td><td></td><td></td><td></td><td></td><td></td><td></td><td></td></tr>
<tr><td colspan="2">工长</td><td colspan="2">质量检查员</td><td colspan="2">钎探负责人</td><td colspan="2"></td></tr>
</table>

相关知识

填表说明

（1）附件收集。地基钎探原始记录（或复印件）。

（2）资料流程。地基钎探记录由施工单位填写，建设单位、施工单位、城建档案馆各保存一份。

（3）相关规定与要求。钎探记录用于检验浅土层（如基槽）的均匀性，确定基槽的容许承载力及检验填土质量。钎探前应绘制钎探点平面布置图，确定钎探点布置及顺序编号。按照钎探图及有关规定进行钎探并记录。

（4）注意事项。地基钎探记录必须真实有效，严禁弄虚作假。

第8节　混凝土浇灌申请书

要　点

工程建设中，在正式浇筑混凝土前，施工单位应检查各项准备工作，自检合格，填写混凝土浇灌申请书，报请监理单位检查许可后浇筑混凝土。

解　释

一、填表说明

（1）由施工单位填写并保存，在浇筑混凝土之前报送监理单位备案。

（2）正式浇筑混凝土前，施工单位应检查各项准备工作（如钢筋、模板工程检查；水电预埋检查；材料、设备及其他准备等），自检合格填写《混凝土浇灌申请书》报监理单位后方可浇筑混凝土。

二、混凝土浇灌申请书

混凝土浇灌申请书见表6-11。

表 6-11　混凝土浇灌申请书

<table>
<tr><td colspan="2" rowspan="2">工程名称</td><td colspan="2" rowspan="2"></td><td colspan="2">编号</td><td colspan="2"></td></tr>
<tr><td colspan="2">申请浇灌日期</td><td colspan="2"></td></tr>
<tr><td colspan="2">申请浇灌部位</td><td colspan="2"></td><td colspan="2">申请方量/m^3</td><td colspan="2"></td></tr>
<tr><td colspan="2">技术要求</td><td colspan="2"></td><td colspan="2">强度等级</td><td colspan="2"></td></tr>
<tr><td colspan="2">搅拌方式(搅拌站名称)</td><td colspan="2"></td><td colspan="2">申请人</td><td colspan="2"></td></tr>
<tr><td colspan="8">依据:施工图纸(施工图纸号＿＿＿＿)、设计变更/洽商(编号＿＿＿/＿＿＿)和有关规范规程</td></tr>
<tr><td colspan="4">施工准备检查</td><td colspan="3">专业工长(质量员)签字</td><td>备注</td></tr>
<tr><td colspan="4">1. 隐检情况:□已　　□未完成隐检</td><td colspan="3">×××</td><td></td></tr>
<tr><td colspan="4">2. 预检情况:□已　　□未完成预检</td><td colspan="3">×××</td><td></td></tr>
<tr><td colspan="4">3. 水电预埋情况:□已　□未完成并未经检查</td><td colspan="3">×××</td><td></td></tr>
<tr><td colspan="4">4. 施工组织情况:□已　□未完备</td><td colspan="3">×××</td><td></td></tr>
<tr><td colspan="4">5. 机械设备准备情况:□已　　□未准备</td><td colspan="3">×××</td><td></td></tr>
<tr><td colspan="4">6. 保温及有关准备:□已　　□未准备</td><td colspan="3">×××</td><td></td></tr>
<tr><td colspan="8">审批意见:

审批结论:□同意浇筑　□整改后自行浇筑　□不同意,整改后重新申请
审批人:　　　　　　　　　　审批日期:
施工单位名称:</td></tr>
</table>

相关知识

混凝土浇筑注意事项

(1) 混凝土入模，不得集中倾倒冲击模板或钢筋骨架，当浇筑高度大于 2m 时，应采用串筒，溜管下料，出料管口至浇筑层的倾落自由高度不得大于 1.5m。

(2) 混凝土必须在 5h 内浇筑完毕（从发车时起），为防止混凝土浇筑出现冷缝（冷缝：指上下两层混凝土的浇筑时间间隔超过初凝时间而形成的施工质量缝），两次混凝土浇筑时间不超过 1.5h，交接处用振捣棒不间断地搅动。

(3) 浇筑过程中，振捣持续时间应使混凝土表面产生浮浆，无气泡，不下沉为止。振捣器插点呈梅花形均匀排列，采用行列式的次序移动，移动位置的距离应不大于40cm。保证不漏振，不过振。

(4) 浇筑梁板混凝土时，先浇筑梁混凝土，从梁柱节点部位开始，保证梁柱节点部位的振捣密实，在用赶浆法循环向前和板一起浇筑，但不得出现冷缝。

(5) 混凝土浇筑快要完成时，应估算剩余混凝土方量和剩混凝土量，联系搅拌站进行合理调度。

(6) 混凝土浇筑完成后用刮杠刮平表面，刮平后用毛刷进行拉毛（附拉毛处理：用水泥和混凝土界面处理剂和成水泥砂浆，将以上水泥砂浆通过拉毛滚筒或者笤帚，抹到墙面上，形成刺状突起，干燥后即成拉毛。主要作用是加强粘接能力；现在的毛坯房墙面一般不需要拉毛处理即可贴砖，但要看具体情况，如果墙面比较光滑，则需要做拉毛处理。）

(7) 混凝土表面进行二次压抹及三次抹压后，及时进行覆盖养护。待混凝土终凝后，先洒水充分润湿后，用塑料薄膜进行密封覆盖，并经常检查塑料薄膜表面，但薄膜表面无水珠时，应再洒水。地下3层至地下夹层顶板养护时间为7天，地下1层顶板养护时间为14天。

第9节　混凝土拆模申请单

要　点

在拆除现浇混凝土结构板、梁、悬臂构件等底模和柱墙侧模前，应填写混凝土拆模申请表，并附同条件混凝土强度报告，报项目专业技术负责人审批，通过后方可拆模。

解　释

一、填表说明

(1) 附件收集。混凝土试块抗压强度试验报告。

（2）资料流程。由施工单位填写、保存，在拆模前报送监理单位审核。

（3）相关规定与要求。在拆除现浇混凝土结构板、梁、悬臂构件等底模和柱墙侧模前，应填写混凝土拆模申请表，并附同条件混凝土强度报告，报项目专业技术负责人审批，通过后方可拆模。

二、混凝土拆模申请单

混凝土拆模申请单见表6-12。

表6-12　混凝土拆模申请单

<table>
<tr><td colspan="2">工程名称</td><td colspan="2"></td><td colspan="2">编号</td><td></td></tr>
<tr><td colspan="2">申请拆模部位</td><td colspan="5"></td></tr>
<tr><td colspan="2">混凝土强度等级</td><td></td><td colspan="2">混凝土浇筑完成时间</td><td>申请拆模日期</td><td></td></tr>
<tr><td colspan="7">构件类型
（注：在所选择构件类型的□内画√）</td></tr>
<tr><td>□墙</td><td>□柱</td><td>板：
□跨度≤2m
□2m<跨度≤8m
□跨度>8m</td><td>梁：
□跨度≤8m
□跨度>8m</td><td colspan="2">□悬臂构件</td><td>____
____
____</td></tr>
<tr><td colspan="2">拆模时混凝土强度要求</td><td>龄期/d</td><td>同条件混凝土抗压强度/MPa</td><td colspan="2">达到设计强度要求/%</td><td>强度报告编号</td></tr>
<tr><td colspan="2">应达到设计强度的__%
（或__MPa）</td><td></td><td></td><td colspan="2"></td><td></td></tr>
</table>

审批意见：

批准拆模日期：

施工单位		
专业技术负责人	专业质检员	申请人

相关知识

混凝土拆模要求

混凝土结构浇筑后，达到一定强度，方可拆模。模板拆卸日期，应按结构特点和混凝土所达到的强度来确定。

现浇混凝土结构的拆模期限：

(1) 不承重的侧面模板，应在混凝土强度能保证其表面及棱角不因拆模板而受损坏，方可拆除；

(2) 承重的模板应在混凝土达到下列强度以后，始能拆除（按设计强度等级的百分率计）：

板及拱：

跨度为 2m 及小于 2m	50%
跨度为大于 2m 至 8m	75%
梁（跨度为 8m 及小于 8m）	75%
承重结构（跨度大于 8m）	100%
悬臂梁和悬臂板	100%

(3) 钢筋混凝土结构如在混凝土未达到上述所规定的强度时进行拆模及承受部分荷载，应经过计算，复核结构在实际荷载作用下的强度。

(4) 已拆除模板及其支架的结构，应在混凝土达到设计强度后，才允许承受全部计算荷载。施工中不得超载使用，严禁堆放过量建筑材料。当承受施工荷载大于计算荷载时，必须经过核算加设临时支撑。

第 10 节 预拌混凝土运输单

要 点

预拌混凝土是指由水泥、集料、水以及根据需要掺入的外加剂、矿物掺合料等组分按一定比例，在搅拌站经计量、拌制后出售的并采用运输车，在规定时间内运至使用地点的混凝土拌合物。多作为商品出售，故也称商品混凝土。

解 释

一、填表说明

（1）由预拌混凝土供应单位向施工单位提供。

（2）预拌混凝土供应单位向施工单位提供预拌混凝土运输单，内容包括工程名称、使用部位、供应方量、配合比、坍落度、出站时间、到场时间和施工单位测定的现场实测坍落度等。

二、预拌混凝土运输单

预拌混凝土运输单见表 6-13。

表 6-13　预拌混凝土运输单

合同编号			编号			
			任务单号			
供应单位			生产日期			
工程名称及施工部位						
委托单位		混凝土强度等级		抗渗等级		
混凝土输送方式		其他技术要求				
本车供应方量/m^3		要求坍落度/mm		实测坍落度/mm		
配合比编号		配合比比例				
运距/km		车号	车次	司机		
出站时间		到场时间		现场出罐温度/℃		
开始浇筑时间		完成浇筑时间		现场坍落度/mm		
签字栏	现场验收人	混凝土供应单位质量员		混凝土供应单位签发人		

相关知识

预拌混凝土运输

（1）运输车在运输时应能保证混凝土拌合物均匀并不产生分层、离析。对于寒冷、严寒或炎热的天气情况，搅拌运输车的搅拌罐应有保温或隔热措施。

（2）搅拌运输在装料前应将搅拌罐内积水排尽，装料后严禁向搅拌罐内的混凝土拌合物中加水。

（3）当卸料前需要在混凝土拌合物中掺入外加剂时，应在外加剂掺入后采用快挡旋转搅拌罐进行搅拌，外加剂掺量和搅拌时间应有经试验确定的预案。

（4）预拌混凝土从搅拌机卸入搅拌运输车至卸料时的运输时间不宜大于90min，如需要延长运送时间，则应采取相应的有效技术措施，并应通过试验验证。

第11节　混凝土开盘鉴定

要　点

现场搅拌混凝土或预拌混凝土时、承重结构第一次使用配合比时、防水混凝土第一次浇筑前、特种或特殊要求混凝土每次浇筑前、大体积混凝土每次浇筑前，都应进行混凝土开盘鉴定，并填写记录。

解　释

一、填表说明

（1）本表由施工单位填写。

（2）采用预拌混凝土的，应对首次使用的混凝土配合比在混凝土出厂前，由混凝土供应单位自行组织相关人员进行开盘鉴定。采用现场搅拌混凝土的，应由施工单位组织监理单位、搅拌机组、混凝土试配单位进行开盘鉴定工作，共同认定试验室签发的混凝土配合比确定的组成材料是否与现场施工所用材料相符，以及混凝土拌合物性能是否满足设计要求和施工需要。

(3) 表中各项都应根据实际情况填写清楚、齐全，要有明确的鉴定结果和结论，签字齐全。

二、混凝土开盘鉴定

混凝土开盘鉴定见表 6-14。

表 6-14　混凝土开盘鉴定

<table>
<tr><td colspan="2">工程名称及部位</td><td colspan="3"></td><td colspan="2">鉴定编号</td><td colspan="3"></td></tr>
<tr><td colspan="2">施工单位</td><td colspan="3"></td><td colspan="2">搅拌方式</td><td colspan="3"></td></tr>
<tr><td colspan="2">强度等级</td><td colspan="3"></td><td colspan="2">要求坍落度</td><td colspan="3"></td></tr>
<tr><td colspan="2">配合比编号</td><td colspan="3"></td><td colspan="2">适配单位</td><td colspan="3"></td></tr>
<tr><td colspan="2">水灰比</td><td colspan="3"></td><td colspan="2">砂率/%</td><td colspan="3"></td></tr>
<tr><td colspan="2">材料名称</td><td>水泥</td><td>砂</td><td>石</td><td>水</td><td colspan="2">外加剂</td><td colspan="2">掺合料</td></tr>
<tr><td colspan="2">每 1m³ 用料/kg</td><td></td><td></td><td></td><td></td><td></td><td></td><td></td><td></td></tr>
<tr><td colspan="2" rowspan="2">调整后每盘用料/kg</td><td colspan="4">砂含水率　　%</td><td colspan="4">石含水率　　%</td></tr>
<tr><td></td><td></td><td></td><td></td><td></td><td></td><td></td><td></td></tr>
<tr><td rowspan="4">鉴定结果</td><td rowspan="2">鉴定项目</td><td colspan="4">混凝土拌合物性能</td><td colspan="2" rowspan="2">混凝土试块抗压强度/MPa</td><td colspan="2" rowspan="2">原材料与申请单是否相符</td></tr>
<tr><td colspan="2">坍落度</td><td>保水性</td><td>黏聚性</td></tr>
<tr><td>设计</td><td colspan="2">cm</td><td></td><td></td><td colspan="2" rowspan="2"></td><td colspan="2" rowspan="2"></td></tr>
<tr><td>实测</td><td colspan="2">cm</td><td></td><td></td></tr>
</table>

鉴定结论：

同意 C35 混凝土开盘鉴定结果，鉴定合格

建设(监理)单位	混凝土适配单位负责人	施工单位技术负责人	搅拌机组负责人
鉴定日期			

相关知识

开盘鉴定时应提供的资料

（1）混凝土配合比申请单或供货申请单。

（2）混凝土配合比设计单。

（3）水泥出厂质量证明书。

（4）水泥 3 天复试报告。

（5）砂子试验报告。

（6）石子试验报告。

（7）混凝土掺合料合格证。

（8）混凝土掺合料出厂检验报告。

（9）混凝土掺合料试验报告。

（10）外加剂使用及性能说明书。

（11）外加剂出厂合格证或检验报告。

（12）外加剂型式检验报告。

（13）外加剂复检报告。

（14）试配混凝土抗压试验报告。

（15）混凝土试块 28 天抗压强度试验报告（后补上）。

第 12 节　混凝土搅拌、养护测温记录

要　点

凡是进行大体积混凝土施工和冬季施工的都应该有混凝土的养护测温记录，此为监控混凝土质量情况的重要方法。

解　释

一、填表说明

（1）资料流程。由施工单位填写保存，需按时提供给监理单位。

（2）相关规定与要求

① 冬季混凝土施工时，应进行搅拌和养护测温记录。

② 混凝土冬季施工搅拌测温记录应包括大气温度、原材料温度、出罐温度、入模温度等。

③ 混凝土冬季施工养护测温应先绘制测温点布置图，包括测温点的部位、深度等。测温记录应包括大气温度、各测温孔的实测温度、同一时间测得的各测温孔的平均温度和间隔时间等。

（3）注意事项。备注栏内应填写“现场搅拌”或“预拌混凝土”。

二、混凝土搅拌测温记录表

混凝土搅拌测温记录表见表6-15。

表6-15　冬期施工混凝土搅拌测温记录表

工程名称					部位				搅拌方式		
混凝土强度等级					坍落度		cm		水泥品种强度等级		
配合比（水泥：砂：石：水）							外加剂名称掺量				
测温时间				大气温度	原材料温度/℃				出罐温度	入模温度	备注
年	月	日	时		水泥	砂	石	水			
施工单位			施工负责人			技术员			测温员		

三、混凝土养护及测温记录表

混凝土养护及测温记录表见表6-16。

表 6-16　冬期施工混凝土养护及测温记录表

工程名称						部位										养护方法			
测温时间			大气温度	各测孔温度/℃												平均温度	间隔时间	成熟度(N)/(h·℃)	
月	日	时		#	#	#	#	#	#	#	#	#	#	#	#			本次	累计
施工单位				施工负责人						技术员						测温员			

相关知识

测温孔的设置要求

(1) 全部测温孔均应由现场技术部门编号，并绘制布置图（包括位置和深度）。

(2) 测温时，测温仪表应采取与外界气温隔离措施，并留置在测温孔内不少于 3min。

(3) 测温孔的设置。

① 测温孔一般应选择温度变化较大、容易散失热量、构件易于受冻结的部位设置（西北部或背阴的地方）。

② 现浇混凝土。

a. 梁（包括简支梁和连续梁）。测温孔应垂直于梁轴线。梁每 3m 长设置测温孔 1 个，每跨至少 1 个，孔深 1/3 梁高；圈梁每 3m 长设置测温孔 1 个，每跨至少 1 个，孔深 10cm。

b. 楼板（包括基础底板）。每 $15m^2$ 设置测温孔 1 个，每间至少设置 1 个，孔深 1/2 板厚，测温孔垂直于板面；箱型底板，每 $20m^2$ 设置测温孔 1 个，孔深 15cm。厚大的底板应在底板的中、下部增设一层或两层测温点，以掌握混凝土的内部温度，测温孔垂直于板面。

c. 柱。在柱头和柱脚各设置测温孔 2 个，与柱面成 30°倾斜角。孔深 1/2 柱断面边长；独立柱基，每个设置测温孔 2 个，孔深 15cm。

③ 砖混结构。

a. 砖混结构构造柱。每根柱上、下各设置测温孔 1 个，与柱面成 30°倾斜角，孔深 10cm。

b. 条形基础。每 5m 长设置测温孔 1 个，孔深 15cm。

④ 现浇框架结构的墙体。当墙体厚度不大于 20cm 时，应单面设置测温孔，孔深 1/2 墙厚；当墙体厚度大于 20cm 时，可双面设置测温孔，孔深 1/3 墙厚且不小于 10cm。测温孔与板面成 30°倾斜角。

a. 每 $15m^2$ 设置测温孔 1 个，每道墙至少设置 1 个，孔深 10cm。

b. 大面积墙体测温孔按纵、横方向不大于 5m 的间距设置。

⑤ 框架剪力墙结构（大模板工艺）。

a. 掺防冻剂的混凝土未达到受冻临界强度之前每隔 2h 测量一次，达到受冻临界强度以后每隔 6h 测量一次。

b. 墙体横墙每条轴线测一块模板，纵墙轴线之间采取梅花形布置，每块板单面设置测温孔 3 个，对角线布置，上、下测孔距大模板上、下边缘 30～50cm，孔深 10cm。

⑥ 框架柱现浇接头。每根柱上端接头设置测温孔 1 个，与柱面成 30°倾斜角。孔深 1/2 混凝土接头高度。每根柱下端接头设置测温孔 2 个，与柱面成 30°倾斜角。孔深 1/2 柱断面边长。

⑦ 预制大梁的叠合层板缝宽度大于 12cm 配筋的钢筋混凝土。每根梁设置测温孔 1 个，最大不超过 10m 长。孔深 10cm。

⑧ 现浇阳台挑檐、雨罩及室外楼梯休息平台等零星构件。

a. 凡是以个为单位的，每个设置测温孔 2 个。

b. 凡是以长度为单位的，宜每隔 3～4m 左右设置测温孔 1 个。

⑨ 室内抹灰工程。将最高最低温度计或普通温度计设置在楼房北面房间，距地面 50cm 处，每 50～$100m^2$ 设置 1 个。

⑩ 现场预制构件。现场预制构件测温孔的设置，参照相应的现浇构件要求设置测温点。

第 13 节　大体积混凝土养护测温记录

要　点

大体积混凝土养护施工时，应对入模时大气温度、各测温孔温度、内外温差和裂缝进行检查和记录，表格由施工单位填写并保存。大体积混凝土养护测温记录应附测温点布置图，包括测温点的布置、深度等。表中各温度需标注正负号。

解　释

一、填写要求

(1) 大体积混凝土施工前，尤其是混凝土底板厚度 $H \geqslant 1.00\mathrm{m}$ 和板式转换层等，应对施工阶段大体积混凝土浇筑块体的温度、温度应力及收缩应力进行验算，确定施工阶段大体积混凝土浇筑块体内部升温峰值，内外温差及降温速度的控制指标，制订专项施工方案。

大体积混凝土的温度应力与收缩应力、表面保温层的计算应符合《块体基础大体积混凝土施工技术规程》(YBJ 224—1991) 的要求。

(2) 大体积混凝土施工应对入模时大气温度、各测温孔温度、内外温差和裂缝进行检查和记录。

(3) 大体积混凝土浇筑块体温度监测点的布置，以真实准确地反映出混凝土块体的内外温差、降温速度及环境温度为原则。

(4) 大体积混凝土的温控施工中，除应进行水泥水化热的测试外，在混凝土浇筑过程中还应进行混凝土浇筑温度的监测，在养护过程中应进行混凝土浇筑块体升降温、内外温差、降温速度及环境温度等监测，同时绘制大体积混凝土养护测温孔平面图和填写大体积混凝土测温记录。其监测的规模可根据所施工工程的重要程度和施工经验确定，测温的办法可以采用先进的电子自动测温方法，如有经验也可采用简易测温方法。

(5) 每次混凝土浇筑完毕后，应及时按温控技术措施的要求进行保温养护。

二、大体积混凝土养护测温记录表

大体积混凝土养护测温记录表见表 6-17。

表 6-17　大体积混凝土养护测温记录表

<table>
<tr><td colspan="3">工程名称</td><td></td><td colspan="3">部位</td><td colspan="2"></td><td colspan="3">入模温度</td><td colspan="2"></td><td>养护方法</td><td colspan="2"></td></tr>
<tr><td colspan="3">测温时间</td><td>大气温度</td><td colspan="10">各测孔温度/℃</td><td>内外温差</td><td>时间间隔</td><td>裂缝检查</td></tr>
<tr><td>月</td><td>日</td><td>时</td><td></td><td></td><td></td><td></td><td></td><td></td><td></td><td></td><td></td><td></td><td></td><td></td><td></td><td></td></tr>
<tr><td></td><td></td><td></td><td></td><td></td><td></td><td></td><td></td><td></td><td></td><td></td><td></td><td></td><td></td><td></td><td></td><td></td></tr>
<tr><td></td><td></td><td></td><td></td><td></td><td></td><td></td><td></td><td></td><td></td><td></td><td></td><td></td><td></td><td></td><td></td><td></td></tr>
<tr><td></td><td></td><td></td><td></td><td></td><td></td><td></td><td></td><td></td><td></td><td></td><td></td><td></td><td></td><td></td><td></td><td></td></tr>
<tr><td></td><td></td><td></td><td></td><td></td><td></td><td></td><td></td><td></td><td></td><td></td><td></td><td></td><td></td><td></td><td></td><td></td></tr>
<tr><td></td><td></td><td></td><td></td><td></td><td></td><td></td><td></td><td></td><td></td><td></td><td></td><td></td><td></td><td></td><td></td><td></td></tr>
<tr><td></td><td></td><td></td><td></td><td></td><td></td><td></td><td></td><td></td><td></td><td></td><td></td><td></td><td></td><td></td><td></td><td></td></tr>
<tr><td colspan="3">施工单位</td><td></td><td colspan="4">施工负责人</td><td colspan="3"></td><td colspan="3">技术员</td><td></td><td colspan="2">测温员</td><td></td></tr>
</table>

相关知识

大体积混凝土的实施目的与实施要点

大体积混凝土养护测温记录是为了保证冬季施工条件下的混凝土质量，对冬季施工条件下的大体积混凝土进行的测温，大气温度、浇筑温度等的检测记录对其的实施要求如下。

（1）大体积混凝土浇筑后应测试混凝土表面和内部温度，将温差控制在设计要求的范围之内，当设计无要求时，温差应符合规范规定。新浇筑的大体积混凝土应进行表面保护，减少表面温度的频繁变化，防止或减少因内外温差过大导致混凝土开裂。

（2）冬期施工混凝土和大体积混凝土在浇筑时，根据规范规定设置测温孔。测温应编号，并绘制测温孔布置图。大体积混凝土的测温孔应在表面及内部分别设置。

（3）测温的时间、点数及日次数根据不同的保温方式而不同，但均需符合规范要求。

第 14 节　构件吊装记录

要　点

构件吊装记录是指应用起重机械、吊具（吊钩、吊索、吊环、横吊架等）或人力将构件直接安装在图纸规定的位置，该记录是对结构进行吊装实施过程的记录。

解　释

一、填表说明

（1）附件收集　相关设计要求文件等。

（2）资料流程　由施工单位填写并保存。

（3）相关规定与要求　预制混凝土结构构件、大型钢、木构件吊装应有构件吊装记录（表 6-18），吊装记录内容包括构件型号名称、安装位置、外观检查、楼板堵孔、清理、锚固、构件支点的搁置与搭接长度、接头处理、固定方法、标高、垂直偏差等，应符合设计和现行标准、规范要求。

（4）注意事项“备注”栏内应填写吊装过程中出现的问题、处理措施及质量情况等。对于重要部位或大型构件的吊装工程，应有专项安全交底。

二、构件吊装记录

构件吊装记录见表 6-18。

相关知识

资料核查要求

（1）工业与民用建筑工程结构吊装记录均应分层填报，数量及子项填报清楚、齐全、准确、真实，签字要齐全。

表 6-18　构件吊装记录

<table>
<tr><td colspan="3">工程名称</td><td colspan="2"></td><td>编号</td><td colspan="3"></td></tr>
<tr><td colspan="3">使用部位</td><td colspan="2"></td><td>吊装日期</td><td colspan="3"></td></tr>
<tr><td rowspan="2">序号</td><td rowspan="2">构件名称及编号</td><td rowspan="2">安装位置</td><td colspan="4">安装检查</td><td rowspan="2">备注</td></tr>
<tr><td>搁置与搭接尺寸</td><td>接头(点)处理</td><td>固定方法</td><td>标高检查</td></tr>
<tr><td></td><td></td><td></td><td></td><td></td><td></td><td></td><td></td></tr>
<tr><td colspan="8">结论：</td></tr>
<tr><td colspan="2">施工单位</td><td colspan="6"></td></tr>
<tr><td colspan="2">专业技术负责人</td><td colspan="3">专业质检员</td><td colspan="3">记录人</td></tr>
<tr><td colspan="2"></td><td colspan="3"></td><td colspan="3"></td></tr>
</table>

注：本表由施工单位填写并保存。

(2) 结构吊装记录如出现下列情况之一者，该项目应核定为不符合要求；①无结构吊装记录（应提供而未提供）；②子项填写不全、不能反映吊装工程内在质量时为不符合要求。

(3) 吊装记录内容不齐全，重点不突出，不能反映吊装工程的内在质量，吊装的主要质量特征不能满足设计要求和施工规范的规定。

第 15 节　焊接材料烘焙记录

要　点

焊接材料使用前的烘焙是影响焊接质量的因素之一，因此，按照规范和工艺文件等规定须烘焙的焊接材料应进行烘焙，并填写烘焙记录。

解　释

一、焊接材料烘焙记录内容

焊接材料烘焙记录内容包括烘焙方法、烘干温度、要求烘干时间、实际烘焙时间和保温要求等。

二、焊接材料烘焙记录

焊接材料烘焙记录见表6-19。

表6-19　焊接材料烘焙记录

<table>
<tr><td colspan="2">工程名称</td><td colspan="4"></td><td colspan="2">编号</td><td colspan="2"></td></tr>
<tr><td colspan="2">焊材牌号</td><td colspan="2"></td><td colspan="2">规格/mm</td><td colspan="2">焊材厂家</td><td colspan="2"></td></tr>
<tr><td colspan="2">钢材材质</td><td colspan="2"></td><td colspan="2">烘焙方法</td><td colspan="2">烘焙日期</td><td colspan="2"></td></tr>
<tr><td rowspan="3">序号</td><td rowspan="3">施焊部位</td><td rowspan="3">烘焙数量/kg</td><td colspan="4">烘焙要求</td><td colspan="2">保温要求</td><td rowspan="3">备注</td></tr>
<tr><td rowspan="2">烘干温度/℃</td><td rowspan="2">烘干时间/h</td><td colspan="2">实际烘焙</td><td rowspan="2">降至恒温/℃</td><td rowspan="2">保温时间/h</td></tr>
<tr><td>烘焙日期</td><td>从时分</td></tr>
<tr><td></td><td></td><td></td><td></td><td></td><td></td><td></td><td></td><td></td><td></td></tr>
<tr><td></td><td></td><td></td><td></td><td></td><td></td><td></td><td></td><td></td><td></td></tr>
<tr><td></td><td></td><td></td><td></td><td></td><td></td><td></td><td></td><td></td><td></td></tr>
<tr><td></td><td></td><td></td><td></td><td></td><td></td><td></td><td></td><td></td><td></td></tr>
</table>

说明：

施工单位		
专业技术负责人	专业质检员	记录人

相关知识

焊接材料的烘焙

（1）焊条的烘干温度和保温时间，严格按焊条生产厂家推荐的烘焙规定或有关的技术规范要求进行。国外焊材按所提供的焊材质保书或有关技术规范要求进行烘焙。

（2）如焊条生产厂家无烘焙规定或有关技术规范，则按表6-20的烘干规范进行。

表6-20 焊条烘干规范

焊条类别	酸性焊条	碱性焊条	碱性不锈钢焊条
保温时间/h	1	1	1
烘干温度/℃	70～150	350～400	150～250

注：1. 酸性焊条储存时间短且包装良好的，适用于一般结构件焊接，在使用前不要烘焙。

2. 碱性焊条对含氢量有特别要求，烘干温度应提高到400～500℃，保温1～2h。

3. 焊条烘干时，应缓慢升温、保温、降温，严禁将需要烘干的焊条直接放入已升至高温的烘箱内，或者将烘至高温的焊条从高温炉中突然取出冷却，以预防焊条药皮因骤冷或骤热而产生开裂或脱落现象。

4. 同一烘干箱每次只能对同种烘干规范的焊条进行烘干，对烘干规范相同，但批号、牌号或规格不同的焊条，堆放时必须有一定的物理间隔，而且焊条堆放不宜过高（一般为1～3层），以保证焊条烘干均匀。

5. 烘干后的焊条，应存放在温度为50～100℃的恒温保温箱内，随用随取。

6. 当焊条在施工现场放置超过4h后，应对焊条重新烘干处理，但焊条反复烘干次数不得超过3次。

第16节 地下工程防水效果检查记录

地下工程验收时，应对地下工程有无渗漏现象进行检查，填写地下工程防水效果检查记录，检查内容应包括裂缝、渗漏部位、大小、渗漏情况、处理意见等。

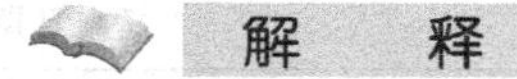

一、填表说明

（1）附件收集　背水内表面结构工程展开图、相关图片、相片及说明文件等。

（2）资料流程　由施工单位填写，报送建设单位和监理单位，各相关单位保存。

（3）相关规定与要求　地下工程验收时，应对地下工程有无渗漏现象进行检查，并填写地下工程防水效果检查记录（表 6-21），主要检查内容应包括裂缝、渗漏水部位和处理意见等。发现渗漏水现象应制作、标示好背水内表面结构工程展开图。

（4）注意事项　“检查方法及内容”栏内按《地下防水工程质量及验收规范》GB 50208—2011 相关内容及技术方案填写。

二、地下工程防水效果检查记录

地下工程防水效果检查记录见表 6-21。

表 6-21　地下工程防水效果检查记录

<table>
<tr><td colspan="2">工程名称</td><td colspan="2"></td><td>编号</td><td></td></tr>
<tr><td colspan="2">检查部位</td><td colspan="2"></td><td>检查日期</td><td></td></tr>
<tr><td colspan="6">检查方法及内容：</td></tr>
<tr><td colspan="6">检查结论：</td></tr>
<tr><td colspan="6">复查结论：

复查人：　　　　　　　　　　　　复查日期：</td></tr>
<tr><td rowspan="3">签字栏</td><td rowspan="2">施工单位</td><td rowspan="2"></td><td>专业技术负责人</td><td>专业质检员</td><td>专业工长</td></tr>
<tr><td></td><td></td><td></td></tr>
<tr><td>监理或建设单位</td><td colspan="2"></td><td>专业工程师</td><td></td></tr>
</table>

相关知识

检查要点

房屋建筑地下室检查围护结构内墙和底板：全埋设于地下的结构除调查围护结构内墙和底板外，背水的顶板（拱顶）重点检查。专业施工单位、总包施工单位、监理单位在工程施工质量验收前，必须进行地下防水工程防水效果检查，绘制“背水内表面的结构工程展开图”。详细标示。渗漏水量应符合规范规定。

第17节 防水工程试水检查记录

要　点

凡是屋面、地下防水、各种水池及其他储存液体的池体，有防水要求的地面、有防水要求的工程，均要进行渗水、漏水等试水检查。

解　释

一、检查要点

(1) 屋面工程完工后，应按 GB 50207—2012 的有关规定对细部构造、接缝、保护层等进行外观检查，并进行淋水或蓄水检验。

(2) 卷材防水层、涂膜防水层不得有渗漏或积水现象。

检验方法：雨后观察或淋水、蓄水检验。

(3) 烧结瓦和混凝土再铺装、沥青瓦铺装泛水做法应符合设计要求，并应顺直整齐，结合严密。

检验方法：观察检查。

(4) 金属板屋面不得有渗漏现象。

检验方法：雨后观察或淋水检验。

(5) 玻璃采光顶不得有渗漏现象。

检验方法：雨后观察或淋水试验。

(6) 检查屋面有无渗漏、积水和排水系统是否畅通，应在雨后或持续淋水2h后进行，并应填写淋水试验记录。具备蓄水条件的檐沟、天沟应进行蓄水试验，蓄水时间不得少于24h，并应填写蓄水试验记录。

(7) 检查有防水要求的建筑地面的和面层，应采用泼水方法。

(8) (找平层) 有防水要求的建筑地面工程的立管、套管、地漏处不应渗漏，坡向应正确、无积水。

检验方法：观察检查和蓄水、泼水检验及坡度尺检查。

(9) 防水隔离层铺设后，必须蓄水试验。蓄水深度最浅处不得小于10mm，蓄水时间不得少于24h，并做记录。

(10) 防水隔离层严禁渗漏，排水的坡向应正确、排水通畅。

检验方法：观察检查和蓄水、泼水检验、坡度尺检查及检查验收记录。

二、填表说明

(1) 附件收集

相关的图片、照片及文字说明等。

(2) 资料流程

由施工单位填写后报送建设单位及监理单位存档。

(3) 相关规定与要求

① 凡有防水要求的房间应有防水层及装修后的蓄水检查记录。检查内容包括蓄水方式、蓄水时间、蓄水深度、水落口及边缘封堵情况和有无渗漏现象等。

② 屋面工程完毕后，应对细部构造（檐口、檐沟和天沟、女儿墙和山墙、水落口、变形缝、伸出屋面管道、屋面出入口、反梁过水孔、设施基座、屋脊、屋顶窗等）、接缝处和保护层进行雨期观察或淋水、蓄水检查。淋水试验持续时间不得少于2h；做蓄水检查的屋面、蓄水时间不得少于24h。

三、防水工程试水检查记录

防水工程试水检查记录见表 6-22。

表 6-22　防水工程试水检查记录

<table>
<tr><td>工程名称</td><td></td><td>编号</td><td></td></tr>
<tr><td>检查部位</td><td></td><td>检查日期</td><td></td></tr>
<tr><td rowspan="2">检查方式</td><td>□第一次蓄水
□第二次蓄水</td><td>蓄水时间</td><td>从____年____月____日____时
至____年____月____日____时</td></tr>
<tr><td colspan="3">□淋水　　□雨期观察</td></tr>
<tr><td colspan="4">检查方法及内容：</td></tr>
<tr><td colspan="4">检查结论：</td></tr>
<tr><td colspan="4">复查结论：

复查人：　　　　　　　　复查日期：</td></tr>
</table>

<table>
<tr><td rowspan="3">签字栏</td><td rowspan="2">施工单位</td><td rowspan="2"></td><td>专业技术负责人</td><td>专业质检员</td><td>专业工长</td></tr>
<tr><td></td><td></td><td></td></tr>
<tr><td colspan="3">监理或建设单位</td><td>专业工程师</td><td></td></tr>
</table>

相关知识

资料核查要求

防水工程试水前一定按照合同约定时间通知监理工程师到场监督蓄水，否则试水无效。中间检查也要同监理工程师一同检查，并做好详细的记录。检查合格，双方在检查记录上签字；如果某一项确认不合格，检查结论可暂不填写，这一项重新整修、重新蓄水，检查合格后再填写。检查记录的内容一般应包括工程名称，施工单位，设计防水等级，淋水或蓄水开始时间、检查时间，检查情况，施工单位评定结果，监理（建设）单位验收结论、公章，项目经理、监理工程师签字等。

第18节　通风道、烟道、垃圾道检查记录

要　点

通风（烟道）应做通（抽）风和漏风、串风试验，要求100%检查，并做好记录。垃圾道应检查其是否通畅，要求100%检查，并做好记录。

解　释

一、填写要求

(1) 烟（风）道、垃圾道的常规做法分为砌砖与预制两种，常见的施工方法是随主体施工时逐层同步进行，也可在主体施工时按设计预留孔洞，待主体完工后再进行砌筑或安装。

(2) 烟（风）道、垃圾道应进行实物质量检查与功能检查，应由检查人或复检人填写检查记录。当第一次检查不合格时，应进行整改，再由复检人进行复检。

(3) 烟（风）道、垃圾道的实物质量检查内容。

(4) 烟（风）道、垃圾道的功能检查内容如下：

① 烟（风）道是否做到通（抽）风，并无漏风与串风现象；

② 垃圾道是否畅通。

(5) 烟（风）道的功能检查方法。在烟（风）道口处观察火苗的朝向和烟的去向，判断通风情况。

(6) 烟（风）道、垃圾道的检查应在施工过程中进行。

(7) 烟（风）道、垃圾道均应按部位进行100%检查，主烟

（风）道与垃圾道的检查部位按轴线记录，副烟（风）道检查部位按户门编号记录。

二、通风道、烟道、垃圾道检查记录

通风道、烟道、垃圾道检查记录见表 6-23。

表 6-23　通风道、烟道、垃圾道检查记录

<table>
<tr><td rowspan="2">工程名称</td><td colspan="4" rowspan="2"></td><td>编号</td><td colspan="2" rowspan="2"></td></tr>
<tr><td>检查日期</td></tr>
<tr><td colspan="6">检查部位和检查结果</td><td rowspan="2">检查人</td><td rowspan="2">复检人</td></tr>
<tr><td rowspan="2">检查部位</td><td colspan="2">主烟（风）道</td><td colspan="2">副烟（风）道</td><td rowspan="2">垃圾道</td></tr>
<tr><td>烟道</td><td>风道</td><td>烟道</td><td>风道</td><td></td><td></td></tr>
<tr><td></td><td></td><td></td><td></td><td></td><td></td><td></td><td></td></tr>
<tr><td></td><td></td><td></td><td></td><td></td><td></td><td></td><td></td></tr>
<tr><td></td><td></td><td></td><td></td><td></td><td></td><td></td><td></td></tr>
<tr><td></td><td></td><td></td><td></td><td></td><td></td><td></td><td></td></tr>
<tr><td></td><td></td><td></td><td></td><td></td><td></td><td></td><td></td></tr>
<tr><td></td><td></td><td></td><td></td><td></td><td></td><td></td><td></td></tr>
<tr><td rowspan="3">签字栏</td><td colspan="2">施工单位</td><td colspan="5"></td></tr>
<tr><td colspan="2">专业技术负责人</td><td colspan="2">专业质检员</td><td colspan="3">专业工长</td></tr>
<tr><td colspan="2"></td><td colspan="2"></td><td colspan="3"></td></tr>
</table>

相关知识

烟（垃圾）道的实物质量检查内容

（1）孔道内壁断面尺寸是否符合设计要求。

（2）孔道垂直度应符合：楼层偏差不大于 5mm，楼层累计偏差不大于 10mm。

（3）上下楼层处孔道是否垂直对中，接缝是否严密。

（4）孔道壁是否有破损与裂缝，是否粉刷，砖砌孔道壁内粉刷砂浆配合比是否符合设计要求。

（5）孔道内垃圾是否清理干净。

（6）孔道基础是否同单体建筑共同沉降。

第19节　预应力工程施工记录

预应力工程施工记录主要包括预应力筋张拉记录和有黏结预应力结构灌浆记录。预应力筋张拉记录主要包括施工部位、预应力筋规格、平面示意图、张拉程序等；填写有黏结预应力结构灌浆记录主要包括灌浆孔状况、水泥浆的配比状况、灌浆压力和灌浆量等。

解　释

一、预应力筋张拉记录

现场预应力张拉施工记录的主要内容：

① 锚夹具、预应力筋质量证明；

② 冷拉钢筋和调直后的冷拔低碳钢丝的机械性能试验；

③ 钢筋的点焊、对焊及焊接铁件电弧焊的机械性能试验；

④ 后张法张拉前混凝土的强度试验报告；

⑤ 施工方案或技术交底；

⑥ 张拉记录、张拉设备检定记录；

⑦ 预检记录、钢筋隐检记录、应力检测和质量检验评定资料；

⑧ 填写预应力筋张拉记录表（一）、（二），式样见表6-24、表6-25。

二、有黏结预应力结构灌浆记录

填写有黏结预应力结构灌浆记录，见表6-26。应包括以下主要内容：灌浆孔状况、水泥浆的配比状况、灌浆压力、灌浆量等。

表 6-24　预应力筋拉张记录（一）

工程名称		编号	
		张拉日期	
施工部位		预应力筋规格及抗拉强度	
预应力张拉程序及平面示意图： □有　　□无附页			
张拉端锚具类型		固定端锚具类型	
设计控制应力		实际张拉力	
千斤顶编号		压力表编号	
混凝土设计强度		张拉时混凝土实际强度	
预应力筋计算伸长值：			
预应力筋伸长值范围：			
施工单位			
专业技术负责人	专业质检员		记录人

表 6-25　预应力筋拉张记录（二）

工程名称				编号					
施工部位				张拉日期					
张拉顺序编号	计算值	预应力筋张拉伸长实测值/cm							备注
		一端张拉			另一端张拉			总伸长	
		原长 L_1	实长 L_2	伸长 ΔL	原长 L'_1	实长 L'_2	伸长 $\Delta L'$		
□有□无见证		见证单位				见证人			
施工单位									
专业技术负责人			专业质检员			记录人			

表 6-26　有黏结预应力结构灌浆记录

工程名称				编号	
施工部位				灌浆日期	
灌浆配合比				灌浆要求压力值	
水泥强度等级		进场日期		复试报告编号	

灌浆点简图与编号：

灌浆点编号	灌浆压力值/MPa	灌浆量/L	灌浆点编号	灌浆压力值/MPa	灌浆量/L

备注：

施工单位		
专业技术负责人	专业质检员	记录人

相关知识

检查要点

① 预应力筋张拉记录（一）包括预应力施工部位、预应力筋规格、平面示意图、张拉程序、应力记录、伸长量等。

② 预应力筋张拉记录（二）对每根预应力筋的张拉实测值进行记录。

③ 后张法有黏结预应力筋张拉后应灌浆，并做灌浆记录，记录内容包括灌浆孔状况、水泥浆配比状况、灌浆压力、灌浆量，并有灌浆点简图和编号等。

④ 预应力张拉原始施工记录应归档保存。

⑤ 预应力工程施工记录应由有相应资质的专业施工单位负责提供。

第7章 建筑工程施工试验记录

第1节 施工试验记录（通用）

要 点

施工试验记录是根据设计要求和规范规定进行试验，记录原始数据和计算结果（试验单位应向委托单位提供电子版试验数据），并得出试验结论的资料统称。

解 释

一、填表说明

① 应由具备相应资质等级的检测单位出具后续相关资料进入资料流程（后续各种专用试验记录与此相同）。

② 在完成检验批的过程中，由施工单位试验负责人负责制作施工试验试件，之后送至具备相应检测资质等级的检测单位进行试验。

③ 检测单位根据相关标准对送检的试件进行试验后，出具试验报告并将报告返还施工单位。

④ 施工单位将施工试验记录作为检验批报验的附件，随检验批资料进入审批程序。（后续各种专用试验记录形成流程相同）。

二、施工试验记录

施工试验记录见表7-1。

相关知识

注意事项

按照设计要求和规范规定应做施工试验，且《建筑工程资料管理规程》无相应施工试验表格的，应填写施工试验记录（通用）；

表 7-1 施工试验记录

编　　号：________

试验编号：________

委托编号：________

<table>
<tr><td colspan="2">工程名称及施工部位</td><td colspan="5"></td></tr>
<tr><td colspan="2">试验日期</td><td colspan="2"></td><td colspan="2">规格、材质</td><td></td></tr>
<tr><td colspan="7">试验项目：</td></tr>
<tr><td colspan="7">试验内容：</td></tr>
<tr><td colspan="7">结论：</td></tr>
<tr><td>批　　准</td><td colspan="2"></td><td>审核</td><td></td><td>试验</td><td></td></tr>
<tr><td>试验单位</td><td colspan="6"></td></tr>
<tr><td>报告日期</td><td colspan="6"></td></tr>
</table>

注：本表由建设单位、施工单位各保存一份。

采用新技术、新工艺及特殊工艺时，对施工试验方法和试验数据进行记录，应填写施工试验记录（通用）。

第 2 节　回填土施工试验记录

要　点

土方工程应测定土的最大干密度和最优含水量，确定最小干密度控制值，由试验单位出具土工击实试验报告。

回填土一般包括柱基、基槽管沟、基坑、填方、场地平整、排水沟、地（路）面基层和地基局部处理回填的素土、灰土、砂和砂石。

解　释

一、土工击实试验报告

土工击实试验报告是以经施工企业技术负责人审查签章后的表

7-2 格式形式归存。是为保证工程质量，确定回填土的控制最小干密度，由试验单位对工程中的回填土（或其他夯实类土）的干密度指标进行击实试验后出具的质量证明文件。土工击实试验报告的填写表式见表 7-2。

表 7-2　土工击实试验报告

编　　号：________

试验编号：________

委托编号：________

工程名称及施工部位		试样编号	
委托单位		试验委托人	
结构类型		填土部位	
要求压实系数(λ_c)		土样种类	
来样日期		试验日期	
试验结果	最优含水量(w_{op})=　　　　%		
	最大干密度(ρ_{dmax})=　　　　g/cm³		
	控制指标(控制干密度) 最大干密度×要求压实系数=　　　　g/cm³		
结论：			

批　　准		审核		试验	
试验单位					
报告日期					

注：本表由建设单位、施工单位、城建档案馆各保存一份。

二、回填土取样

回填土必须分层夯压密实，并分层、分段取样做干密度试验。施工试验资料主要是取样平面位置图和回填土干密度试验报告。

1. 取样数量

(1) 柱基　抽查柱基的 10%，但不少于五点。

(2) 基槽管沟　每层按长度 20～50m 取一点，但不少于一点。

(3) 基坑　每层 100～500m² 取一点，但不少于一点。

(4) 挖方、填方　每 100～500m² 取一点；但不少于一点。

(5) 场地平整　每 400～900m² 取一点，但不少于一点。

(6) 排水沟　每层按长度 20～50m 取一点，但不少于一点。

(7) 地（路）面基层　每层按 100～500m² 取一点，但不少于一点。

各层取样点应错开，并应绘制取样平面位置图，标清各层取样点位。

2. 取样方法

(1) 环刀法　每段每层进行检验，应在夯实层下半部（至每层表面以下 2/3 处）用环刀取样。

(2) 罐砂法　用于级配砂石回填或不宜用环刀法取样的土质。

采用罐砂法取样时，取样数量可较环刀法适当减少。取样部位应为每层压实后的全部深度。

取样应由施工单位按规定现场取样，将样品包好、编号（编号要与取样平面图上各点位标示一一对应），送试验室试验。如取样器具或标准砂不具备，应请试验室来人现场取样进行试验。施工单位取样时，宜请建设单位参加，并签认。

三、回填土试验报告

回填土试验报告见表 7-3。

(1) 表 7-3 应由具备相应资质等级的检测单位出具后随相关资料进入资料流程。

(2) 土的干密度试验报告表中委托单位、工程名称、施工部位、填土种类、要求最小干密度，应由施工单位填写清楚、齐全。步数、取样位置由取样单位填写清楚。

(3) 工程名称　要写具体。

(4) 施工部位　一定要写清楚。

(5) 填土种类　具体填写指素土、$m:n$ 灰土（如 3∶7 灰土）、砂或砂石等。

(6) 土质　是指黏质粉土、粉质黏土、黏土等。

表 7-3　回填土试验报告

编　　号：________

试验编号：________

委托编号：________

工程名称及施工部位										
委托单位				试验委托人						
要求压实系数(λ_c)				回填土种类						
控制干密度(ρ_d)				试验日期						
点号	1	2								
项目	实测干密度/(g/cm^3)									
步数	实测压实系数									
1										
2										
取样位置简图(附图)										
结论：										

批　　准		审核		试验	
试验单位					
报告日期					

注：本表由建设单位、施工单位、城建档案馆各保存一份。

(7) 要求最小干密度　设计图纸有要求的，填写设计要求值；设计图纸无要求的应符合下列标准。

素土：一般情况下应≥1.65g/cm^3；黏土≥1.49g/cm^3。

灰土：黏质粉土要求最小干密度 1.55g/cm³；粉质黏土要求最小干密度 1.50g/cm³；黏土要求最小干密度 1.45g/cm³。

砂不小于在中密状态时的干密度，中砂 1.55～1.60g/cm³。

砂石要求最小干密度 2.1～2.2g/cm³。

相关知识

回填土检查要求

① 填方工程包括大型土方、室内填方及柱基、基坑、基槽和管沟的回填土等。填方工程应按设计要求和施工规范规定，对土壤分层取样试验，提供分层取点平面示意图，编号及试验报告单。试验记录编号应与平面图对应。

② 各层填土压实后，应及时测定干土质量密度，应有 90%以上符合设计要求，其余 10%的最低值与设计值的差，不得大于 0.08g/cm³，且应分散，不得集中。

③ 重要的、大型的或设计有要求的填方工程，在施工前应对填料作击实试验，求出填料的干土质量密度-含水量关系曲线，并确定其最大干土质量密度 γ_{dmax} 和最优含水量，并根据设计压实系数，分别计算出各种填料的施工控制干土质量密度。对于一般的小型工程又无击实试验条件的单位，最大干土质量密度可按施工规范计算。

④ 填方工程环刀取样数量应符合以下要求：柱基回填，抽查柱基总数的 10%，但不少 5 个；基槽和管沟回填，每层按长度 20～50m 取样 1 组，但不少于 1 组；基坑和室内回填每层按 100～500m² 取样 1 组，但不少于 1 组；场地平整填方，每层按 400～900m² 取样 1 组，但不少于 1 组。

⑤ 砂、砂石、灰土、三合土地基用环刀取样实测，其干土质量密度不应低于设计要求的最小干土质量密度；用贯入仪、钢筋或钢叉等实测贯入度大小不应低于通过试验所确定的贯入度数值。抽查数量：柱坑按总数抽查 10%，但不少于 5 个；基坑、槽沟每 10m² 抽查 1 处，但不少于 5 处。

第3节　钢筋连接施工试验记录

要　点

钢筋连接的填表说明主要包括填写单位、相关规定和要求等，检查要点主要包括焊接接头试验报告、焊点及焊缝的机械性能试验等。试验报告应认真准确填写。

解　释

一、填表说明

（1）填写单位　由具备相应资质等级的检测单位出具后随相关资料进入资料流程。

（2）相关规定与要求

① 用于焊接、机械连接钢筋的力学性能和工艺性能应符合现行国家标准。

② 正式焊（连）接工程开始前及施工过程中，应对每批进场钢筋在现场条件下进行工艺检验，工艺检验合格后方可进行焊接或机械连接的施工。

③ 钢筋焊接接头或焊接制品、机械连接接头应按焊（连）接类型和验收批的划分进行质量验收并现场取样复试，钢筋连接验收批的划分及取样数量和必试项目见《建筑工程资料管理规程》（DB11/T 695—2009）附录H。

④ 承重结构工程中的钢筋连接接头应按规定实行有见证取样和送检的管理。

⑤ 采用机械连接接头型式施工时，技术提供单位应提交由有相应资质等级的检测机构出具的型式检验报告。

⑥ 焊（连）接工人必须具有有效的岗位证书。

（3）注意事项　试验报告中应写明工程名称、钢筋级别、接头类型、规格、代表数量、检验形式、试验数据、试验日期以及试验结果。

(4) 钢筋连接试验报告 见表 7-4。由建设单位、施工单位、城建档案馆各保存一份。

二、钢筋连接试验报告

钢筋连接试验报告见表 7-4。

表 7-4 钢筋连接试验报告

编　　号：________

试验编号：________

委托编号：________

工程名称及部位		事件编号	
委托单位		试验委托人	
接头类型		检验形式	
设计要求连接性能等级		代表数量	

连接钢筋种类及牌号		公称直径	mm	原材试验编号	
操作人		来样日期		试验日期	

接头试件			母材试件		弯曲试件			备注
公称面积/mm^2	抗拉强度/MPa	断裂特征及位置	实测面积/mm^2	抗拉强度/MPa	弯心直径	角度	结果	

结论：

批　　准		审核		试验	
试验单位					
报告日期					

注：本表由建设单位、施工单位、城建档案馆各保存一份。

相关知识

钢筋连接的试验项目、组批原则及规定

钢筋连接的试验项目、组批原则及规定见表 7-5。

表 7-5 钢筋连接的试验项目、组批原则及规定

项目	试验项目	组批原则及取样规定
钢筋电阻点焊	—	(1)凡钢筋牌号、直径及尺寸相同的焊接骨架和焊接网应视为同一类型制品，且每 300 件作为一批，一周内不足 300 件的亦应按一批计算，每周至少检查一次 (2)外观质量检查时，每批应抽查 5%，且不得少于 5 件
钢筋闪光对焊接头	弯曲试验 拉伸试验	(1)在同一台班内，由同一个焊工完成的 300 个同牌号、同直径钢筋焊接接头应作为一批。当同一台班内焊接的接头数量较少时，可在一周之内累计计算；累计仍不足 300 个接头时，应按一批计算 (2)力学性能检验时，应从每批接头中随机切取 6 个接头，其中 3 个做拉伸试验，3 个做弯曲试验 (3)异径钢筋接头可只做拉伸试验
箍筋闪光对焊接头	拉伸试验	(1)在同一台班内，由同一焊工完成的 600 个同牌号、同直径箍筋闪光对焊接头作为一个检验批；如超出 600 个接头，其超出部分可以与下一台班完成接头累计计算 (2)每一检验批中，应随机抽查 5% 的接头进行外观质量检查 (3)每个检验批中应随机切取 3 个对焊接头做拉伸试验
钢筋电弧焊接头	拉伸试验	(1)在现浇混凝土结构中，应以 300 个同牌号钢筋、同形式接头作为一批；在房屋结构中，应在不超过连续二楼层中 300 个同牌号钢筋、同形式接头作为一批；每批随机切取 3 个接头，做拉伸试验 (2)在装配式结构中，可按生产条件制作模拟试件，每批 3 个，做拉伸试验 (3)钢筋与钢板搭接焊接头可只进行外观质量检查 (4)当模拟试件试验结果不符合要求时，应进行复验。复验应从现场焊接接头中切取，其数量和要求与初始试验相同

续表

项目	试验项目	组批原则及取样规定
钢筋电渣压力焊接头	拉伸试验	(1)在现浇钢筋混凝土中,应以300个同牌号钢筋接头作为一批 (2)在房屋结构中,应在不超过连续二楼层中300个同牌号钢筋接头作为一批;当不足300个接头时,仍应作为一批 (3)每批随机切取3个接头试件做拉伸试验
钢筋气压焊接头	拉伸试验(柱、墙的竖向钢筋连接)弯曲试验(梁、板的水平钢筋连接)	(1)在现浇钢筋混凝土结构中,应以300个同牌号钢筋接头作为一批;在房屋结构中,应以不超过连续二楼层中300个同牌号钢筋接头作为一批;当不足300个接头时,仍应作为一批 (2)在柱、墙的竖向钢筋连接中,应从每批接头中随机切取3个接头做拉伸试验;在梁、板的水平钢筋连接中,应另切取3个接头做弯曲试验 (3)在同一批中,异径钢筋气压焊接头可只做拉伸试验
预埋件钢筋T形接头	拉伸试验	(1)预埋件钢筋T形接头的外观质量检查,应从同一台班内完成的同类型预埋件中抽查5%,且不得少于10件 (2)力学性能检验时,应以300件同类型预埋件作为一批。一周内连续焊接时,可累计计算。当不足300件时,亦应按一批计算。应从每批预埋件中随机切取3个接头做拉伸试验
机械连接包括 ① 锥螺纹连接 ② 套筒挤压接头 ③ 镦粗直螺纹钢筋接头 《混凝土结构工程施工质量验收规范》GB 50204—2015 《钢筋机械连接技术规程》JGJ 107—2016 《钢筋机械连接用套筒》JG/T 163—2013	极限抗拉强度试验	(1)工艺检验　各种类型和型式接头都应进行工艺检验,检验项目包括单向拉伸极限抗拉强度和残余变形;每种规格钢筋接头试件不应少于3根;接头试件测量残余变形后可继续进行极限抗拉强度试验;工艺检验不合格时,应进行工艺参数调整,合格后方可按最终确认的工艺参数进行接头批量加工。 (2)现场检验　接头现场抽检项目应包括极限抗拉强度试验、加工和安装质量检验。抽检应按验收批进行,同钢筋生产厂、同强度等级、同规格、同类型和同型式接头应以500个为一个验收批进行检验与验收,不足500个也应作为一个验收批。对接头的每一验收批,应在工程结构中随机截取3个接头试件做极限抗拉强度试验,按设计要求的接头等级进行评定。对有效认证的接头产品,验收批数量可扩大至1000个;当现场抽检连续10个验收批抽样试件极限抗拉强度检验一次合格率为100%时,验收批接头数量可扩大为1500个。当扩大后的各验收批中出现抽样试件极限抗拉强度检验不合格的评定结果时,应将随后的各验收批数量恢复为500个,且不得再次扩大验收批数量。

第4节 钢结构工程施工试验记录

要 点

钢结构焊接必须按施工图的要求进行，并应执行《钢结构工程施工质量验收规范》GB 50205—2001中的规定。

钢结构工程施工试验记录主要包括超声波探伤报告、超声波探伤记录和钢构件射线探伤报告。

解 释

一、填表说明

1. 填写单位

试验报告由具备相应资质等级的检测单位出具后随相关资料进入资料流程。

2. 相关规定与要求

① 高强度螺栓连接应有摩擦面抗滑移系数检验报告及复试报告，并实行有见证取样和送检。

② 施工首次使用的钢材、焊接材料、焊接方法、焊后热处理等应进行焊接工艺评定，有焊接工艺评定报告。

③ 设计要求的一、二级焊缝应做缺陷检验，由有相应资质等级的检测单位出具超声波、射线探伤检验报告或磁粉探伤报告。超声波探伤报告见表7-6，超声波探伤记录见表7-7，钢构件射线探伤报告见表7-8。

④ 建筑安全等级为一级、跨度40m及以上的公共建筑钢网架结构，且设计有要求的，应对其焊（螺栓）球节点进行节点承载力试验，并实行有见证取样和送检。

⑤ 钢结构工程所使用的防腐、防火涂料应做涂层厚度检测，其中防火涂层应有相应资质的检测单位检测报告。

表 7-6　超声波探伤报告

编　　号：________

试验编号：________

委托编号：________

工程名称及施工部位			
委托单位		试验委托人	
构件名称		检测部位	
材质		板厚/mm	
仪器型号		试块	
耦合剂		表面补偿	
表面情况		执行处理	
探头型号		探伤日期	

探伤结果及说明：

批　　准		审核		试验	
试验单位					
报告日期					

注：本表由建设单位、施工单位、城建档案馆各保存一份。

表 7-7　超声波探伤记录

编　　号：________

工程名称					报告编号					
施工单位					检测单位					
焊缝编号（两侧）	板厚/mm	折射角/(°)	回波高度	X/mm	D/mm	Z/mm	L/mm	级别	评定结果	备注

批准	审核	检测	检测单位名称（公章）
报告日期			

注：本表由建设单位、施工单位、城建档案馆各保存一份。

⑥ 焊（连）接工人必须持有效的岗位证书。

二、钢结构工程施工试验记录

钢结构工程施工试验记录见表 7-6～表 7-8。

表 7-8　钢构件射线探伤报告

编　　号：________

试验编号：________

委托编号：________

工程名称					
委托单位		试验委托人			
检测单位		检测部位			
构件名称		构件编号			
材质		焊缝型式		板厚/mm	
仪器型号		增感方式		像质计型号	
胶片型号		像质指数		黑度	
评定标准		焊缝全长		探伤比例与长度	
探伤结果：					
底片编号	黑度	灵敏度	主要缺陷	评级	示意图
					备注
批　　准		审核		试验	
试验单位					
报告日期					

注：本表由建设单位、施工单位、城建档案馆各保存一份。

焊接接头力学性能试验

（1）拉伸试验　接头焊缝的强度不低于母材强度的最低保证低值。

（2）冷弯试验　应符合表 7-9 中的要求，冷弯试验达到合格角度时，焊缝受拉面上裂纹或缺陷长度不得大于 3.0mm，如超过 3.0mm，应补做一件，重新评定。

表 7-9　冷弯试验弯曲合格角度

焊妾方法	钢材种类	弯曲直径	支座间距	弯曲角度
电弧焊	Q235A 类（屈服强度 235MPa 级）低碳钢	$2t$	$4.2t$	150°
	16 锰类（屈服强度 343MPa 级）低合金钢	$3t$	$5.2t$	100°
	15 锰矾类（屈服强度 411MPa 级）低合金钢	$3t$	$5.2t$	100°
电渣焊	Q235A 类（屈服强度 235MPa 级）低碳钢	$2t$	$4.2t$	150°
	16 锰类（屈服强度 343MPa 级）低合金钢	$3t$	$5.2t$	100°
	15 锰矾类（屈服强度 411MPa 级）低合金钢	$3t$	$5.2t$	
	其他强度更高的低合金钢	$3t$	$5.2t$	

注：表中 t 为厚度。

（3）冲击试验　应符合设计要求。

第 5 节　混凝土配合比申请单

要　点

凡工程结构用混凝土应有配合比申请单，施工中如主要材料有变化，应重新申请试配。混凝土配合比申请是由施工单位根据设计图纸要求填写，图纸内所有的混凝土种类和标号必须经过试配。

解　释

一、试配申请

工程结构需要的混凝土配合比，必须经有资质的试验室通过计算和试配来确定。配合比要用质量比。

混凝土施工配合比，应根据设计的混凝土强度等级、质量检验以及混凝土施工和易性的要求确定，由施工单位现场取样送试验室，填写混凝土配合比申请单并向试验室提出试配申请。对抗冻、抗渗混凝土，应提出抗冻、抗渗要求。

取样：应从现场取样，一般水泥12kg，砂、石各20～30kg。

申请试配强度：混凝土的施工配制强度可按式(7-1) 确定：

$$f_{cu,0}=f_{cu,k}+1.645\sigma \tag{7-1}$$

式中，$f_{cu,0}$为混凝土的施工配制强度，N/mm^2；$f_{cu,k}$为设计的混凝土强度标准值，N/mm^2；σ 为施工单位的混凝土强度标准差，N/mm^2。

施工单位的混凝土强度标准差应按下列规定确定。

(1) 当施工单位具有近期的同一品种混凝土强度资料时，其混凝土强度标准差。应按式(7-2) 计算：

$$\sigma=\sqrt{\frac{\sum_{i=1}^{N}f_{cu,i}^{2}-Nm_{f_{cu}}^{2}}{N-1}} \tag{7-2}$$

式中，$f_{cu,i}$为统计周期内同一品种混凝土第 i 组试件的强度值，N/mm^2；$m_{f_{cu}}$ 为统计周期内同一品种混凝土第 n 组强度的平均值，N/mm^2；N 为统计周期内同一品种混凝土试件的总组数，$N\geqslant 25$。

注：1. “同一品种混凝土”系指混凝土强度等级相同且生产工艺和配合比基本相同的混凝土。

2. 对预拌混凝土和预制混凝土构件厂，统计周期可取为 1 个月，对现场拌制混凝土的施工单位，统计周期可根据实际情况确定，但不宜超过3个月。

3. 对于强度等级不大于C30的混凝土，当混凝土强度标准差计算值不小于3.0MPa时，应按式(7-2)计算结果取值；当混凝土强度标准差计算值小于3.0MPa时，应取3.0MPa。对于强度等级大于C30且小于C60的混凝土，当混凝土强度标准差计算值不小于4.0MPa时，应按式(7-2)计算结果取值；当混凝土强度标准差计算值小于4.0MPa时，应取4.0MPa。

(2) 当施工单位不具有近期的同一品种混凝土强度资料时，其混凝土强度标准差 σ 可按表7-10取用。

表7-10 σ 值 单位：N/mm^2

混凝土强度等级	低于C20	C20～C45	C50～C55
σ	4.0	5.0	6.0

注：在采用本表时，施工现场可根据实际情况，对 σ 值做适当调整。

要求坍落度：

结构所需混凝土坍落度可参照表7-11。

表7-11 混凝土浇筑时的坍落度 单位：mm

结构种类	坍落度
基础或地面等的垫层，无配筋的大体积结构(挡土墙、基础等)或配筋稀疏的结构	10～30
板、梁和大型及中性截面的柱子等	30～50
配筋密列的结构(薄壁、斗仓、筒仓、细柱等)	50～70
配筋特密的结构	70～90

注：1. 本表系采用机械振捣混凝土时的坍落度，当采用人工捣实混凝土时其值可适当增大。

2. 当需要配制大坍落度混凝土时，应掺用外加剂。

3. 曲面或斜面结构混凝土的坍落度应根据实际需要另行选定。

4. 轻骨料混凝土的坍落度，宜比表中数值减少10～20mm。

干硬性混凝土填写的工作度：

水泥：承重结构所用水泥必须进行复试，如尚未做试验，试验合格后再做试配。

进场日期：指水泥运到施工单位的时间。

试验编号必须填写。

砂、石：混凝土用砂、石应先做试验，配合比申请单中砂、石各项目要依照砂、石试验报告填写。一般高于或等于 C30 和有抗冻、抗渗或其他特殊要求的混凝土用砂，其含泥量按重量计不大于3%，石子含泥量不大于1%；低于 C30 的混凝土用砂含泥量不大于5%，石子含泥量不大于2%。

二、填表说明

① 混凝土配合比申请是由施工单位根据设计图纸要求填写，图纸内所有的混凝土种类和标号必须经过试配，不能为了节省经费而少做配合比试验。

② 混凝土配合比试验单上所有项目必须填写清楚、明了，不得遗漏、空项。

③ 混凝土试配用的水泥、砂子、石子应先做试验。在向建筑材料检测中心（站、室）申请水泥和骨料强度试验的同时，也可以提出混凝土试配申请。

④ 一个单位工程的所有混凝土种类和标号做一次配合比试验就可以，但在施工过程如有改变混凝土种类和标号的，且与原已试配过的混凝土种类和标号又有不同，则被改变的混凝土种类和标号必须要再试配。

⑤ 试验单位根据申请的项目要求试配后，必须发给申请单位混凝土配合比通知单。混凝土配合比通知单是试验单位根据试验结果签发的，施工单位要严格按配合比计量施工，不得随意改变配合比计量。

⑥ 施工单位收到混凝土配合比通知单后要认真验看，字迹是否清晰，有无漏项、涂改现象，签字盖章是否齐全，并注意备注栏的说明内容。

三、配合比申请单

混凝土配合比申请单见表 7-12。

表 7-12　混凝土配合比申请单

编　　号：________

委托编号：________

工程名称及部位					
委托单位		试验委托人			
设计强度等级		要求坍落度、扩展度	mm		
其他技术要求					
搅拌方法		浇捣方法		养护方法	
水泥品种及强度等级		厂别牌号		试验编号	
砂产地及种类			试验编号		
石子产地及种类		最大粒径	mm	试验编号	
外加剂名称			试验编号		
掺合料名称			试验编号		
申请日期		使用日期		联系电话	

相关知识

检查要点

建筑工程施工的混凝土必须要按设计图纸内的种类、标号进行配合比试验后才能施工。混凝土配合比试验是由施工单位从施工现场抽取原材料试样：一般水泥取12kg，砂、石各取20～30kg。然后向有资质的建筑材料检测中心（站、室）提出试配申请。在试配申请单上要填写委托单位、委托人、工程名称、施工部位、混凝土种类、标号、水泥品种及强度等级、水泥厂家、出厂日期、试验编号、砂、石产地等，特别是混凝土种类、标号全部都要填写申请试配，不能漏填，更不能少填，如有特殊要求的混凝土种类和标号，在填写试配申请时要有特殊说明，如防水抗渗要求、掺和外加剂要求等。试验单位根据施工单位委托的混凝土种类和标号进行试配。

第6节 混凝土抗压强度试验报告

要 点

检查混凝土质量应做抗压强度试验。评定结构构件的混凝土强度应采用标准试件的混凝土强度，即按标准方法制作的边长为150mm的标准尺寸的立方体试件，在标准养护至28d龄期时按标准试验方法测得的混凝土立方体抗压强度。

解 释

一、填表说明

① 施工单位取混凝土试样时要有建设单位或监理单位驻工地代表参加，设计图纸内要求有什么种类和标号混凝土就要取什么种类和标号的试样，在施工中如有改变混凝土种类和标号，也必须要取试样。在制作混凝土试块时绝对不能给试块开“小灶”，要求与实施施工拌制的混凝土必须同配合比。

② 混凝土试块要去有资质的建筑材料检测中心（站、室）试压，同时要填写委托单位、工程名称、工程部位、设计强度、拟配强度、取样日期、送样日期等要填写清楚、齐全。

③ 收到试验单位的试压报告后，要认真验看报告内容，字迹是否清晰、有无涂改现象，编号和签字盖章是否齐全，结论是否明确，试压期与要求试压期是否吻合等要验看清楚。试压报告内不能有“仅对来样负责”的词句，否则此报告无效。

二、混凝土抗压强度试验报告

混凝土抗压强度试验报告见表7-13。

表 7-13　混凝土抗压强度试验报告

编　　号：________

试验编号：________

委托编号：________

工程名称及部位		试件编号	
委托单位		试验委托人	
设计强度等级		实测坍落度、扩展度	mm
水泥品种及强度等级		试验编号	
砂种类		试验编号	
石种类、公称直径		试验编号	
外加剂名称		试验编号	
掺合料名称		试验编号	
配合比编号			

成型日期		要求龄期	天	要求试验日期	
养护方法	标养	收到日期		试块制作人	

试验结果	试验日期	实际龄期/d	试件边长/mm	受压面积/mm^2	荷载/kN		平均抗压强度/MPa	折合 150mm 立方体抗压强度/MPa	达到设计强度等级/%
					单块值	平均值			

结论：

批　　准		审核		试验	
试验单位					
报告日期					

注：本表由建设单位、施工单位各保存一份。

一、混凝土试件的制作

① 混凝土试件应用钢模制作。

② 作为评定结构构件混凝土强度质量的试件，应在混凝土的浇筑地点随机取样制作，但1组试件必须取自同一次（盘）拌制的。

③ 实际施工中允许采用的混凝土立方体试件的最小尺寸应根据骨料的最大粒径确定，当采用非标准尺寸试件时，应将其抗压强度值乘以折算系数，换算为标准尺寸试件的抗压强度值。允许的试件最小尺寸及其强度折算系数应符合表7-14的规定。

表7-14　允许的试件最小尺寸及其强度折算系数

骨料最大直径/mm	试件边长/mm	强度折算系数
≤30	100	0.95
≤40	150	1.00
≤50	200	1.05

二、混凝土试件的标准养护

采用标准养护的试块成型后应覆盖表面，以防止水分蒸发，并应在温度为（20±5)℃情况下静置一昼夜至两昼夜，然后编号拆模。拆模后的试块应立即放在温度为（20±2)℃，湿度为95%以上的标准养护室中养护。在标准养护室内，试块应放在架上彼此间隔为10～20mm，并应避免用水直接冲淋试块；在无标准养护室时，混凝土试块可在温度为（20±2)℃的不流动水中养护，水的pH值不应小于7。同条件养护的试块成型后应覆盖表面，试件的拆模时间与标养试块相同，拆模后，试块仍需与结构或构件同条件养护。

蒸汽养护的混凝土结构和构件，其试块应随同结构和构件养护后，再转入标准条件下养护共28d。

混凝土试块拆模后，不仅要编号，而且各试块上要写清混凝土强度等级、所代表的工程部位和制作日期。

混凝土标养试块要有测温、湿度记录，同条件养护试块应有测温记录。

第7节 混凝土试块强度统计、评定记录

要 点

混凝土试块试压后，应将试压报告按时间先后顺序装订在一起并编号，及时登记在混凝土试块抗压强度统计、评定记录表中。

解 释

一、填表说明

① 混凝土强度统计评定是很重要的一份资料，它是判定整个单位工程结构质量的重要数据。

② 混凝土强度统计评定要以在施工中混凝土取样试块的抗压强度报告为依据，要实事求是地统计评定。

③ 根据《混凝土强度检验评定标准》GB/T 50107—2010 规定：对评定为不合格批的混凝土，可按国家现行的有关标准进行处理。

④ 要熟练掌握统计评定的有关计算公式，不能混淆不清。

二、混凝土试块强度统计、评定记录

混凝土试块强度统计、评定记录见表7-15。

表 7-15　混凝土试块强度统计、评定记录

编　　号：

<table>
<tr><td>工程名称</td><td colspan="3"></td><td colspan="2">强度等级</td><td colspan="2"></td></tr>
<tr><td>施工单位</td><td colspan="3"></td><td colspan="2">养护方法</td><td colspan="2"></td></tr>
<tr><td>统计期</td><td colspan="3"></td><td colspan="2">结构部位</td><td colspan="2"></td></tr>
<tr><td rowspan="2">试块组数</td><td rowspan="2">强度标准值
$f_{cu,k}$/MPa</td><td rowspan="2">平均值
$m_{f_{cu}}$/MPa</td><td rowspan="2" colspan="2">标准值
$S_{f_{cu}}$/MPa</td><td rowspan="2">最小值
$f_{cu,min}$/MPa</td><td colspan="2">合格判定系数</td></tr>
<tr><td>λ_1</td><td>λ_2</td></tr>
<tr><td></td><td></td><td></td><td colspan="2"></td><td></td><td></td><td></td></tr>
<tr><td rowspan="6">每组强度值/MPa</td><td></td><td></td><td colspan="2"></td><td></td><td></td><td></td></tr>
<tr><td></td><td></td><td colspan="2"></td><td></td><td></td><td></td></tr>
<tr><td></td><td></td><td colspan="2"></td><td></td><td></td><td></td></tr>
<tr><td></td><td></td><td colspan="2"></td><td></td><td></td><td></td></tr>
<tr><td></td><td></td><td colspan="2"></td><td></td><td></td><td></td></tr>
<tr><td></td><td></td><td colspan="2"></td><td></td><td></td><td></td></tr>
<tr><td rowspan="3">评定界限</td><td colspan="4">□统计方法</td><td colspan="3">□非统计方法</td></tr>
<tr><td>$0.90f_{cu,k}$</td><td colspan="2">$m_{f_{cu}}-\lambda_1\times S_{f_{cu}}$</td><td>$\lambda_2\times f_{cu,k}$</td><td colspan="2">$1.15f_{cu,k}$</td><td>$0.95f_{cu,k}$</td></tr>
<tr><td></td><td colspan="2"></td><td></td><td colspan="2"></td><td></td></tr>
<tr><td>判定式</td><td colspan="2">$m_{f_{cu}}-\lambda_1\times S_{f_{cu}}\geqslant$
$0.90f_{cu,k}$</td><td colspan="2">$f_{cu,min}\geqslant$
$\lambda_2\times f_{cu,k}$</td><td colspan="2">$m_{f_{cu}}\geqslant$
$1.15f_{cu,k}$</td><td>$f_{cu,min}\geqslant$
$0.95f_{cu,k}$</td></tr>
<tr><td>结果</td><td colspan="2"></td><td colspan="2"></td><td colspan="2"></td><td></td></tr>
<tr><td colspan="8">结论：</td></tr>
<tr><td>批　　准</td><td colspan="2"></td><td>审核</td><td colspan="2"></td><td>统计</td><td></td></tr>
<tr><td>试验单位</td><td colspan="7"></td></tr>
<tr><td>报告日期</td><td colspan="7"></td></tr>
</table>

注：本表由建设单位、施工单位、城建档案馆各保存一份。

 相关知识

混凝土强度统计评定方法

混凝土强度统计评定有两种方法：即数理统计方法和非统计方法。混凝土预拌厂、预制构件、现场集中搅拌混凝土施工单位，应

按数理统计方法进行统计评定；零星生产的预制构件或现场搅拌的批量不大的混凝土施工单位可按非统计方法进行统计评定。分以下三种情况进行。

（1）当连续生产的混凝土，生产条件在较长时间内保持一致，且同一品种、同一强度等级混凝土的强度变异性保持稳定时，一个检验批的样本容量应为连续的 3 组试件，其强度应同时符合下列规定：

$$m_{f_{cu}} \geqslant f_{cu,k} + 0.7\sigma_0 \tag{7-3}$$

$$f_{cu,min} \geqslant f_{cu,k} - 0.7\sigma_0 \tag{7-4}$$

检验批混凝土立方体抗压强度的标准差应按下式计算：

$$\sigma_0 = \sqrt{\frac{\sum_{i=1}^{n} f_{cu,i}^2 - n m_{f_{cu}}^2}{n-1}} \tag{7-5}$$

当混凝土强度等级不高于 C20 时，其强度的最小值尚应满足下式要求：

$$f_{cu,min} \geqslant 0.85 f_{cu,k} \tag{7-6}$$

当混凝土强度等级高于 C20 时，其强度的最小值尚应满足下列要求：

$$f_{cu,min} \geqslant 0.90 f_{cu,k} \tag{7-7}$$

式中 $m_{f_{cu}}$——同一检验批混凝土立方体抗压强度的平均值，N/mm^2，精确到 0.1，N/mm^2；

$f_{cu,k}$——混凝土立方体抗压强度标准值，N/mm^2，精确到 $0.1N/mm^2$；

σ_0——检验批混凝土立方体抗压强度的标准差，N/mm^2，精确到 $0.01N/mm^2$；当检验批混凝土强度标准值 σ_0 计算值小于 $2.5N/mm^2$ 时，应取 $2.5N/mm^2$；

$f_{cu,i}$——前一个检验期内同一品种、同一强度等级的第 i 组混凝土试件的立方体抗压强度代表值，N/mm^2，精确到 $0.1N/mm^2$；该检验期不应少于 60d，也不得大于 90d；

n——前一检验期内的样本容量，在该期间内样本容量不应少于 45；

$f_{cu,min}$——同一检验批混凝土立方体抗压强度的最小值，N/mm^2，精确到 $0.1N/mm^2$。

（2）当样本容量不少于 10 组时，其强度应同时满足下列要求：

$$m_{f_{cu}} \geqslant f_{cu,k} + \lambda_1 \cdot S_{f_{cu}} \tag{7-8}$$

$$f_{cu,min} \geqslant \lambda_2 \cdot f_{cu,k} \tag{7-9}$$

同一检验批混凝土立方体抗压强度的标准差应按下式计算：

$$S_{f_{cu}} = \sqrt{\frac{\sum_{i=1}^{n} f_{cu,i}^2 - nm_{f_{cu}}^2}{n-1}} \tag{7-10}$$

式中　$S_{f_{cu}}$——同一检验批混凝土立方体抗压强度的标准差，N/mm^2，精确到 $0.01N/mm^2$；当检验批混凝土强度标准差 $S_{f_{cu}}$ 计算值小于 $2.5N/mm^2$ 时，应取 $2.5N/mm^2$；

λ_1、λ_2——合格评定系数，按表 7-16 取用；

n——本检验期内的样本容量。

表 7-16　混凝土强度的合格评定系数

试件组数	10～14	15～19	≥20
λ_1	1.15	1.05	0.95
λ_2	0.90	0.85	

（3）当用于评定的样本容量小于 10 组时，应采用非统计方法评定混凝土强度，其强度应同时符合下列规定：

$$m_{f_{cu}} \geqslant \lambda_3 \cdot f_{cu,k} \tag{7-11}$$

$$f_{cu,min} \geqslant \lambda_4 \cdot f_{cu,k} \tag{7-12}$$

式中　λ_3，λ_4——合格评定系数，应按表 7-17 取用。

表 7-17 混凝土强度的非统计法合格评定系数

混凝土强度等级	<C60	≥C60
λ_3	1.15	1.10
λ_4	0.95	

第 8 节 预应力工程施工试验记录

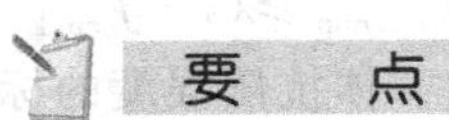

要 点

预应力混凝土试验内容主要包括：预应力锚具、夹具出厂合格证及硬度、锚固能力抽检试验报告、预应力钢筋（含端杆螺纹）的各项试验资料及预应力钢丝镦头强度检验。

解 释

一、预应力锚具、夹具的出厂合格证、硬度和锚固能力抽检试验要求

（1）预应力锚、夹具出厂应有合格证明。

（2）进场锚具应进行外观检查、硬度检验和锚固能力试验。以同一材料和同一生产工艺，不超过 200 套为 1 批。

① 外观检查 应从每批产品中抽取 2%且不应少于 10 套样品，其外形尺寸应符合产品质量保证书所示的尺寸范围，且表面不得有裂纹及锈蚀；当有下列情况之一时，应对本批产品的外观逐套检查，合格者方可进入后续检验：

a. 当有 1 个零件不符合产品质量保证书所示的外形尺寸，应另取双倍数量的零件重做检查，仍有 1 件不合格。

b. 当有 1 个零件表面有裂纹或夹片、锚孔锥面有锈蚀。

对配套使用的锚垫板和螺旋筋可按上述方法进行外观检查，但允许表面有轻度锈蚀。

② 硬度检验 对有硬度要求的锚具零件，应从每批产品中抽取

3%且不应少于5套样品（多孔夹片式锚具的夹片，每套应抽取6片）进行检验，硬度值应符合产品质量保证书的规定；当有1个零件不符合时，应另取双倍数量的零件重做检验；在重做检验中如仍有1个零件不符合，应对该批产品逐个检验，符合者方可进入后续检验。

③ 静载锚固性能试验　应在外观检查和硬度检验均合格的锚具中抽取样品，与相应规定和强度等级的预应力筋组装成3个预应力筋-锚具组装件，可按《预应力筋用锚具、夹具和连接器应用技术规程》JGJ 85—2010附录B的规定进行静载锚固性能试验。

现场加工预应力钢筋混凝土构件，所用预应力锚、夹具应有出厂合格证，硬度及锚固能力抽检，应符合上述要求，并有试（检）验报告。

二、预应力钢筋的各项试验资料及与用力钢丝镦头强度检验

预应力钢筋的施工试验主要包括钢筋的冷拉试验、钢筋的焊接试验、预应力钢丝镦头强度检验。

1. 钢筋的冷拉试验

钢筋冷拉可采用控制应力或控制冷拉率的方法进行，对用于预应力的冷拉HRB335、HRB400、HRB500级钢筋，宜采用控制应力的办法。

（1）用控制冷拉率的方法冷拉钢筋

① 冷拉率必须由试验结果确定。测定冷拉率用的冷拉应力应符合表7-18的规定。试验所用试件不宜少于4个，取其平均值作为该批钢筋的实际冷拉率。如因钢筋强度偏高，平均冷拉率低于1%时，仍应按1%进行冷拉。

表7-18　测定冷拉率时钢筋的冷拉应力

钢筋种类	HPB300级钢筋	HRB335级钢筋	HRB400级钢筋	HRB500级钢筋
冷拉应力/MPa	320	450	530	750

预应力钢筋的冷拉率应由厂技术部门审定。

② 根据试验确定的冷拉率，先冷拉3根钢筋，并在3根钢筋

上分别取 3 根试件作机械性能试验，合格后，方可进行成批冷拉。

③ 混凝土钢筋不宜采用控制冷拉率的方法进行冷拉。若需要采用时必须逐根或逐盘测定冷拉率，然后冷拉。

（2）用控制应力的方法冷拉钢筋

① 控制应力及最大冷拉率应符合表 7-19 的规定。

表 7-19 控制应力及最大冷拉率

钢筋种类	HPB300 级钢筋	HRB335 级钢筋	HRB400 级钢筋	HRB500 级钢筋
冷拉控制应力/MPa	280	420	500	720
最大冷拉率/%	10	5.5	5	4

② 冷拉力应为钢筋冷拉时的控制应力值乘以钢筋冷拉前的公称截面面积。

③ 冷拉力应采用测力器控制。测力器可根据各厂具体条件和习惯，选用下列几种：千斤顶、弹簧测力器、钢筋测力计、电子秤、测力器、拉力表等。

④ 测力器应定期校验，校验期限规定如下：使用较频繁的，每 3 个月校验一次；使用一般，每 6 个月校验一次；长期不用的或检修后，使用前必须校验；冷拉时，应测定钢筋的实际伸长值，以校核冷拉压力。

（3）钢筋冷拉记录表样（表 7-20）

表 7-20 钢筋冷拉记录表

试验报告编号　　　　　　　　　　控制应力

构件名称和编号　　　　　　　　　控制冷拉率

冷拉日期	钢筋编号	钢筋规格	钢筋长度(不包括螺丝端杆长)/m			冷拉控制拉力/t	冷拉时温度/℃	备注
			冷拉前	冷拉后	弹性回缩后			
1	2	3	4	5	6	7	8	9

注：1. 如用冷拉率控制，则第 7 栏可不填写。

2. 如有拉断或拉断后再焊重拉等情况，应在备注栏内注明。

3. 钢筋冷拉后应按规定截取试样进行有关试验，试验结果应在备注栏内注明。

2. 钢筋的焊接试验

（1）钢筋的纵向连接，应采用对焊；钢筋的交叉连接宜采用点焊；构件中的预埋件宜采用压力埋弧焊或电弧焊。但对高强钢丝、冷拉钢筋、冷拔低碳钢丝和 HRB500 级钢不得采用电弧焊。

对焊时，为了选择合理的焊接参数，在每批钢筋（或每台班）正式焊接前，应焊接 6 个试件，其中 3 个做拉力试验，3 个做冷弯试验。经试验合格后，方可按既定的焊接参数成批生产。

同直径、同级别而不同钢种的钢筋可以对焊，但应按可焊性较差的钢种选择焊接参数。同级别、同钢种不同直径的钢筋对焊，两根钢筋截面积之比不宜大于 1.5 倍，且需在焊接过程中按大直径的钢筋选用参数，并应减小大直径钢筋的调伸长度。上述两种焊接只能用冷拉方法调直，不得利用其冷拉强度。

（2）钢筋点焊质量应符合下列要求：

① 热轧钢筋压入深度应为较小钢筋直径的 30%～45%；冷加工钢筋应为较小钢筋直径的 25%～35%；

② 焊点处应无明显烧伤、烧断、脱点；

③ 受力钢筋网和骨架，应按批从外观检验合格的成品中，截取 3 个抗剪试件；冷拔低碳钢丝焊成的受力钢筋网和骨架，应再截取 3 个抗拉试件。

（3）钢筋焊接的试验报告资料整理请参阅本章有关内容。

3. 预应力钢丝镦头强度检验

预应力钢丝镦头前，应按批做三个镦头试验（长度 250～300mm），进行检查和试验。预应力钢丝镦头强度不得低于预应力筋实际抗拉强度的 90%。镦头的外观检验一般有：

有效长度±1mm；

直径≥1.5d；

冷镦镦头厚度为 0.7～0.9d；

冷镦头中心偏移不得大于 1mm；

热镦头中心偏移不得大于 2mm。

相关知识

填表说明

（1）填写单位：试验报告由具备相应资质等级的检测单位出具

后，随相关资料进入资料流程。

（2）相关规定与要求

① 预应力工程用混凝土应按规范要求留置标养、同条件试块，有相应抗压强度试验报告。

② 后张法有黏结预应力工程灌浆用水泥浆应有性能试验报告。

第9节 砌筑砂浆施工试验记录

要 点

砌筑砂浆是指砖石砌体所用的水泥砂浆和水泥混合砂浆。砌筑砂浆施工试验记录主要包括试配申请和配合比通知单、抗压试验报告和试块抗压强度统计、评定记录等。

解 释

一、砂浆配合比申请单

砌筑砂浆的配合比都应经试配确定。施工单位应从现场抽取原材料试样，根据设计要求向有资质的试验室提出试配申请，由试验室通过试配来确定砂浆的配合比。砂浆的配合比应采用质量比。试配砂浆强度应比设计强度提高15%。施工中要严格按照试验室的配比通知单计量施工，如砂浆的组成材料（水泥、掺和料和骨料）有变更，其配合比应重新试配选定。

砂浆配合比申请单式样见表7-21。

砂浆配合比申请单由施工单位根据设计图纸要求填写，所有项目必须填写清楚、明了，不得有遗漏、空项。若水泥、砂子尚未做试验，应先试验水泥、砂子，合格后再做试配。试验编号必须填写准确、清楚。

二、配合比通知单

配合比通知单式样见表7-22。

表 7-21　砂浆配合比申请单

编　　号：________

委托编号：________

工程名称				
委托单位		试验委托人		
砂浆种类		强度等级		
水泥品种		厂别		
水泥进场日期		试验编号		
砂产地		粗细级别		试验编号	
掺合料种类		外加剂种类		
申请日期		要求使用日期		

表 7-22　砂浆配合比通知单

编　　号：________

委托编号：________

强度等级		试验日期			
配　合　比					
材料名称	水泥	砂	白灰膏	掺和料	外加剂
每立方米用量/(kg/m^3)					
比例					
注：					
试验单位					
报告日期					

注：本表由施工单位保存。

配合比通知单是由试验单位根据试配结果，选取最佳配合比填写签发的。施工中要严格按配比计量施工，施工单位不能随意变更。配合比通知单应字迹清晰、无涂改、签字齐全等。施工单位应验看，并注意通知单上的备注、说明。

三、抗压试验报告

(1) 试块留置

基础砌筑砂浆以同一砂浆品种、同一强度等级、同一配合比、同种原材料为一取样单位，砌体超过 250m^3，以每 250m^3 为一取样单位，余者计为一取样单位。

每一取样单位标准养护试块的留置组数不得少于1组（每组6块)，还应制作同条件养护试块、备用试块各1组。试样要有代表性，每组试块（包括相对应的同条件备用试块）的试样必须取自同一次拌制的砌筑砂浆拌和物。

（2）砂浆抗压试验报告（见表7-23)

表7-23 砂浆抗压试验报告

编　　号：________

试验编号：________

委托编号：________

<table>
<tr><td colspan="2">工程名称</td><td colspan="3"></td><td colspan="2">试验编号</td><td colspan="2"></td></tr>
<tr><td colspan="2">委托单位</td><td colspan="3"></td><td colspan="2">试验委托人</td><td colspan="2"></td></tr>
<tr><td colspan="2">砂浆种类</td><td colspan="3"></td><td colspan="2">稠度</td><td colspan="2">mm</td></tr>
<tr><td colspan="2">水泥品种及强度等级</td><td colspan="3"></td><td colspan="2">试验编号</td><td colspan="2"></td></tr>
<tr><td colspan="2">矿产地及种类</td><td colspan="3"></td><td colspan="2">试验编号</td><td colspan="2"></td></tr>
<tr><td colspan="2">掺和料种类</td><td colspan="3"></td><td colspan="2">外加剂种类</td><td colspan="2"></td></tr>
<tr><td colspan="2">配合比编号</td><td colspan="7"></td></tr>
<tr><td colspan="2">试件成型日期</td><td colspan="2"></td><td>要求龄期</td><td></td><td colspan="2">要求试验日期</td><td></td></tr>
<tr><td colspan="2">养护方法</td><td colspan="2"></td><td>试件收到日期</td><td></td><td colspan="2">试件制作人</td><td></td></tr>
<tr><td rowspan="3">试验结果</td><td rowspan="2">试压日期</td><td rowspan="2">实际龄期/d</td><td rowspan="2">试件边长/mm</td><td rowspan="2">受压面积$/mm^2$</td><td colspan="2">荷载/kN</td><td rowspan="2">抗压强度</td><td rowspan="2">达设计强度等级/%</td></tr>
<tr><td>单块</td><td>平均</td></tr>
<tr><td></td><td></td><td></td><td></td><td></td><td></td><td></td><td></td></tr>
<tr><td colspan="9">结论：</td></tr>
<tr><td colspan="2">批准</td><td></td><td>审核</td><td colspan="2"></td><td>试验</td><td colspan="2"></td></tr>
<tr><td colspan="2">试验单位</td><td colspan="7"></td></tr>
<tr><td colspan="2">报告日期</td><td colspan="7"></td></tr>
</table>

注：本表由建设单位、施工单位各保存一份。

砂浆试块试压报告中上半部项目应由施工单位填写齐全、清楚。施工中没有的项目应划斜线或填写“无”。

其中工程名称及部位要填写详细、具体，配合比要依据配合比通知单填写，水泥品种及强度等级、砂子产地、细度模数、掺和料及外加剂要据实填写，并和原材料试验单、配合比通知单对应吻合。作为强度评定的试块，必须是标准养护 28d 的试块，龄期 28d 不能迟或者早，要推算准确试压日期，填写在要求试压日期栏内，交试验室试验。

领取试压报告时，应验看报告中是否字迹清晰、无涂改，签章齐全，结论明确，试压日期与要求试压日期是否符合。同组试块抗压强度的离散性和达到设计强度的百分数是否符合规范要求，合格存档，否则应通知有关部门和单位进行处理或更正后再归档保存。

四、砂浆试块强度统计评定

砂浆试块试压后，应将试压报告按时间先后顺序装订在一起并编号，及时登记在砂浆试块抗压强度统计、评定记录表中，式样见表 7-24。

表 7-24　砌筑砂浆试块抗压强度统计、评定记录

编号：

工程名称		强度等级	
施工单位		养护方法	
统计期		结构部位	

试块组数	强度标准值 f_2/MPa	平均值 $f_{2,m}$/MPa	最小值 $f_{2,min}$/MPa	$0.75f_2$

每组强度值/MPa											

判定式	$f_{2,m} \geqslant f_2$	$f_{2,min} \geqslant 0.75f_2$
结果		

结论：

批　　准	审　　核	统　　计
报告日期		

注：本表由建设单位、施工单位、城建档案馆各保存一份。

应按以下要求填写表7-24。

（1）由具备相应资质等级的检测单位出具后随相关资料进入资料流程。

（2）应有配合比申请单和试验室签发的配合比通知单。

（3）应有按规定留置的龄期为28d标养试块的抗压强度试验报告。

（4）承重结构的砌筑砂浆试块应按规定实行有见证取样和送检。

（5）砂浆试块的留置数量及必试项目符合规程要求。

（6）应有单位工程砌筑砂浆试块抗压强度统计、评定记录，按同一类型、同一强度等级砂浆为一验收批统计，评定方法及合格标准如下：

① 同一验收批砂浆试块抗压强度平均值必须大于或等于设计强度等级所对应的立方体抗压强度；

② 同一验收批砂浆试块抗压强度的最小一组平均值必须大于或等于设计强度等级所对应的立方体抗压强度的0.75倍。

相关知识

检查要点

根据规范：《砌体工程施工质量验收规范》GB 50203—2011、《建筑砂浆基本性能试验方法标准》JGJ/T 70—2009、《建筑地面工程施工质量验收规范》GB 50209—2010和《砌筑砂浆配合比设计规程》JGJ 98—2010的规定。

（1）砂浆强度评定应以28d抗压强度为准。

（2）砂浆强度应分批进行评定，同一验收批的砂浆应由强度等级相同、生产工艺和配合比基本相同的砂浆组成。

（3）砂浆试件强度应按下列公式进行评定：

$$f_{2,\mathrm{m}} \geqslant f_2 \tag{7-13}$$

$$f_{2,\min} \geqslant 0.75 f_2 \tag{7-14}$$

式中，$f_{2,m}$为同一验收批中砂浆立方体抗压强度各组平均值，MPa；f_2 为验收批砂浆设计强度等级所对应的立方体抗压强度，MPa；$f_{2,min}$为同一验收批中砂浆立方体抗压强度的最小一组平均值，MPa。

(4) 当施工中出现下列情况时，可采用非破损检验方法对砂浆和砌体强度进行原位检测，判定砂浆的强度。

① 砂浆试件缺乏代表性或试件数量不足。

② 对砂浆试件的检验结果有怀疑或有争议。

③ 砂浆试件的检验结果，已判定不能满足设计要求。

第10节 装饰装修工程施工试验记录

要 点

装饰装修工程施工试验记录包括地面回填、砂浆和混凝土配合比通知单和强度试验报告、饰面砖黏结强度试验报告和后置埋件的现场拉拔试验等。

解 释

一、填表说明

① 试验报告由具备相应资质等级的检测单位出具后随相关资料进入资料流程。

② 地面回填应有土工击实试验报告和回填土试验报告。

③ 装饰装修工程使用的砂浆和混凝土应有配合比通知单和强度试验报告；有抗渗要求的还应有抗渗试验报告。

④ 外墙饰面砖粘贴前和施工过程中，应在相同基层上做样板件。并对样板件的饰面砖黏结强度进行检验，有饰面砖黏结强度检验报告，检验方法和结果判定应符合相关标准规定。

⑤ 后置埋件应有现场拉拔试验报告。

二、饰面砖黏结强度试验报告

饰面砖黏结强度试验报告见表7-25。

表7-25　饰面砖黏结强度试验报告

编　　号：________

试验编号：________

委托编号：________

工程名称及部位		试件编号	
委托单位		试验委托人	
饰面砖品种及牌号		粘贴层次	
饰面砖生产厂及规格		粘贴面积/mm^2	

基本材料		黏结材料		黏结剂	
抽样部位		龄期/d		施工日期	
检验类型		环境温度/℃		试验日期	
仪器及编号					

序号	试件尺寸/mm		受力面积/mm^2	拉力/kN	黏结强度/MPa	破坏状态（序号）	平均强度/MPa
	长	宽					
1							
2							
3							

结论：

批　准		审　核		试　验	
试验单位					
报告日期					

注：本表由建设单位、施工单位各保存一份。

三、资料核查

（1）现场粘贴的同类饰面砖，当一组试样均符合下列两项指标要求时，其黏结强度应定为合格；当一组试样均不符合下列两项指标要求时，其黏结强度应定为不合格；当一组试样只符合下列两项指标的一项要求时，应在该组试样原取样区域内重新抽取两组试样检验，若检验结果仍有一项不符合下列指标要求时，则该组饰面砖黏结强度应定为不合格：

① 每组试样平均黏结强度不应小于0.4MPa。

② 每组可有一个试样的黏结强度小于0.4MPa，但不应小于0.3MPa。

（2）带饰面砖的预制墙板，当一组试样均符合下列两项指标要求时，其黏结强度应定为合格；当一组试样均不符合下列两项指标要求时，其黏结强度应定为不合格；当一组试样只符合下列两项指标的一项要求时，应在该组试样原取样区域内重新抽取两组试样检验，若检验结果仍有一项不符合下列指标要求时，则该组饰面砖黏结强度应定为不合格：

① 每组试样平均黏结强度不应小于0.6MPa。

② 每组可有一个试样的黏结强度小于0.6MPa，但不应小于0.4MPa。

相关知识

黏结强度

（1）试样黏结强度应按下列公式计算：

$$R_i = \frac{X_i}{S_i} \times 10^3 \tag{7-15}$$

式中，R_i 为第 i 个试样黏结强度，MPa，精确到0.1MPa；X_i 为第 i 个试样黏结力，kN，精确到0.01kN；S_i 为第 i 个试样断面面积，mm^2，精确到$1mm^2$。

（2）每组试样平均黏结强度应按下列公式计算：

$$R_m = \frac{1}{3}\sum_{i=1}^{3} R_i \tag{7-16}$$

式中，R_m 为每组试样平均黏结强度，MPa，精确至0.1MPa；

R_i 为第 i 个试样黏结强度值，MPa，精确到 0.1MPa。

第 11 节　设备单机试运转记录

要　点

为保证整个系统在正常运转中的安全，设备在安装完毕后必须进行单机试运转试验。单机试运行一般按规范和设计要求分部位、分系统进行。

解　释

一、填表说明

1. 相关规定与要求

（1）水泵试运转的轴承温升必须符合设备说明书的规定。

检验方法：通电、操作和温度计测温检查。

水泵试运转，叶轮与泵壳不应相碰，进、出口部位的阀门应灵活。

（2）锅炉风机试运转，轴承温升应符合下列规定：

滑动轴承温度最高不得超过 600℃；滚动轴承温度最高不得超过 80℃。

检验方法：用温度计检查。

轴承径向单振幅应符合下列规定：风机转速小于 1000r/min 时，不应超过 0.10mm；风机转速为 1000～1450r/min 时，不应超过 0.08mm。

检验方法：用测振仪表检查。

2. 注意事项

（1）以设计要求和规范规定为依据，适用条目要准确。参考规范包括：《机械设备安装工程施工及验收通用规范》GB 50231—2009、《制冷设备、空气分离设备安装工程施工及验收规范》GB 50274—2010、《风机、压缩机、泵安装工程施工及验收规范》GB 50275—2010 等。

（2）根据试运转的实际情况填写实测数据，要准确，内容齐全，不得漏项。设备单机试运转后应逐台填写记录，一台（组）设备填写一张表格。

（3）设备单机试运转是系统试运转调试的基础工作，一般情况下如设备的性能达不到设计要求，系统试运转调试也不会达到要求。

（4）工程采用施工总承包管理模式的，签字人员应为施工总承包单位的相关人员。

二、设备单机试运转记录

设备单机试运转记录表式见表 7-26。

表 7-26　设备单机试运转记录

<table>
<tr><td rowspan="2">工程名称</td><td rowspan="2"></td><td>编号</td><td></td></tr>
<tr><td>试运转时间</td><td></td></tr>
<tr><td>设备名称</td><td></td><td>设备编号</td><td></td></tr>
<tr><td>规格型号</td><td></td><td>额定数据</td><td></td></tr>
<tr><td>生产厂家</td><td></td><td>设备所在系统</td><td></td></tr>
</table>

序号	试验项目	试验记录	试验结论
1			
2			
3			
4			
5			
6			
7			
8			

试运转结论：

<table>
<tr><td rowspan="3">签字栏</td><td rowspan="2">施工单位</td><td rowspan="2"></td><td>专业技术负责人</td><td>专业质检员</td><td>专业工长</td></tr>
<tr><td></td><td></td><td></td></tr>
<tr><td>监理或建设单位</td><td colspan="2"></td><td>专业工程师</td><td></td></tr>
</table>

注：本表由施工单位填写，并应由建设单位、监理单位、施工单位、城建档案馆各保存一份。

相关知识

试验与记录的内容

① 给水系统设备、热水系统设备、机械排水系统设备、消防系统设备、采暖系统设备、水处理系统设备，以及通风与空调系统的各类水泵、风机、冷水机组、冷却塔、空调机组、新风机组等设备在安装完毕后，应进行单机试运转，并做记录。

② 记录的主要内容应包括：设备名称、规格型号、所在系统、额定数据、试验项目、试验记录、试验结论、试运转结果等。

第 12 节　系统试运转调试记录

要　点

系统试运转调试是对系统功能的最终检验，检验结果应满足规范规定和设计要求，并分部位、系统进行调试。

解　释

一、填表说明

1. 形成流程

采暖系统、水处理系统等应进行系统试运转及调试，并做记录。

2. 相关规定与要求

（1）室内采暖系统冲洗完毕应充水、加热，进行试运行和调试。

检验方法：观察、测量室温应满足设计要求。

（2）供热管道冲洗完毕应通水、加热，进行试运行和调试。当不具备加热条件时，应延期进行。

检验方法：测量各建筑物热力入口处供回水温度及压力。

3. 注意事项

① 以设计要求和规范规定为依据，适用条目要准确。

② 根据试运转调试的实际情况填写实测数据，要准确，内容

齐全，不得漏项。

③ 工程采用施工总承包管理模式的，签字人员应为施工总承包单位的相关人员。

二、系统试运转调试记录

系统试运转调试记录的填写表式见表 7-27。

表 7-27　系统试运转调试记录

<table>
<tr><td colspan="2" rowspan="2">工程名称</td><td rowspan="2" colspan="2"></td><td>编号</td><td></td></tr>
<tr><td>试运转调试时间</td><td></td></tr>
<tr><td colspan="2">试运转调试项目</td><td colspan="2"></td><td>试运转调试部位</td><td></td></tr>
<tr><td colspan="6">试运转调试内容：</td></tr>
<tr><td colspan="6">试运转调试结论：</td></tr>
<tr><td rowspan="3">签字栏</td><td rowspan="2">施工单位</td><td rowspan="2"></td><td>专业技术负责人</td><td>专业质检员</td><td>专业工长</td></tr>
<tr><td></td><td></td><td></td></tr>
<tr><td>监理或建设单位</td><td colspan="2"></td><td>专业工程师</td><td></td></tr>
</table>

注：本表由施工单位填写，并应由建设单位、监理单位、施工单位及城建档案馆各保存一份。

相关知识

调试与记录的内容

① 采暖系统、水处理系统、通风系统、制冷系统、净化空调系统等应进行系统试运转及调试，并做记录。

② 记录的内容主要包括系统的概况、调试的方法、全过程的各种试验数据、控制参数以及运行状况、系统渗漏情况及试运转、调试结论等。

第13节　灌（满）水试验记录

要　点

给排水管道灌水（通水）试验记录是建筑安装工程的管道、设备安装完成后或压力试验完成后，必须进行的测试项目。通水试验的目的，在于检查各排水点是否畅通，接口处有无渗漏。高层建筑物根据管道布置，分区段进行通水试验。

解　释

一、填表说明

1. 形成流程

非承压管道系统和设备，包括开式水箱、卫生洁具、安装在室内的雨水管道等，在系统和设备安装完毕后，以及暗装、埋地、有绝热层的室内外排水管道进行隐蔽前，应进行灌（满）水试验，并做记录。

2. 相关规定与要求

（1）敞口箱、罐安装前应做满水试验；密闭箱、罐应以工作压力的 1.5 倍做水压试验，但不得小于 0.4MPa。

检验方法：满水试验满水后静置 24h 不渗不漏；水压试验在试验压力下 10min 内无压降，不渗不漏。

（2）隐蔽或埋地的排水管道在隐蔽前必须做灌水试验，其灌水高度应不低于底层卫生器具的上边缘或底层地面高度。

检验方法：满水 15min 水面下降后，再灌满观察 5min，液面不降，管道及接口无渗漏为合格。

（3）安装在室内的雨水管道安装后应做灌水试验，灌水高度必须到每根立管上部的雨水斗。

检验方法：灌水试验持续 1h，不渗不漏。

（4）室外排水管网安装管道埋设前必须做灌水试验和通水试验，排水应畅通，无堵塞，管接口无渗漏。

检验方法：按排水检查井分段试验，试验水头应以试验段上游管顶加 1m，时间不少于 30min，逐段观察。

3. 注意事项

① 以设计要求和规范规定为依据，适用条目要准确。

② 根据试运转调试的实际情况填写实测数据，要准确，内容齐全，不得漏项。

③ 工程采用施工总承包管理模式的，签字人员应为施工总承包单位的相关人员。

二、灌（满）水试验记录

灌（满）水试验记录见表 7-28。

表 7-28 灌（满）水试验记录

<table>
<tr><td rowspan="2">工程名称</td><td rowspan="2"></td><td>编号</td><td></td></tr>
<tr><td>试验日期</td><td></td></tr>
<tr><td>分项工程名称</td><td></td><td>材质、规格</td><td></td></tr>
</table>

试验标准及要求：

试验部位	灌(满)水情况	灌(满)水持续时间/min	液面检查情况	渗漏检查情况

试验结论：

<table>
<tr><td rowspan="3">签字栏</td><td rowspan="2">施工单位</td><td rowspan="2"></td><td>专业技术负责人</td><td>专业质检员</td><td>专业工长</td></tr>
<tr><td></td><td></td><td></td></tr>
<tr><td>监理或建设单位</td><td colspan="2"></td><td>专业工程师</td><td></td></tr>
</table>

注：本表由施工单位填写，并应由建设单位、监理单位、施工单位各保存一份。

相关知识

资料核查

(1) 排水管道灌水试验记录　凡暗装或直接埋于地下、结构内、沟井管道间、吊顶内、夹皮墙内的隐蔽排水管道和建筑物内及地下的金属雨水管道，必须按系统或分区做灌水试验。

(2) 通水试验　室内给水系统同时开放最大数量配水点的额定流量，消火栓组数的最大消防能力，室内排水系统的排放效果等的试验记录。

(3) 试验范围必须齐全，无漏试，试验结果必须符合设计和施工规范要求，记录手续齐全，为符合要求，否则为不符合要求。

(4) 按系统试验记录齐全、准备为符合要求，否则为不符合要求。

第14节　强度严密性试验记录

要　点

室内外输送各种介质的承压管道、承压设备在安装完毕后，进行隐蔽之前，应进行强度严密性试验，并做记录。强度和严密性试验包括采暖、给水、热水、消防等。

解　释

一、填表说明

① 以设计要求和规范规定为依据，适用条目要准确。

② 单项试验和系统性试验，强度和严密度试验有不同要求，试验和验收时要特别留意；系统性试验、严密度试验的前提条件应充分满足，如自动喷水灭火系统水压严密度试验应在水压强度试验和管网冲洗合格后才能进行；而常见做法是先根据区段验收或隐检项目验收要求完成单项试验，系统形成后进行系统性试验，再根据系统特殊要求进行严密度试验。

③ 根据试验的实际情况填写实测数据，要准确，内容齐全，不得漏项。

④ 工程采用施工总承包管理模式的，签字人员应为施工总承包单位的相关人员。

二、强度严密性试验记录

强度严密性试验记录的样式见表 7-29。

表 7-29　强度严密性试验记录

<table>
<tr><td rowspan="2" colspan="3">工程名称</td><td rowspan="2" colspan="2"></td><td colspan="2">编号</td><td></td></tr>
<tr><td colspan="2">试验日期</td><td></td></tr>
<tr><td colspan="3">分项工程名称</td><td colspan="2"></td><td colspan="2">试验部位</td><td></td></tr>
<tr><td colspan="3">材质、规格</td><td colspan="2"></td><td colspan="2">压力表编号</td><td></td></tr>
<tr><td colspan="8">试验要求：</td></tr>
<tr><td rowspan="10">试验记录</td><td colspan="4">试验介质</td><td colspan="3"></td></tr>
<tr><td colspan="4">试验压力表设置位置</td><td colspan="3"></td></tr>
<tr><td rowspan="4">强度试验</td><td colspan="3">试验压力/MPa</td><td colspan="3"></td></tr>
<tr><td colspan="3">试验持续时间/min</td><td colspan="3"></td></tr>
<tr><td colspan="3">试验压力降/MPa</td><td colspan="3"></td></tr>
<tr><td colspan="3">渗漏情况</td><td colspan="3"></td></tr>
<tr><td rowspan="4">严密性试验</td><td colspan="3">试验压力/MPa</td><td colspan="3"></td></tr>
<tr><td colspan="3">试验持续时间/min</td><td colspan="3"></td></tr>
<tr><td colspan="3">试验压力降/MPa</td><td colspan="3"></td></tr>
<tr><td colspan="3">渗漏情况</td><td colspan="3"></td></tr>
<tr><td colspan="8">试验结论：</td></tr>
<tr><td rowspan="3">签字栏</td><td rowspan="2" colspan="2">施工单位</td><td rowspan="2"></td><td colspan="2">专业技术负责人</td><td>专业质检员</td><td>专业工长</td></tr>
<tr><td colspan="2"></td><td></td><td></td></tr>
<tr><td colspan="2">监理或建设单位</td><td colspan="3"></td><td>专业工程师</td><td></td></tr>
</table>

注：本表由施工单位填写，并应由建设单位、监理单位、施工单位、城建档案馆各保存一份。

相关知识

强度严密性相关规定

（1）室内给水管道的水压试验必须符合设计要求。当设计未注明时，各种材质的给水管道系统试验压力均为工作压力的 1.5 倍，但不得小于 0.6MPa。

检验方法：金属及复合管给水管道系统在试验压力下观测 10min，压力降不应大于 0.02MPa，然后降到工作压力进行检查，应不渗不漏；塑料管给水系统应在试验压力下稳压 1h，压力降不得超过 0.05MPa，然后在工作压力的 1.15 倍状态下稳压 2h，压力降不得超过 0.03MPa，同时检查各连接处不得渗漏。

（2）热水供应系统安装完毕，管道保温之前应进行水压试验。试验压力应符合设计要求。当设计未注明时，热水供应系统水压试验压力应为系统顶点的工作压力加 0.1MPa，同时在系统顶点的试验压力不小于 0.3MPa。

检验方法：钢管或复合管道系统试验压力下 10min 内压力降不大于 0.02MPa，然后降至工作压力检查，压力应不降，且不渗不漏；塑料管道系统在试验压力下稳压 1h，压力降不得超过 0.05MPa，然后在工作压力 1.15 倍状态下稳压 2h，压力降不得超过 0.03MPa，连接处不得渗漏。

（3）热交换器应以工作压力的 1.5 倍做水压试验。蒸汽部分应不低于蒸汽供汽压力加 0.3MPa；热水部分应不低于 0.4MPa。

检验方法：试验压力下 10min 内压力不降，不渗不漏。

（4）低温热水地板辐射采暖系统安装，盘管隐蔽前必须进行水压试验，试验压力为工作压力的 1.5 倍，但不小于 0.6MPa。

检验方法：稳压 1h 内压力降不大于 0.05MPa 且不渗不漏。

（5）采暖系统安装完毕，管道保温之前应进行水压试验。试验压力应符合设计要求。当设计未注明时，应符合下列规定：蒸汽、热水采暖系统，应以系统顶点工作压力加 0.1MPa 做水压试验，同时在系统顶点的试验压力不小于 0.3MPa；高温热水采暖系统，试验压力应为系统顶点工作压力加 0.4MPa；使用塑料管及复合管的热水采暖系统，应以系统顶点工作压力加 0.2MPa 做水压试验，同时在系统顶点的试验压力不小于 0.4MPa。

检验方法：使用钢管及复合管的采暖系统应在试验压力下 10min 内压力降不大于 0.02MPa，降至工作压力后检查，不渗、不漏；使用塑料管的采暖系统应在试验压力下 1h 内压力降不大于 0.05MPa，然后降压至工作压力的 1.15 倍，稳压 2h，压力降不大于 0.03MPa，同时各连接处不渗、不漏。

(6) 室外给水管网必须进行水压试验，试验压力为工作压力的 1.5 倍，但不得小于 0.6MPa。

检验方法：管材为钢管、铸铁管时，试验压力下 10min 内压力降不应大于 0.05MPa，然后降至工作压力进行检查，压力应保持不变，不渗不漏；管材为塑料管时，试验压力下，稳压 1h 压力降不大于 0.05MPa，然后降至工作压力进行检查，压力应保持不变，不渗不漏。

(7) 消防水泵接合器及室外消火栓安装系统必须进行水压试验，试验压力为工作压力的 1.5 倍，但不得小于 0.6MPa。

检验方法：试验压力下，10min 内压力降不大于 0.05MPa，然后降至工作压力进行检查，压力保持不变，不渗不漏。

(8) 锅炉的汽、水系统安装完毕后，必须进行水压试验。水压试验的压力应符合规范规定。

检验方法：在试验压力下 10min 内压力降不超过 0.02MPa；然后降至工作压力进行检查，压力不降，不渗、不漏；观察检查，不得有残余变形，受压元件金属壁和焊缝上不得有水珠和水雾。

(9) 锅炉分汽缸（分水器、集水器）安装前应进行水压试验，试验压力为工作压力的 1.5 倍，但不得小于 0.6MPa。

检验方法：试验压力下 10min 内无压降、无渗漏。

(10) 锅炉地下直埋油罐在埋地前应做气密性试验，试验压力降不应小于 0.03MPa。

检验方法：试验压力下观察 30min 不渗、不漏，无压降。

(11) 连接锅炉及辅助设备的工艺管道安装完毕后，必须进行系统的水压试验，试验压力为系统中最大工作压力的1.5倍。

检验方法：在试验压力10min内压力降不超过0.05MPa，然后降至工作压力进行检查，不渗不漏。

（12）自动喷水灭火系统当系统设计工作压力等于或小于1.0MPa时，水压强度试验压力应为设计工作压力的1.5倍，并不应低于1.4MPa；当系统设计工作压力大于1.0MPa时，水压强度试验压力应为该工作压力加0.4MPa。水压强度试验的测试点应设在系统管网的最低点。对管网注水时，应将管网内的空气排净，并应缓慢升压，达到试验压力后，稳压30min，目测管网应无渗漏和无变形，且压力降不应大于0.05MPa。

（13）自动喷水灭火系统水压严密度试验应在水压强度试验和管网冲洗合格后进行。试验压力应为设计工作压力，稳压24h，应无渗漏。

（14）自动喷水灭火系统气压严密性试验的试验压力应为0.28MPa，且稳压24h，压力降不应大于0.01MPa。

第15节 冲（吹）洗试验记录

要 点

室内外给水、中水及游泳池水系统、采暖、空调水、消火栓、自动喷水等系统管道，以及设计有要求的管道应在使用前做冲洗试验及介质为气体的管道系统做吹洗试验时，应填写冲（吹）洗试验记录。

解 释

一、填表说明

（1）生活给水系统管道在交付使用前必须冲洗和消毒，并经有关部门取样检验，符合国家标准方可使用。

检验方法：检查有关部门提供的检测报告。

（2）热水供应系统竣工必须进行冲洗。

检验方法：现场观察检查。

（3）采暖系统试压合格后，应对系统进行冲洗并清扫过滤器及除污器。

检验方法：现场观察，直至排出水不含泥沙、铁屑等杂质，且水色不浑浊为合格。

（4）消防水泵接合器及室外消火栓安装系统消防管道在竣工前，必须对管道进行冲洗。

检验方法：观察冲洗出水的浊度。

（5）供热管道试压合格后，应进行冲洗。

检验方法：现场观察，以水色不浑浊为合格。

（6）自动喷水灭火系统管网冲洗的水流流速、流量不应小于系统设计的水流流速、流量；管网冲洗宜分区、分段进行；水平管网冲洗时其排水管位置应低于配水支管。管网冲洗应连续进行，当出水口处水的颜色、透明度与入水口处水的颜色、透明度基本一致时为合格。

（7）空调管道试压合格后，应进行冲洗。

二、冲（吹）洗试验记录

冲（吹）洗试验记录格式见表7-30。

表7-30　冲（吹）洗试验记录

<table>
<tr><td rowspan="2">工程名称</td><td rowspan="2"></td><td>编号</td><td></td></tr>
<tr><td>试验日期</td><td></td></tr>
<tr><td>分项工程名称</td><td></td><td>试验部位</td><td></td></tr>
<tr><td colspan="4">试验要求：</td></tr>
<tr><td colspan="4">试验记录：</td></tr>
<tr><td colspan="4">试验结论：</td></tr>
</table>

<table>
<tr><td rowspan="3">签字栏</td><td rowspan="2">施工单位</td><td rowspan="2"></td><td>专业技术负责人</td><td>专业质检员</td><td>专业工长</td></tr>
<tr><td></td><td></td><td></td></tr>
<tr><td>监理或建设单位</td><td colspan="2"></td><td>专业工程师</td><td></td></tr>
</table>

注：本表由施工单位填写，并应由建设单位、监理单位、施工单位各保存一份。

相关知识

注意事项

① 以设计要求和规范规定为依据，适用条目要准确。

② 根据试验的实际情况填写实测数据，要准确，内容齐全，不得漏项。

③ 冲（吹）洗试验为系统试验，一般在系统完成后统一进行。

④ 工程采用施工总承包管理模式的，签字人员应为施工总承包单位的相关人员。

⑤ 工程名称与施工文件一致，且各专业应统一。

⑥ 应根据试验的情况真实填写。内容要齐全，不得漏项。应以规程规范为依据，结论要准确。

⑦ 签字栏必须本人手签，不得打印或他人代签。

第 16 节　补偿器安装记录

要　点

各类补偿器安装时应按要求进行补偿器安装记录，补偿器型式、规格、安装位置等应符合设计要求。补偿器安装记录应清晰准确填写。

解　释

一、填表说明

（1）补偿器型式、规格、位置应符合设计要求，并按有关规定进行预拉伸。

检验方法：对照设计图纸检查。

（2）补偿器的型号、安装位置及预拉伸和固定支架的构造及安装位置应符合设计要求。

检验方法：对照图纸，现场观察，并查验预拉伸记录。

（3）室外供热管网安装补偿器的位置必须符合设计要求，并应按设计要求或产品说明书进行预拉伸。管道固定支架的位置和构造必须符合设计要求。

检验方法：对照图纸，并查验预拉伸记录。

二、补偿器安装记录

补偿器安装记录的格式见表 7-31。

表 7-31 补偿器安装记录

<table>
<tr><td rowspan="2" colspan="2">工程名称</td><td rowspan="2" colspan="2"></td><td colspan="2">编号</td><td colspan="2"></td></tr>
<tr><td colspan="2">日　　期</td><td colspan="2"></td></tr>
<tr><td colspan="2">设计压力/MPa</td><td colspan="2"></td><td colspan="2">安装部位</td><td colspan="2"></td></tr>
<tr><td colspan="2">规格型号</td><td colspan="2"></td><td colspan="2">补偿器材质</td><td colspan="2"></td></tr>
<tr><td colspan="2">固定支架间距/m</td><td colspan="2"></td><td colspan="2">管内介质温度/℃</td><td colspan="2"></td></tr>
<tr><td colspan="8">补偿器安装记录及说明：</td></tr>
<tr><td colspan="8">结论：</td></tr>
<tr><td rowspan="3">签字栏</td><td rowspan="2">施工单位</td><td rowspan="2"></td><td colspan="2">专业技术负责人</td><td>专业质检员</td><td colspan="2">专业工长</td></tr>
<tr><td colspan="2"></td><td></td><td colspan="2"></td></tr>
<tr><td>监理或建设单位</td><td colspan="3"></td><td>专业工程师</td><td colspan="2"></td></tr>
</table>

注：本表由施工单位填写。

相关知识

注意事项

① 补偿器预拉伸数值应根据设计给出的最大补偿量得出（一般为其数值的 50%），要注意不同位置的补偿器由于管段长度、运行温度、安装温度不同而有所不同。

② 根据试验的实际情况填写实测数据，要准确，内容齐全，不得漏项。

③ 工程采用施工总承包管理模式的，签字人员应为施工总承包单位的相关人员。

④ 热伸长可通过下式计算：

$$\Delta L = \alpha L \Delta t \quad (7\text{-}17)$$

式中，ΔL 为热伸长，m；α 为管道线膨胀系数，碳素钢 $\alpha = 12\times10^{-6}$ m/(m·℃)；L 为管长，m；Δt 为管道在运行时的温度与安装时的温度之差值，℃。

第 17 节　建筑电气工程施工试验记录

要　点

建筑电气工程施工试验记录主要包括电气接地电阻测试记录、电气接地装置隐检与平面示意图表、电气绝缘电阻测试记录和电气设备空载试运行等内容。

解　释

一、电气接地电阻测试记录

电气接地电阻测试记录见表 7-32。

表 7-32　电气接地电阻测试记录

工程名称			编号	
			测试日期	
仪表型号		天气情况		气温/℃	
接地类型	□防雷接地　□计算机接地　□工作接地 □保护接地　□防静电接地　□逻辑接地 □重复接地　□综合接地　□医疗设备接地			
设计要求	□≤10Ω　□≤4Ω　□≤1Ω □≤0.1Ω　□≤　Ω　□			
测试部位：				

<table>
<tr><td colspan="5">测试结论：</td></tr>
<tr><td rowspan="5">签字栏</td><td>施工单位</td><td colspan="3"></td></tr>
<tr><td>专业技术负责人</td><td>专业质检员</td><td>专业工长</td><td>专业测试人</td></tr>
<tr><td rowspan="2"></td><td rowspan="2"></td><td rowspan="2"></td><td></td></tr>
<tr><td></td></tr>
<tr><td>监理或建设单位</td><td></td><td>专业工程师</td><td></td></tr>
</table>

注：本表由施工单位填写，并应由建设单位、监理单位、施工单位、城建档案馆各保存一份。

二、电气接地装置隐检与平面示意图表

电气接地装置隐检与平面示意图表见表 7-33。

表 7-33　电气接地装置隐检与平面示意图表

<table>
<tr><td rowspan="2">工程名称</td><td colspan="3" rowspan="2"></td><td>编号</td><td></td></tr>
<tr><td>图号</td><td></td></tr>
<tr><td>接地类型</td><td></td><td>组数</td><td></td><td>设计要求</td><td>≤　Ω</td></tr>
<tr><td colspan="6">接地装置平面示意图(绘制比例要适当,注明各组别编号及有关尺寸)</td></tr>
</table>

续表

<table>
<tr><td colspan="6">接地装置敷设情况检查表(尺寸单位:mm)</td></tr>
<tr><td colspan="2">槽沟尺寸</td><td></td><td>土质情况</td><td colspan="2"></td></tr>
<tr><td colspan="2">接地极规格</td><td></td><td>打进深度</td><td colspan="2"></td></tr>
<tr><td colspan="2">接地体规格</td><td></td><td>焊接情况</td><td colspan="2"></td></tr>
<tr><td colspan="2">防腐处理</td><td></td><td>接地电阻</td><td>(取最大值)</td><td>Ω</td></tr>
<tr><td colspan="2">检验结论</td><td></td><td>检验日期</td><td colspan="2"></td></tr>
<tr><td rowspan="3">签字栏</td><td rowspan="2">施工单位</td><td></td><td>专业技术负责人</td><td>专业质检员</td><td>专业工长</td></tr>
<tr><td></td><td></td><td></td><td></td></tr>
<tr><td>监理或建设单位</td><td></td><td>专业工程师</td><td colspan="2"></td></tr>
</table>

注：本表由施工单位填写

三、电气绝缘电阻测试记录

电气绝缘电阻测试记录见表 7-34。

表 7-34 电气绝缘电阻测试记录

<table>
<tr><td colspan="2" rowspan="2">工程名称</td><td colspan="5" rowspan="2"></td><td>编号</td><td colspan="5"></td></tr>
<tr><td>测试日期</td><td colspan="5">年 月 日</td></tr>
<tr><td colspan="2">计量单位</td><td colspan="5"></td><td>天气情况</td><td colspan="5"></td></tr>
<tr><td colspan="2">仪表型号</td><td colspan="2"></td><td colspan="2">电压</td><td colspan="2"></td><td colspan="3">环境温度</td><td colspan="2"></td></tr>
<tr><td rowspan="2">层数</td><td rowspan="2">箱盘编号</td><td rowspan="2">回路号</td><td colspan="3">相间</td><td colspan="3">相对零</td><td colspan="3">相对地</td><td>零对地</td></tr>
<tr><td>L_1-L_2</td><td>L_2-L_3</td><td>L_3-L_1</td><td>L_1-N</td><td>L_2-N</td><td>L_3-N</td><td>L_1-PE</td><td>L_2-PE</td><td>L_3-PE</td><td>N-PE</td></tr>
<tr><td></td><td></td><td></td><td></td><td></td><td></td><td></td><td></td><td></td><td></td><td></td><td></td><td></td></tr>
<tr><td></td><td></td><td></td><td></td><td></td><td></td><td></td><td></td><td></td><td></td><td></td><td></td><td></td></tr>
<tr><td></td><td></td><td></td><td></td><td></td><td></td><td></td><td></td><td></td><td></td><td></td><td></td><td></td></tr>
<tr><td></td><td></td><td></td><td></td><td></td><td></td><td></td><td></td><td></td><td></td><td></td><td></td><td></td></tr>
<tr><td></td><td></td><td></td><td></td><td></td><td></td><td></td><td></td><td></td><td></td><td></td><td></td><td></td></tr>
<tr><td></td><td></td><td></td><td></td><td></td><td></td><td></td><td></td><td></td><td></td><td></td><td></td><td></td></tr>
<tr><td></td><td></td><td></td><td></td><td></td><td></td><td></td><td></td><td></td><td></td><td></td><td></td><td></td></tr>
<tr><td></td><td></td><td></td><td></td><td></td><td></td><td></td><td></td><td></td><td></td><td></td><td></td><td></td></tr>
<tr><td></td><td></td><td></td><td></td><td></td><td></td><td></td><td></td><td></td><td></td><td></td><td></td><td></td></tr>
</table>

续表

测试结论：				

签字栏	施工单位			
	专业技术负责人	专业质检员	专业工长	测试人
	监理或建设单位		专业工程师	

注：本表由施工单位填写，并应由建设单位、监理单位、施工单位各保存一份。

四、电气设备空载试运行记录

电气设备空载试运行记录见表 7-35。

表 7-35 电气设备空载试运行记录

工程名称				编号			
设备名称		设备型号		设计编号			
额定电流		额定电压		填写日期	年 月 日		
试运时间	由 日 时 分开始至 日 时 分结束						
运行负荷记录	运行时间	运行电压/V			运行电流/A			温度/℃
		L_1-N (L_1-L_2)	L_2-N (L_2-L_3)	L_3-N (L_3-L_1)	L_1 相	L_2 相	L_3 相	

<table>
<tr><td colspan="6">试运行情况记录：</td></tr>
<tr><td rowspan="3">签字栏</td><td rowspan="2">施工单位</td><td rowspan="2"></td><td>专业技术负责人</td><td>专业质检员</td><td>专业工长</td></tr>
<tr><td></td><td></td><td></td></tr>
<tr><td>监理或建设单位</td><td colspan="2"></td><td>专业工程师</td><td></td></tr>
</table>

注：本表由施工单位填写，并应由建设单位、监理单位、施工单位、城建档案馆各保存一份。

相关知识

注意事项

1. 电气接地电阻测试记录

① 电气接地电阻测试记录应由建设（监理）单位及施工单位共同进行检查。

② 检测阻值结果和结论齐全。

③ 电气接地电阻测试应及时，测试必须在接地装置敷设后隐蔽之前进行。

④ 应绘制建筑物及接地装置的位置示意图表（见电气接地装置隐检与平面示意图表的填写要求）。

⑤ 编号栏的填写应参照隐蔽工程检查记录表编号编写，但表式不同时顺序号应重新编号。

2. 电气接地装置隐检与平面示意图表

① 电气接地装置隐检与平面示意图应由建设（监理）单位及施工单位共同进行检查。

② 检测结论齐全。

③ 检验日期应与电气接地电阻测试记录日期一致。

④ 绘制接地装置平面示意图时，应把建筑物轴线、各测试点

的位置及阻值标出。

⑤ 编号栏的填写应与电气接地电阻测试记录编号一致。

3. 电气绝缘电阻测试记录

① 电气绝缘电阻测试记录应由建设（监理）单位及施工单位共同进行检查。

② 检测阻值结果和测试结论齐全。

③ 当同一配电箱（盘、柜）内支路很多，又是同一天进行测试时，本表格填不下，可续表格进行填写，但编号应一致。

④ 阻值必须符合规范、标准的要求，若不符合规范、标准的要求，应查找原因并进行处理，直到符合要求方可填写此表。

⑤ 编号栏的填写应参照隐蔽工程检查记录表编号编写，但表式不同时顺序号应重新编号，一、二次测试记录的顺序号应连续编写。

4. 电气设备空载试运行记录

（1）电气设备空载试运行记录应由建设（监理）单位及施工单位共同进行检查。

（2）试运行情况记录应详细：

① 记录成套配电（控制）柜、台、箱、盘的运行电压、电流情况，各种仪表指示情况；

② 记录电动机转向和机械转动有无异常情况，机身和轴承的温升，电流、电压及运行时间等有关数据；

③ 记录电动执行机构的动作方向及指示，是否与工艺装置的设计要求保持一致。

（3）当测试设备的相间电压时，应把相对零电压划掉。

（4）编号栏的填写应参照隐蔽工程检查记录表编号编写，但表式不同时顺序号应重新编号。

第 18 节　风管检测记录

要　点

风管系统安装完成后，应按设计要求及规范规定进行风管漏光

测试和风管漏风测试，并应认真填写风管漏光检测记录和风管漏风检测记录。

解 释

一、风管漏光测试

风管漏光检测记录见表 7-36。

表 7-36 风管漏光检测记录

工程名称		编号	
		试验日期	
系统名称		工作压力/Pa	
系统接缝总长度/m		每 10m 接缝为一检测段的分段数	
检测光源			
分段序号	实测漏光点数/个	每 10m 接缝的允许漏光点数/(个/10m)	结论
1			
2			
3			
4			
5			
6			
7			
8			
合计	总漏光点数/个	每 100m 接缝的允许漏光点数/(个/100m)	结论

检测结论：

签字栏	施工单位		专业技术负责人	专业质检员	专业工长
	监理或建设单位			专业工程师	

注：本表由施工单位填写，并应由建设单位、监理单位、施工单位各保存一份。

二、风管漏风测试

风管漏风检测记录见表 7-37。

表 7-37 风管漏风检测记录

工程名称			编号		
			试验日期		
系统名称			工作压力/Pa		
系统总面积/m^2			试验压力/Pa		
试验总面积/m^2			系统检测分段数		
检测区段图示：	分段实测数值				
	序号	分段表面积/m^2	试验压力/Pa	实际漏风量/(m^3/h)	
	1				
	2				
	3				
	4				
	5				
	6				
	7				
	8				
系统允许漏风量/[m^3/(m^2·h)]			实测系统漏风量/[m^3/(m^2·h)]		
检测结论：					

签字栏					
签字栏	施工单位		专业技术负责人	专业质检员	专业工长
	监理或建设单位			专业工程师	

注：本表由施工单位填写，并应由建设单位、监理单位、施工单位各保存一份。

注意事项

1. 风管漏光检测记录

① 漏光检测时为便于观察，应选择地下室管道或在晚间时进行。检测时应重点对板材拼缝和管段间连接处进行检查。

② 所使用的照明设备应为低压电源。

③ 工程名称与施工文件一致，且各专业应统一。

④ 应根据试验的情况真实填写。内容要齐全，不得漏项。应以规程规范为依据，结论要准确。

⑤ 签字栏必须本人手签，不得打印或他人代签。

2. 风管漏风检测记录

① 系统工作压力不能简单以风机、空调机组等设备出口处的静压、余压值判断。应由设计确定。

② 试验时注意应缓慢升压。

③ 分段表面积应为实测的面积值，未测到的支管等不计在内。但应包括临时设置的盲板、消声器等阀部件的表面积。

④ 系统分段试压时，某段的漏风量超标不能判定整个系统不合格，应将各测试段漏风量平均后与允许值比较判断。

⑤ 数值的计算详见《通风与空调工程施工质量验收规范》GB 50243—2016。

⑥ 工程名称与施工文件一致，且各专业应统一。

⑦ 应根据试验的情况真实填写。内容要齐全，不得漏项。应以规程规范为依据，结论要准确。

⑧ 签字栏必须本人手签，不得打印或他人代签。

第19节　管网风量平衡记录

要　点

通风与空调工程无生产负荷联合试运转时，应分系统，将统一系统内的各测点的风压、风速、风量进行测试和调整，并做记录。

解　释

一、填表规定及要求

（1）系统各测点的实际与设计风量的相对偏差不应大于10%。

（2）空调系统各测点调测的单线平面图或透视图，图中应标明系统名称、测点编号、测点位置、风口位置，并注明送风、回风、新风管。

（3）系统风量调整采用“流量等比分配法”或“基准风口法”，从系统最不利环路的末端开始，最后进行总风量的调整。

（4）系统风量调整平衡后，应能从表中的数据反映出：

① 风口的风量、新风量、排风量、回风量的实测值与设计风量的相对偏差不大于10%；

② 新风量与回风量之和应近似等于总的送风量或各送风量之和；

③ 总的送风量应略大于回风量与排风量之和。

二、管网风量平衡记录

管网风量平衡记录的样式见表7-38。

表7-38　管网风量平衡记录

<table>
<tr><td colspan="2" rowspan="2">工程名称</td><td colspan="4" rowspan="2"></td><td colspan="2">编号</td><td colspan="3"></td></tr>
<tr><td colspan="2">测试日期</td><td colspan="3"></td></tr>
<tr><td colspan="2">系统名称</td><td colspan="4"></td><td colspan="2">系统位置</td><td colspan="3"></td></tr>
<tr><td rowspan="2">测点编号</td><td rowspan="2">风管规格/(mm×mm)</td><td rowspan="2">断面积/m²</td><td colspan="3">平均风压/Pa</td><td rowspan="2">风速/(m/s)</td><td colspan="2">风量/(m³/h)</td><td rowspan="2">相对差</td><td rowspan="2">使用仪器编号</td></tr>
<tr><td>动压</td><td>静压</td><td>全压</td><td>实际($Q_{实}$)</td><td>设计($Q_{设}$)</td></tr>
<tr><td>1</td><td></td><td></td><td></td><td></td><td></td><td></td><td></td><td></td><td></td><td></td></tr>
<tr><td>2</td><td></td><td></td><td></td><td></td><td></td><td></td><td></td><td></td><td></td><td></td></tr>
<tr><td>3</td><td></td><td></td><td></td><td></td><td></td><td></td><td></td><td></td><td></td><td></td></tr>
<tr><td colspan="2">施工单位</td><td colspan="9"></td></tr>
<tr><td colspan="3">审核人</td><td colspan="4">测定人</td><td colspan="4">记录人</td></tr>
<tr><td colspan="3"></td><td colspan="4"></td><td colspan="4"></td></tr>
</table>

注：本表由施工单位填写并保存。

相关知识

注意事项

① 工程名称与施工文件一致，且各专业应统一。

② 应根据试验的情况真实填写。内容要齐全，不得漏项。应以规程规范为依据，结论要准确。

③ 签字栏必须本人手签，不得打印或他人代签。

④ 管网风量平衡记录的最终目的是比较出实测风量与设计值之差。因此，若采用风速-风量法则测量风压值是必需的。现在科技不断进步，测量仪器不断更新，各种风量测试仪逐渐应用到工程中。若风量测试仪能够直接、有效、准确地测试出风口风量，则风压值一栏可空白不填。

第 20 节　空调试运转调试记录

要　点

空调试运转调试记录主要包括空调系统试运转调试记录和空调水系统试运转调试记录。通风与空调工程进行无生产负荷联合试运转及调试时，应对空调系统总风量、空调冷（热）水、冷却水总流量、供回水温度等进行测量调整，并做记录。

解　释

一、空调系统试运转调试记录

系统实际风量与设计风量的相对偏差不应大于 10%，为调试合格。

空调系统试运转调试记录见表 7-39。

表 7-39　空调系统试运转调试记录

<table>
<tr><td rowspan="2">工程名称</td><td rowspan="2"></td><td>编号</td><td></td></tr>
<tr><td>试运转调试日期</td><td></td></tr>
<tr><td>系统名称</td><td></td><td>系统所在位置</td><td></td></tr>
<tr><td>设计总风量/(m³/h)</td><td></td><td>实测总风量/(m³/h)</td><td></td></tr>
<tr><td>风机全压/Pa</td><td></td><td>实测风机全压/Pa</td><td></td></tr>
<tr><td colspan="4">试运转、调试内容：</td></tr>
<tr><td colspan="4">试运转、调试结论：</td></tr>
</table>

<table>
<tr><td rowspan="3">签字栏</td><td rowspan="2">施工单位</td><td rowspan="2" colspan="2"></td><td>专业技术负责人</td><td>专业质检员</td><td>专业工长</td></tr>
<tr><td></td><td></td><td></td></tr>
<tr><td>监理或建设单位</td><td colspan="3"></td><td>专业工程师</td><td></td></tr>
</table>

注：本表由施工单位填写。

二、空调水系统试运转调试记录

空调冷（热）水、冷却水总流量的实际流量与设计流量的相对偏差不应大于10%，为调试合格。空调冷（热）水、冷却水进出水温度应符合设计要求及规范规定。

空调水系统试运转调试记录见表7-40。

注意事项

① 工程名称与施工文件一致，且各专业应统一。

② 应根据试验的情况真实填写。内容要齐全，不得漏项。应以规程规范为依据，结论要准确。

③ 签字栏必须本人手签，不得打印或他人代签。

表 7-40　空调水系统试运转调试记录

<table>
<tr><td rowspan="2">工程名称</td><td rowspan="2"></td><td>编号</td><td></td></tr>
<tr><td>试运转调试日期</td><td></td></tr>
<tr><td>设计空调冷（热）水总流量（$Q_{设}$）/（m^3/h）</td><td></td><td rowspan="2">相对差</td><td rowspan="2"></td></tr>
<tr><td>实际空调冷（热）水总流量（$Q_{实}$）/（m^3/h）</td><td></td></tr>
<tr><td>空调冷（热）水供水温度/℃</td><td></td><td>空调冷（热）水回水温度/℃</td><td></td></tr>
<tr><td>设计冷却水总流量（$Q_{设}$）/（m^3/h）</td><td></td><td rowspan="2">相对差</td><td rowspan="2"></td></tr>
<tr><td>实际冷却水总流量（$Q_{实}$）/（m^3/h）</td><td></td></tr>
<tr><td>冷却水供水温度/℃</td><td></td><td>冷却水回水温度/℃</td><td></td></tr>
<tr><td colspan="4">试运转、调试内容：</td></tr>
<tr><td colspan="4">试运转、调试结论：</td></tr>
</table>

<table>
<tr><td rowspan="3">签字栏</td><td rowspan="2">施工单位</td><td rowspan="2"></td><td>专业技术负责人</td><td>专业质检员</td><td>专业工长</td></tr>
<tr><td></td><td></td><td></td></tr>
<tr><td>监理或建设单位</td><td colspan="2"></td><td>专业工程师</td><td></td></tr>
</table>

注：本表由施工单位填写。

第 8 章　建筑工程施工质量验收记录

第 1 节　检验批质量验收记录

要　点

检验批是施工质量最小验收单位，所有检验批合格，整个工程的分项工程、根部工程和单位工程则合格。因此，检验批质量验收是比较重要的一个环节。

解　释

一、表的名称及编号

（1）表名及相关规定　检验批质量验收记录表的表名原则上按“分项工程”名称。

（2）检验批表名下标明该分项工程所属质量验收规范标准号。

（3）检验批质量验收记录表的编号　表右上角 8 位数，前 6 位数印在表上，后留 2 个□是指检验批编号。

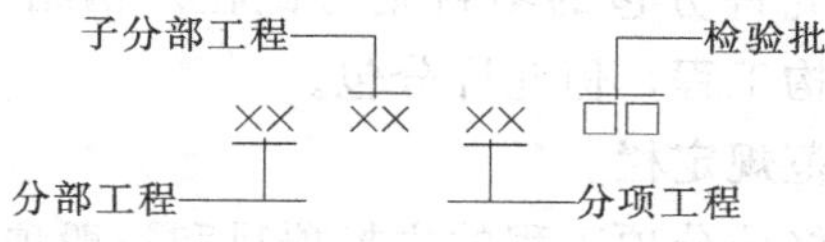

① 前 2 个数字是分部工程代码，01～10。地基与基础为 01，主体结构为 02，建筑装饰装修为 03，屋面为 04，建筑给水排水及供暖为 05，通风与空调为 06，建筑电气为 07，智能建筑为 08，建筑节能为 09，电梯为 10。

第 3、4 位数字是子分部工程代码；第 5、6 位数字是分项工程代码；第 7、8 位数字是各分项工程检验批验收顺序号，即所留的 2 位数字的空格□□。

② 有些分项工程在两个分部工程中出现，则编 2 个分部工程

及相应子分部工程的编号。

③ 有些分项工程可能在几个子分部工程中出现，则编几个子分部工程及分项工程的编号。

④ 表名下的罗马数字（Ⅰ）、（Ⅱ）……含义：

a. 同一分项工程，在验收时也将其划分为几个不同的检验批来验收；

b. 同一分项工程，材料不同分成若干检验批验收；

c. 同一分项工程按工序分成若干检验批；

d. 同一分项工程内容过多，一张表容不下，可分成若干张表；

e. 不同分项工程中内容相同的部分可见相关检验批。

上述 5 种情况虽然分项工程相同、验收记录表的代号亦相同，但不是用一张表，故用罗马数字区分，届时应对号入座。

（4）表头

① 表头内容　表头列有单位工程名称、分部工程名称、验收部位、施工单位、项目经理、分包单位、分包项目经理和施工执行标准名称及编号。

② 表头分包单位栏　分包单位栏有的表有，有的没有。影响结构安全的项目不许分包，因此，不许分包的项目，其验收表的表头中则无此栏，允许分包的项目则有此栏。钢结构工程属特殊专业，虽属主体结构工程，但允许分包。

（5）验收规范规定栏

检验表已印好该分项工程的主控项目和一般项目包含的内容及规定：①能填写下的尽量填写，否则写规范条文号或简单要求；②计量检验要求印好实际数字；③每个检验批验收表背面均印有本分项工程检验批验收说明。

二、检验批质量验收表的填写

1. 检验批表编号的填写

检验批表编号的填写，要对号入座，在对应的分部工程、子分部工程和分项工程那行的 2 个方框内填写检验批序号。

2. 单位工程名称

单位工程名称，按合同上的单位工程名称填写，子单位工程标出该部分的位置。分部工程名称，按验收规范划定的分部名称填写。验收部位是指一个分项工程中的验收的那个检验批的抽样范围，要标注清楚，如二层①～⑩/轴线砖砌体。

施工单位、分包单位与合同上公章名称相一致。项目经理填写合同中指定的项目负责人。有分包单位时，填写分包单位全称，分包单位项目经理应是合同中指定的项目负责人。这些人员不需本人签字。

3. 施工执行标准名称及编号

由于验收规范只列出验收的质量指标，其工艺只提出一个原则要求，具体的操作工艺就靠企业标准了。只有按照不低于国家质量验收规范的企业标准来操作，才能保证国家验收规范的实施。如果没有具体的操作工艺，保证工程质量就是一句空话。企业必须制订企业标准（操作工艺、工艺标准、工法等），来进行培训工人，技术交底，来规范工人班组的操作。为了能成为企业的标准体系的重要组成部分，企业标准应有编制人、批准人、批准时间、执行时间、标准名称及编号。填写表时只要将标准名称及编号填写上，就能在企业的标准系列中查到其详细情况，并要在施工现场有这项标准，工人再执行这项标准。

4. 主控项目、一般项目施工单位检查评定记录

填写方法分以下几种情况，均按施工质量验收规定进行判定。

（1）对定量项目直接填写检查的数据。

（2）对定性项目，当符合规范规定时，采用打"√"的方法标注；当不符合规范规定时，采用打"×"的方法标注。

（3）有混凝土、砂浆强度等级的检验批，按规定制取试件后，可填写试件编号，待试件试验报告出来后，对检验批进行判定，并在分项工程验收时进一步进行强度评定及验收。

（4）对既有定性又有定量的项目，各个子项目质量均符合规范规定时，采用打"√"来标注；否则采用打"×"来标注。无此项内容的打"√"来标注。

（5）对一般项目合格点有要求的项目，应是其中带有数据的定量项目；定性项目必须基本达到。定量项目其中每个项目都必须有80%以上（混凝土保护层为90%）检测点的实测数值达到规范规定。其余20%按各专业施工质量验收规范规定，不能大于150%（钢结构为120%），就是说有数据的项目，除必须达到规定的数值外，其余可放宽的，最大放宽到150%。

“施工单位检查评定记录”栏的填写，有数据的项目，将实际测量的数值填入格内，超企业标准的数字，而没有超过国家验收规范的用“○”将其圈住；对超过国家验收规范的用“△”圈住。

5. 监理（建设）单位验收记录

通常监理人员应进行平行、旁站或巡回的方法进行监理，在施工过程中，对施工质量进行察看和测量，并参加施工单位的重要项目的检测。对新开工程或首件产品进行全面检查，以了解质量水平和控制措施的有效性及执行情况，在整个过程中，随时可以测量等。在检验批验收时，对主控项目、一般项目应逐项进行验收。对符合验收规范规定的项目，填写“合格”或“符合要求”，对不符合验收规范规定的项目，暂不填写，待处理后再验收，但应做标记。

6. 施工单位检查评定结果

施工单位自行检查评定合格后，应注明“主控项目全部合格，一般项目满足规范规定要求”。

专业工长（施工员）和施工班、组长栏目由本人签字，以示承担责任。专业质量检查员代表企业逐项检查评定合格，将表填写并写清楚结果，签字后，交监理工程师或建设单位项目专业技术负责人验收。

7. 监理（建设）单位验收结论

主控项目、一般项目验收合格，混凝土、砂浆试件强度待试验报告出来后判定，其余项目已全部验收合格。注明“同意验收”。专业监理工程师建设单位的专业技术负责人签字。

相关知识

检验批质量验收记录

检验批质量验收记录（表8-1）。

表 8-1 ________检验批质量验收记录　　编号：

<table>
<tr><td>单位(子单位)
工程名称</td><td></td><td>分部(子分部)
工程名称</td><td></td><td>分项工程名称</td><td></td></tr>
<tr><td>施工单位</td><td></td><td>项目负责人</td><td></td><td>检验批容量</td><td></td></tr>
<tr><td>分包单位</td><td></td><td>分包单位项目
负责人</td><td></td><td>检验批部位</td><td></td></tr>
<tr><td>施工依据</td><td colspan="2"></td><td>验收依据</td><td colspan="2"></td></tr>
</table>

<table>
<tr><td></td><td colspan="2">验收项目</td><td>设计要求及规范规定</td><td>最小/实际抽样数量</td><td>检查记录</td><td>检查结果</td></tr>
<tr><td rowspan="10">主控
项目</td><td>1</td><td></td><td></td><td></td><td></td><td></td></tr>
<tr><td>2</td><td></td><td></td><td></td><td></td><td></td></tr>
<tr><td>3</td><td></td><td></td><td></td><td></td><td></td></tr>
<tr><td>4</td><td></td><td></td><td></td><td></td><td></td></tr>
<tr><td>5</td><td></td><td></td><td></td><td></td><td></td></tr>
<tr><td>6</td><td></td><td></td><td></td><td></td><td></td></tr>
<tr><td>7</td><td></td><td></td><td></td><td></td><td></td></tr>
<tr><td>8</td><td></td><td></td><td></td><td></td><td></td></tr>
<tr><td>9</td><td></td><td></td><td></td><td></td><td></td></tr>
<tr><td>10</td><td></td><td></td><td></td><td></td><td></td></tr>
<tr><td rowspan="5">一般
项目</td><td>1</td><td></td><td></td><td></td><td></td><td></td></tr>
<tr><td>2</td><td></td><td></td><td></td><td></td><td></td></tr>
<tr><td>3</td><td></td><td></td><td></td><td></td><td></td></tr>
<tr><td>4</td><td></td><td></td><td></td><td></td><td></td></tr>
<tr><td>5</td><td></td><td></td><td></td><td></td><td></td></tr>
<tr><td colspan="2">施工单位检查结果</td><td colspan="5">专业工长：
项目专业质量检查员：
年　月　日</td></tr>
<tr><td colspan="2">监理单位验收结论</td><td colspan="5">专业监理工程师：
年　　月　　日</td></tr>
</table>

第 2 节　分项工程质量验收记录

要　点

分项工程验收由监理工程师组织项目专业技术负责人等进行验收。分项工程的验收在检验批验收的基础上进行，构成分项工程的各检验批的验收资料文件完整，并且均已验收合格，则可判定该分项工程验收合格。

解　释

一、表的填写

表名填写所验收分项工程的名称，表头按项目填写，检验批部位、区段按层及轴线（①～⑮）填写。施工单位检查评定结果，由施工单位项目专业质量检查员填写，符合要求的打“√”，否则打“×”。分项工程的检查由施工单位的项目专业技术负责人检查后给出评价并签字，交监理单位或建设单位验收。

二、分项工程质量验收记录表

分项工程质量验收记录见表 8-2。

表 8-2 ＿＿＿＿＿＿分项工程质量验收记录　　　编号：

<table>
<tr><td colspan="2">单位(子单位)
工程名称</td><td></td><td colspan="2">分部(子分部)
工程名称</td><td></td></tr>
<tr><td colspan="2">分项工程数量</td><td></td><td colspan="2">检验批数量</td><td></td></tr>
<tr><td colspan="2">施工单位</td><td></td><td>项目负责人</td><td></td><td>项目技术负责人</td><td></td></tr>
<tr><td colspan="2">分包单位</td><td></td><td>分包单位项目负责人</td><td></td><td>分包内容</td><td></td></tr>
<tr><td>序号</td><td>检验批名称</td><td>检验批容量</td><td>部位/区段</td><td>施工单位检查结果</td><td>监理单位验收结论</td></tr>
<tr><td>1</td><td></td><td></td><td></td><td></td><td></td></tr>
<tr><td>2</td><td></td><td></td><td></td><td></td><td></td></tr>
<tr><td>3</td><td></td><td></td><td></td><td></td><td></td></tr>
<tr><td>4</td><td></td><td></td><td></td><td></td><td></td></tr>
</table>

续表

序号	检验批名称	检验批容量	部位/区段	施工单位检查结果	监理单位验收结论
5					
6					
7					
8					
9					
10					
11					
12					
13					
14					
15					

说明：

施工单位检查结果	项目专业技术负责人： 年　月　日
监理单位验收结论	专业监理工程师： 年　月　日

相关知识

分项工程质量验收合格的规定

(1) 所含检验批的质量均应验收合格。

(2) 所含检验批的质量验收记录应完整。

分项工程的验收是以检验批为基础进行的。一般情况下，检验批和分项工程两者具有相同或相近的性质，只是批量的大小不同而已。

第3节 分部工程质量验收记录

要 点

由于单位工程数量的增大，复杂程度的增加，专业施工单位的增多，为了分清责任，及时整修等，分部工程的验收就显得较重要，以往一些单位工程验收的内容，已到了分部工程。分部工程的验收，是质量控制的一个要点。

解 释

一、验收内容

1. 分项工程

按分项工程第一个检验批施工先后的顺序，将分项工程名称填写上，在第二栏内分别填写各分项工程实际的检验批数量，即分项工程验收表上的检验批数量，并将各分项工程评定表按顺序附在表后。

施工单位检查评定栏，填写施工单位自行检查评定的结果。核查一下各分项工程是否都通过验收，有关有龄期试件的合格评定是否达到要求；有全高垂直度或总的标高的检验项目的应进行检查验收。自检符合要求的可打“√”标注，否则打“×”标注。有“×”的项目不能交给监理单位或建设单位验收，应进行返修达到合格后再提交验收。监理单位或建设单位由总监理工程师或建设单位项目专业技术负责人组织审查，在符合要求后，在验收意见栏内签注“同意验收”意见。

2. 质量控制资料

应按《建筑工程施工质量验收统一标准》GB 50300—2013表H.0.1-2“单位工程质量控制资料核查记录”中的相关内容来确定所验收的分部工程的质量控制资料项目，按资料核查的要求，逐项进行核查。能基本反映工程质量情况，达到保证结构安全和使用功能的要求，即可通过验收。全部项目都通过，即可在施工单位检查评定栏内打“√”标注检查合格，并送监理单位或建设单位验收。监理单位总监理工程师组织审查，在符合要求后，在验收意见栏内签注“同意验收”意见。

有些工程可按子分部工程进行资料验收，有些工程可按分部工程进行资料验收，由于工程不同，不强求统一。

3. 安全和功能检验（检测）报告

这个项目是指竣工抽样检测的项目，能在分部工程中检测的，尽量放在分部工程中检测。检测内容按《建筑工程施工质量验收统一标准》GB 50300—2013 表 H.0.1-3“单位工程安全和功能检验资料检查及主要功能抽查记录”中相关内容确定核查和抽查项目。在核查时要注意，在开工之前确定的项目是否都进行了检测；逐一检查每个检测报告，核查每个检测项目的检测方法、程序是否符合有关标准规定；检测结果是否达到规范的要求；检测报告的审批程序签字是否完整。在每个报告上标注审查同意。每个检测项目都通过审查，即可在施工单位检查评定栏内打“√”标注检查合格，由项目经理送监理单位或建设单位验收，监理单位总监理工程师或建设单位项目专业负责人组织审查，在符合要求后，在验收意见栏内签注“同意验收”。

4. 观感质量验收

实际不单单是外观质量，还有能启动或运转的要启动或试运转，能打开看的打开看，有代表性的房间、部位都应走到，并由施工单位项目经理组织进行现场检查。经检查合格后，将施工单位填写的内容填写好，由项目经理签字后交监理单位或建设单位验收。监理单位由总监理工程师或建设单位项目专业负责人组织验收，在听取参加检查人员意见的基础上，以总监理工程师或建设单位项目专业负责人为主导共同确定质量评价：好、一般、差。由施工单位的项目经理和总监理工程师或建设单位项目专业负责人共同签认。如评价观感质量差的项目，能修理的尽量修理，如果确难修理时，只要不影响结构安全和使用功能的，可采用协商解决的方法进行验收，并在验收表上注明，然后将验收评价结论填写在分部工程观感质量验收意见栏格内。

二、分部工程质量验收记录

分部工程质量验收记录见表 8-3。

表 8-3 ______分部工程质量验收记录 编号：

单位(子单位)工程名称		子分部工程数量		分项工程数量	
施工单位		项目负责人		技术(质量)负责人	
分包单位		分包单位负责人		分包内容	
序号	子分部工程名称	分项工程名称	检验批数量	施工单位检查结果	监理单位验收结论
1					
2					
3					
4					
5					
6					
7					
8					
质量控制资料					
安全和功能检验结果					
观感质量检验结果					
综合验收结论					

施工单位项目负责人：	勘察单位项目负责人：	设计单位项目负责人：	监理单位总监理工程师：
年 月 日	年 月 日	年 月 日	年 月 日

注：1. 地基与基础分部工程的验收应由施工、勘察、设计单位项目负责人和总监理工程师参加并签字。

2. 主体结构、节能分部工程的验收应由施工、设计单位项目负责人和总监理工程师参加并签字。

相关知识

分部工程质量验收合格的规定

（1）所含分项工程的质量均应验收合格。

（2）质量控制资料应完整。

（3）有关安全、节能、环境保护和主要使用功能的抽样检验结果应符合相应规定。

（4）观感质量应符合要求。

第 4 节　单位工程质量验收

要　点

单位工程质量验收主要包括分部工程、质量控制核查记录、安全和功能检验资料核查及主要功能抽检记录、观感质量检查记录和质量竣工验收记录。除综合验收结论外，都有专用表，而单位工程质量竣工验收记录表是一个综合性的表，使各项目验收合格后填写的。

解　释

一、单位质量控制核查记录

单位工程质量控制核查记录见表 8-4。

表 8-4　单位工程质量控制资料核查记录

工程名称			施工单位				
序号	项目	资料名称	份数	施工单位		监理单位	
				核查意见	核查人	核查意见	核查人
1	建筑与结构	图纸会审记录、设计变更通知单、工程洽谈记录					
2		工程定位测量、放线记录					
3		原材料出厂合格证书及进场检验、试验报告					

续表

工程名称			施工单位				
序号	项目	资料名称	份数	施工单位		监理单位	
				核查意见	核查人	核查意见	核查人
4	建筑与结构	施工试验报告及见证检测报告					
5		隐蔽工程验收记录					
6		施工记录					
7		地基、基础、主体结构检验及抽样检测资料					
8		分项、分部工程质量验收记录					
9		工程质量事故调查处理资料					
10		新技术论证、备案及施工记录					
1	给水排水与供暖	图纸会审记录、设计变更通知单、工程洽谈记录					
2		原材料出厂合格证书及进场检验、试验报告					
3		管道、设备强度试验、严密性试验记录					
4		隐蔽工程验收记录					
5		系统清洗、灌水、通水、通球试验记录					
6		施工记录					
7		分项、分部工程质量验收记录					
8		新技术论证、备案及施工记录					
1	通风与空调	图纸会审记录、设计变更通知单、工程洽谈记录					
2		原材料出厂合格证书及进场检验、试验报告					
3		制冷、空调、水管道强度试验、严密性试验记录					

续表

工程名称		施工单位					
序号	项目	资料名称	份数	施工单位		监理单位	
				核查意见	核查人	核查意见	核查人
4	通风与空调	隐蔽工程验收记录					
5		制冷设备运行调试记录					
6		通风、空调系统调试记录					
7		施工记录					
8		分项、分部工程质量验收记录					
9		新技术论证、备案及施工记录					
1	建筑电气	图纸会审记录、设计变更通知单、工程洽谈记录					
2		原材料出厂合格证书及进场检验、试验报告					
3		设备调试记录					
4		接地、绝缘电阻测试记录					
5		隐蔽工程验收记录					
6		施工记录					
7		分项、分部工程质量验收记录					
8		新技术论证、备案及施工记录					
1	智能建筑	图纸会审记录、设计变更通知单、工程洽谈记录					
2		原材料出厂合格证书及进场检验、试验报告					
3		隐蔽工程验收记录					
4		施工记录					
5		系统功能测定及设备调试记录					
6		系统技术、操作和维护手册					
7		系统管理、操作人员培训记录					
8		系统检测报告					
9		分项、分部工程质量验收记录					
10		新技术论证、备案及施工记录					

续表

工程名称		施工单位					
序号	项目	资料名称	份数	施工单位		监理单位	
				核查意见	核查人	核查意见	核查人
1	建筑节能	图纸会审记录、设计变更通知单、工程洽谈记录					
2		原材料出厂合格证书及进场检验、试验报告					
3		隐蔽工程验收记录					
4		施工记录					
5		外墙、外窗节能检验报告					
6		设备系统节能检测报告					
7		分项、分部工程质量验收记录					
8		新技术论证、备案及施工记录					
1	电梯	图纸会审记录、设计变更通知单、工程洽谈记录					
2		设备出厂合格证书及开箱检验记录					
3		隐蔽工程验收记录					
4		施工记录					
5		接地、绝缘电阻试验记录					
6		负荷试验、安全装置检查记录					
7		分项、分部工程质量验收记录					
8		新技术论证、备案及施工记录					

结论：

施工单位项目负责人：　　　　　　　　　　　　总监理工程师：

年　月　日　　　　　　　　　　　　年　月　日

二、单位安全和功能检验资料核查及主要功能抽检记录

这个项目包括两个方面内容（表 8-5）。一是在分部工程进行了安全和功能检测的项目，要核查其检验资料是否符合设计要求。二是验收时对主要功能项目的随机抽查，抽查项目由验收组共同确定，在现场抽查其功能是否满足使用要求，将结果填在抽查结果栏。

表 8-5　单位工程安全和功能检验资料核查及主要功能抽查记录

工程名称			施工单位			
序号	项目	安全和功能检查项目	份数	核查意见	抽查结果	核查(抽查)人
1	建筑与结构	地基承载力检验报告				
2		桩基承载力检验报告				
3		混凝土强度试验报告				
4		砂浆强度试验报告				
5		主体结构尺寸、位置抽查记录				
6		建筑物垂直度、标高、全高测量记录				
7		屋面淋水或蓄水试验记录				
8		地下室渗漏水检测记录				
9		有防水要求的地面蓄水试验记录				
10		抽气(风)道检查记录				
11		外窗气密性、水密性、耐风压检测报告				
12		幕墙气密性、水密性、耐风压检测报告				
13		建筑物沉降观测测量记录				
14		节能、保温测试记录				
15		室内环境检测报告				
16		土壤氡气浓度检测报告				

续表

工程名称			施工单位			
序号	项目	安全和功能检查项目	份数	核查意见	抽查结果	核查(抽查)人
1	给水排水与供暖	给水管道通水试验记录				
2		暖气管道、散热器压力试验记录				
3		卫生器具满水试验记录				
4		消防管道、燃气管道压力试验记录				
5		排水干管通球试验记录				
6		锅炉试运行、安全阀及报警联动测试记录				
1	通风与空调	通风、空调系统试运行记录				
2		风量、温度测试记录				
3		空气能量回收装置测试记录				
4		洁净室洁净度测试记录				
5		制冷机组试运行调试记录				
1	建筑电气	建筑照明通电试运行记录				
2		灯具固定装置及悬吊装置的载荷强度试验记录				
3		绝缘电阻测试记录				
4		剩余电流动作保护器测试记录				
5		应急电源装置应急持续供电记录				
6		接地电阻测试记录				
7		接地故障回路阻抗测试记录				
1	建筑智能化	系统试运行记录				
2		系统电源及接地检测报告				
3		系统接地检测报告				
1	建筑节能	外墙节能构造检查记录或热工性能检验报告				
2		设备系统节能性能检查记录				

续表

<table>
<tr><td colspan="2">工程名称</td><td></td><td>施工单位</td><td colspan="4"></td></tr>
<tr><td>序号</td><td>项目</td><td colspan="2">安全和功能检查项目</td><td>份数</td><td>核查意见</td><td>抽查结果</td><td>核查(抽查)人</td></tr>
<tr><td>1</td><td rowspan="2">电梯</td><td colspan="2">运行记录</td><td></td><td></td><td></td><td rowspan="2"></td></tr>
<tr><td>2</td><td colspan="2">安全装置检测报告</td><td></td><td></td><td></td></tr>
<tr><td colspan="8">结论：

施工单位项目负责人：　　　　　　　　　　　　总监理工程师：
年　月　日　　　　　　　　　　　　年　月　日</td></tr>
</table>

注：抽查项目由验收组协商确定。

三、单位工程观感质量检查记录

观感质量检查的方法同分部工程的观感质量验收。单位工程观感质量检查验收（表8-6）不同的是项目比较多，是一个综合性验收。

表8-6　单位工程观感质量检查记录

<table>
<tr><td colspan="2">工程名称</td><td colspan="2"></td><td>施工单位</td><td></td></tr>
<tr><td>序号</td><td colspan="2">项目</td><td colspan="2">抽查质量状况</td><td>质量评价</td></tr>
<tr><td>1</td><td rowspan="10">建筑与结构</td><td>主体结构外观</td><td colspan="2">共检查　点,好　点,一般　点,差　点</td><td></td></tr>
<tr><td>2</td><td>室外墙面</td><td colspan="2">共检查　点,好　点,一般　点,差　点</td><td></td></tr>
<tr><td>3</td><td>变形缝、雨水管</td><td colspan="2">共检查　点,好　点,一般　点,差　点</td><td></td></tr>
<tr><td>4</td><td>屋面</td><td colspan="2">共检查　点,好　点,一般　点,差　点</td><td></td></tr>
<tr><td>5</td><td>室内墙面</td><td colspan="2">共检查　点,好　点,一般　点,差　点</td><td></td></tr>
<tr><td>6</td><td>室内顶棚</td><td colspan="2">共检查　点,好　点,一般　点,差　点</td><td></td></tr>
<tr><td>7</td><td>室内地面</td><td colspan="2">共检查　点,好　点,一般　点,差　点</td><td></td></tr>
<tr><td>8</td><td>楼梯、踏步、护栏</td><td colspan="2">共检查　点,好　点,一般　点,差　点</td><td></td></tr>
<tr><td>9</td><td>门窗</td><td colspan="2">共检查　点,好　点,一般　点,差　点</td><td></td></tr>
<tr><td>10</td><td>雨罩、台阶、坡道、散水</td><td colspan="2">共检查　点,好　点,一般　点,差　点</td><td></td></tr>
</table>

续表

工程名称			施工单位	
序号	项目		抽查质量状况	质量评价
1	给水排水与供暖	管道接口、坡度、支架	共检查　点，好　点，一般　点，差　点	
2		卫生器具、支架、阀门	共检查　点，好　点，一般　点，差　点	
3		检查口、扫除口、地漏	共检查　点，好　点，一般　点，差　点	
4		散热器、支架	共检查　点，好　点，一般　点，差　点	
1	通风与空调	风管、支架	共检查　点，好　点，一般　点，差　点	
2		风口、风阀	共检查　点，好　点，一般　点，差　点	
3		风机、空调设备	共检查　点，好　点，一般　点，差　点	
4		管道、阀门、支架	共检查　点，好　点，一般　点，差　点	
5		水泵、冷却塔	共检查　点，好　点，一般　点，差　点	
6		绝热	共检查　点，好　点，一般　点，差　点	
1	建筑电气	配电箱、盘、板、接线盒	共检查　点，好　点，一般　点，差　点	
2		设备器具、开关、插座	共检查　点，好　点，一般　点，差　点	
3		防雷、接地、防火	共检查　点，好　点，一般　点，差　点	
1	建筑智能化	机房设备安装及布局	共检查　点，好　点，一般　点，差　点	
2		现场设备安装	共检查　点，好　点，一般　点，差　点	
1	电梯	运行、平层、开关门	共检查　点，好　点，一般　点，差　点	
2		层门、信号系统	共检查　点，好　点，一般　点，差　点	
3		机房	共检查　点，好　点，一般　点，差　点	
观感质量综合评价				

结论：

施工单位项目负责人：　　　　　　　　　　　　总监理工程师：

年　月　日　　　　　　　　　　　　　　年　月　日

注：1. 对质量评价为差的项目应进行返修。

2. 观感质量现场检查原始记录应作为本表附件。

四、单位质量竣工验收记录

单位质量竣工验收记录见表 8-7。

表 8-7　单位工程质量竣工验收记录

<table>
<tr><td>工程名称</td><td></td><td>结构类型</td><td></td><td>层数/建筑面积</td><td></td></tr>
<tr><td>施工单位</td><td></td><td>技术负责人</td><td></td><td>开工日期</td><td></td></tr>
<tr><td>项目负责人</td><td></td><td>项目技术负责人</td><td></td><td>完工日期</td><td></td></tr>
<tr><td>序号</td><td>项目</td><td colspan="3">验收记录</td><td>验收结论</td></tr>
<tr><td>1</td><td>分部工程验收</td><td colspan="3">共　　分部，经查符合设计及标准规定　分部</td><td></td></tr>
<tr><td>2</td><td>质量控制资料核查</td><td colspan="3">共　项，经核查符合规定　项</td><td></td></tr>
<tr><td>3</td><td>安全和使用功能核查及抽查结果</td><td colspan="3">共核查　项，符合规定　项，
共抽查　项，符合规定　项，
经返工处理符合规定　　项</td><td></td></tr>
<tr><td>4</td><td>观感质量验收</td><td colspan="3">共抽查　项，达到“好”和“一般”的　项，经返修处理符合要求　　项</td><td></td></tr>
<tr><td colspan="2">综合验收结论</td><td colspan="4"></td></tr>
<tr><td rowspan="2">参加验收单位</td><td>建设单位</td><td>监理单位</td><td>施工单位</td><td>设计单位</td><td>勘察单位</td></tr>
<tr><td>（公章）
项目负责人
年　月　日</td><td>（公章）
总监理工程师
年　月　日</td><td>（公章）
项目负责人
年　月　日</td><td>（公章）
项目负责人
年　月　日</td><td>（公章）
项目负责人
年　月　日</td></tr>
</table>

注：单位工程验收时，验收签字人员应由相应单位的法人代表书面授权。

相关知识

填表要求

1. 单位工程质量控制资料核查记录

（1）资料流程

表 8-4 由施工单位按照所列质量控制资料的种类、名称进行检查，并填写份数，然后提交给监理单位验收。

（2）相关规定与要求

① 单位工程质量控制资料是单位工程综合验收的一项重要内容，是单位工程包含的有关分项工程中检验批主控项目、一般项目

要求内容的汇总表。

②《建筑工程施工质量验收统一标准》GB 50300—2013 中规定了建筑与结构 10 项、给水排水与供暖 8 项、通风与空调 9 项、建筑电气 8 项、智能建筑 10 项、建筑节能 8 项、电梯 8 项。

(3) 注意事项

① 表 8-4 其他各栏内容均由监理单位进行核查，独立得出核查结论。合格后填写具体核查意见，如齐全，具体核查人在“核查人”栏签字。

② 总监理工程师在“结论”栏里填写综合性结论。

③ 施工单位项目经理在“结论”栏里签字确认。

2. 单位工程质量竣工验收记录

① 单位工程完工，施工单位组织自检合格后，应报请监理单位进行工程预验收，通过后向建设单位提交工程竣工报告并填报单位工程质量竣工验收记录。建设单位应组织设计单位、监理单位、施工单位等进行工程质量竣工验收并记录，验收记录上各单位必须签字并加盖公章。

② 凡列入报送城建档案馆的工程档案，应在单位工程验收前由城建档案馆对工程档案进行预验收，并出具《建设工程竣工档案预验收意见》。

③ 单位工程质量竣工验收记录应由施工单位填写，验收结论由监理单位填写，综合验收结论应由参加验收各方共同商定，并由建设单位填写，主要对工程质量是否符合设计和规范要求及总体质量水平做出评价。

④ 进行单位工程质量竣工验收时，施工单位应同时填报单位工程质量控制资料核查记录、单位工程安全和功能检查资料核查及主要功能抽查记录、单位工程观感质量检查记录，作为单位工程质量竣工验收记录的附表。

3. 单位工程安全和功能检验资料核查及主要功能抽查记录

① 表 8-5 由施工单位按所列内容检查并填写数份后，提交给监理单位。

② 施工验收对能否满足安全和使用功能的项目进行强化验收。

③ 对主要项目进行抽查记录，填写该表。

④ 表 8-5 其他栏目由总监理工程师或建设单位项目负责人组织核查、抽查并由监理单位填写。

⑤ 监理单位经核查和抽查合格，由总监理工程师在表中“结论”栏填写综合性验收结论，并由施工单位项目经理签字确认。

⑥ 安全和功能的检测，如条件具备，应在分部工程验收时进行。分部工程验收时凡已经做过的安全和功能检测项目，单位工程竣工验收时不再重复检测，只核查检测报告是否符合有关规定。

4. 单位工程观感质量检查记录表

① 表 8-6 由总监理工程师组织参加验收的各方代表，按照表中所列内容，共同实际检查，协商得出质量评价、综合评价和验收结论意见。

② 工程质量观感检查是工程竣工后进行的一项重要验收工作，是对工程的一个全面检查。

③《建筑工程施工质量验收统一标准》GB 50300—2013 规定，单位工程的质量观感验收，分为“好”、“一般”、“差”三个等级，检查的方法、程序及标准等与分部工程相同，属于综合性验收。

④ 参加验收的各方代表，经共同检查确认没有影响结构安全和使用功能等问题，可共同商定评价意见。评价为“好”或“一般”的项目由总监理工程师在“检查结论”栏内填写验收结论。

⑤ 如有被评价为“差”的项目，属不合格项，应返工修理，并重新验收。

⑥“抽查质量状况栏”可填写具体数据。

第 5 节　智能建筑工程质量检测验收专用记录表

要　点

智能建筑工程质量检测验收专用记录表是《智能建筑工程质

量验收规范》GB 50339—2013 的配套表格。主要包括智能建筑设备材料进场检验记录、隐蔽工程（随工检查）验收记录、安装质量及观感质量验收记录、自检记录等内容。

解　释

一、智能建筑设备材料进场检验记录

智能建筑设备材料进场检验记录应按表 8-8 执行。

表 8-8　智能建筑设备材料进场检验记录

工程名称					资料编号		
					检验日期		
序号	名称	规格型号	进场数量	生产厂家 合格证号	检验项目	检验结果	备注
检验结论：							
签字栏	施工单位		专业质检员		专业工长		检验员
	监理（建设）单位				专业工程师		

二、智能建筑隐蔽工程（随工检查）验收记录

智能建筑隐蔽工程（随工检查）验收应按表 8-9 执行。

表 8-9 智能建筑隐蔽工程（随工检查）验收记录

<table>
<tr><td colspan="3"></td><td>资料编号</td><td colspan="3"></td></tr>
<tr><td colspan="2">工程名称</td><td colspan="5"></td></tr>
<tr><td colspan="2">隐检项目</td><td></td><td>隐检日期</td><td colspan="3"></td></tr>
<tr><td colspan="2">隐检部位</td><td colspan="5">层　　轴线　　标高</td></tr>
<tr><td colspan="7">隐检依据：施工图图号________，设计变更/洽商（编号________）及有关国家现行标准等。
主要材料名称及规格/型号：________
________</td></tr>
<tr><td colspan="7">隐检内容：

申报人：</td></tr>
<tr><td colspan="7">检查意见：
检查结论：□同意隐检　　□不同意，修改后进行复查</td></tr>
<tr><td colspan="7">复查结论：
复查人：　　复查日期：</td></tr>
<tr><td rowspan="3">签字栏</td><td rowspan="2">施工单位</td><td rowspan="2"></td><td>专业技术负责人</td><td>专业质检员</td><td>专业工长</td></tr>
<tr><td></td><td></td><td></td></tr>
<tr><td>监理（建设）单位</td><td colspan="2"></td><td>专业工程师</td><td></td></tr>
</table>

三、智能建筑的安装质量及观感质量验收记录

智能建筑的安装质量及观感质量验收记录应按表 8-10 执行。

表 8-10　安装质量及观感质量验收记录

										资料编号					
工程名称															
系统名称										检查日期					
检查项目 检查部位															
	1	2	3	4	5	1	2	3	4	5	1	2	3	4	5

检查结论：

签字栏					
签字栏	施工单位		专业技术负责人	专业质检员	专业工长
	监理（建设）单位			专业工程师	

四、智能建筑自检记录

智能建筑自检记录应按表 8-11 执行。

表 8-11 自检记录

<table>
<tr><td>工程名称</td><td></td><td>编号</td><td colspan="2"></td></tr>
<tr><td>系统名称</td><td></td><td>检测部位</td><td colspan="2"></td></tr>
<tr><td>施工单位</td><td></td><td>项目经理</td><td colspan="2"></td></tr>
<tr><td>执行标准名称
及编号</td><td colspan="4"></td></tr>
<tr><td rowspan="8">主控项目</td><td rowspan="2">自检内容</td><td colspan="2">自检结果</td><td rowspan="2">备注</td></tr>
<tr><td>合格</td><td>不合格</td></tr>
<tr><td></td><td></td><td></td><td></td></tr>
<tr><td></td><td></td><td></td><td></td></tr>
<tr><td></td><td></td><td></td><td></td></tr>
<tr><td></td><td></td><td></td><td></td></tr>
<tr><td></td><td></td><td></td><td></td></tr>
<tr><td></td><td></td><td></td><td></td></tr>
<tr><td rowspan="3">一般项目</td><td></td><td></td><td></td><td></td></tr>
<tr><td></td><td></td><td></td><td></td></tr>
<tr><td></td><td></td><td></td><td></td></tr>
<tr><td rowspan="3">强制性条文</td><td></td><td></td><td></td><td></td></tr>
<tr><td></td><td></td><td></td><td></td></tr>
<tr><td></td><td></td><td></td><td></td></tr>
</table>

施工单位的自检结论

专业技术负责人

年 月 日

注：1. 自检结果栏中，左列打“√”为合格，右列打“√”为不合格；

2. 备注栏内填写自检时出现的问题。

五、智能建筑的分项工程质量验收记录

智能建筑的分项工程质量验收记录应按表 8-12 执行。

表 8-12　　______分项工程质量验收记录

<table>
<tr><td>工程名称</td><td colspan="2"></td><td>结构类型</td><td></td></tr>
<tr><td>分部(子分部)
工程名称</td><td colspan="2"></td><td>检验批数</td><td></td></tr>
<tr><td>施工单位</td><td colspan="2"></td><td>项目经理</td><td></td></tr>
<tr><td>序号</td><td colspan="2">检验批名称、部位、区段</td><td>施工单位检查评定结果</td><td>监理(建设)单位验收结论</td></tr>
<tr><td>1</td><td colspan="2"></td><td></td><td></td></tr>
<tr><td>2</td><td colspan="2"></td><td></td><td></td></tr>
<tr><td>3</td><td colspan="2"></td><td></td><td></td></tr>
<tr><td>4</td><td colspan="2"></td><td></td><td></td></tr>
<tr><td>说明</td><td colspan="4"></td></tr>
<tr><td>检
查
结
论</td><td>施工单位专业技术负责人:

年　月　日</td><td>验
收
结
论</td><td colspan="2">监理工程师:
(建设单位项目专业技术负责人)
年　月　日</td></tr>
</table>

六、智能建筑系统试运行记录

智能建筑系统试运行记录应按表 8-13 执行。

表 8-13　试运行记录

			资料编号	
工程名称				
系统名称			试运行部位	
序号	日期/时间	系统试运转记录	值班人	备注
				系统试运转记录栏中，注明正常/不正常，并每班至少填写一次；不正常的要说明情况（包括修复日期）

结论：

签字栏	施工单位		专业技术负责人	专业质检员	施工员
	监理（建设）单位			专业工程师	

七、智能建筑的分项工程检测记录

智能建筑的分项工程检测记录应按表 8-14 执行。

表 8-14　分项工程检测记录

工程名称		编号	
子分部工程			
分项工程名称		验收部位	
施工单位		项目经理	
施工执行标准名称及编号			
检测项目及抽检数	检测记录		备注

检测结论：

监理工程师签字　　　　　　　　　　　　　　检测负责人签字
(建设单位项目专业技术负责人)
年　月　日　　　　　　　　　　　　　　　　年　月　日

八、智能化集成系统子分部工程检测记录

智能化集成系统子分部工程检测记录应按表 8-15 执行。

表 8-15　智能化集成系统子分部工程检测记录

<table>
<tr><td>工程名称</td><td colspan="2"></td><td colspan="2">编号</td><td colspan="2"></td></tr>
<tr><td>子分部名称</td><td colspan="2">智能化集成系统</td><td colspan="2">检测部位</td><td colspan="2"></td></tr>
<tr><td>施工单位</td><td colspan="2"></td><td colspan="2">项目经理</td><td colspan="2"></td></tr>
<tr><td>执行标准
名称及编号</td><td colspan="6"></td></tr>
<tr><td rowspan="2"></td><td rowspan="2">检测内容</td><td rowspan="2">规范条款</td><td rowspan="2">检测结果记录</td><td colspan="2">结果评价</td><td rowspan="2">备注</td></tr>
<tr><td>合格</td><td>不合格</td></tr>
<tr><td rowspan="7">主控项目</td><td>接口功能</td><td>4.0.4</td><td></td><td></td><td></td><td></td></tr>
<tr><td>集中监视、储存和统计功能</td><td>4.0.5</td><td></td><td></td><td></td><td></td></tr>
<tr><td>报警监视及处理功能</td><td>4.0.6</td><td></td><td></td><td></td><td></td></tr>
<tr><td>控制和调节功能</td><td>4.0.7</td><td></td><td></td><td></td><td></td></tr>
<tr><td>联动配置及管理功能</td><td>4.0.8</td><td></td><td></td><td></td><td></td></tr>
<tr><td>权限管理功能</td><td>4.0.9</td><td></td><td></td><td></td><td></td></tr>
<tr><td>冗余功能</td><td>4.0.10</td><td></td><td></td><td></td><td></td></tr>
<tr><td rowspan="2">一般项目</td><td>文件报表生成和打印功能</td><td>4.0.11</td><td></td><td></td><td></td><td></td></tr>
<tr><td>数据分析功能</td><td>4.0.12</td><td></td><td></td><td></td><td></td></tr>
</table>

检测结论：

监理工程师签字　　　　　　　　　　　　　　　　检测负责人签字

（建设单位项目专业技术负责人）

年　月　日　　　　　　　　　　　　　　　　　　年　月　日

注：1. 结果评价栏中，左列打“√”为合格，右列打“√”为不合格；

2. 备注栏内填写检测时出现的问题。

九、用户电话交换系统子分部工程检测记录

用户电话交换系统子分部工程检测记录应按表 8-16 执行。

表 8-16 用户电话交换系统子分部工程检测记录

工程名称					编号	
子分部名称	用户电话交换系统				检测部位	
施工单位					项目经理	
执行标准名称及编号						
	检测内容	规范条款	检测结果记录	结果评价		备注
				合格	不合格	
主控项目	业务测试	6.0.5				
	信令方式测试	6.0.5				
	系统互通测试	6.0.5				
	网络管理测试	6.0.5				
	计费功能测试	6.0.5				

检测结论：

监理工程师签字　　　　　　　　　　　　检测负责人签字

(建设单位项目专业技术负责人)

年　月　日　　　　　　　　　　　　年　月　日

注：1. 结果评价栏中，左列打“√”为合格，右列打“√”为不合格；

2. 备注栏内填写检测时出现的问题。

十、信息网络系统子分部工程检测记录

信息网络系统子分部工程检测记录应按表 8-17 执行。

表 8-17 信息网络系统子分部工程检测记录

工程名称				编号		
子分部名称	信息网络系统			检测部位		
施工单位				项目经理		
执行标准名称及编号						

	检测内容	规范条款	检测结果记录	结果评价		备注
				合格	不合格	
主控项目	计算机网络系统连通性	7.2.3				
	计算机网络系统传输时延和丢包率	7.2.4				
	计算机网络系统路由	7.2.5				
	计算机网络系统组播功能	7.2.6				
	计算机网络系统 QoS 功能	7.2.7				
	计算机网络系统容错功能	7.2.8				
	计算机网络系统无线局域网的功能	7.2.9				
	网络安全系统安全保护技术措施	7.3.2				
	网络安全系统安全审计功能	7.3.3				
	网络安全系统有物理隔离要求的网络的物理隔离检测	7.3.4				
	网络安全系统无线接入认证的控制策略	7.3.5				
一般项目	计算机网络系统网络管理功能	7.2.10				
	网络安全系统远程管理时，防窃听措施	7.3.6				

检测结论：

监理工程师签字　　　　　　　　　　　　检测负责人签字
（建设单位项目专业技术负责人）
年　月　日　　　　　　　　　　　　年　月　日

注：1. 结果评价栏中，左列打“√”为合格，右列打“√”为不合格；
2. 备注栏内填写检测时出现的问题。

十一、综合布线系统子分部工程检测记录

综合布线系统子分部工程检测记录应按表8-18执行。

表8-18　综合布线系统子分部工程检测记录

<table>
<tr><td>工程名称</td><td colspan="4"></td><td>编号</td><td></td></tr>
<tr><td>子分部名称</td><td colspan="4">综合布线系统</td><td>检测部位</td><td></td></tr>
<tr><td>施工单位</td><td colspan="4"></td><td>项目经理</td><td></td></tr>
<tr><td>执行标准
名称及编号</td><td colspan="6"></td></tr>
<tr><td rowspan="2"></td><td rowspan="2">检测内容</td><td rowspan="2">规范条款</td><td rowspan="2">检测结果记录</td><td colspan="2">结果评价</td><td rowspan="2">备注</td></tr>
<tr><td>合格</td><td>不合格</td></tr>
<tr><td>主控项目</td><td>对绞电缆链路或信道和光纤链路或信道的检测</td><td>8.0.5</td><td></td><td></td><td></td><td></td></tr>
<tr><td rowspan="2">一般项目</td><td>标签和标识检测，综合布线管理软件功能</td><td>8.0.6</td><td></td><td></td><td></td><td></td></tr>
<tr><td>电子配线架管理软件</td><td>8.0.7</td><td></td><td></td><td></td><td></td></tr>
</table>

检测结论：

监理工程师签字　　　　　　　　　　　　　　检测负责人签字
（建设单位项目专业技术负责人）
年　月　日　　　　　　　　　　　　　　　　年　月　日

注：1. 结果评价栏中，左列打“√”为合格，右列打“√”为不合格；
2. 备注栏内填写检测时出现的问题。

十二、有线电视及卫星电视接收系统子分部工程检测记录

有线电视及卫星电视接收系统子分部工程检测记录应按表 8-19 执行。

表 8-19 有线电视及卫星电视接收系统子分部工程检测记录

工程名称					编号	
子分部名称	有线电视及卫星电视接收系统				检测部位	
施工单位					项目经理	
执行标准名称及编号						
	检测内容	规范条款	检测结果记录	结果评价		备注
				合格	不合格	
主控项目	客观测试	11.0.3				
	主观评价	11.0.4				
一般项目	HFC 网络和双向数字电视系统下行测试	11.0.5				
	HFC 网络和双向数字电视系统上行测试	11.0.6				
	有线数字电视主观评价	11.0.7				

检测结论：

监理工程师签字　　　　　　　　　　　　检测负责人签字

（建设单位项目专业技术负责人）

年　月　日　　　　　　　　　　　　　　年　月　日

注：1. 结果评价栏中，左列打“√”为合格，右列打“√”为不合格；

2. 备注栏内填写检测时出现的问题。

十三、公共广播系统子分部工程检测记录

公共广播系统子分部工程检测记录应按表8-20执行。

表8-20　公共广播系统子分部工程检测记录

工程名称				编号		
子分部名称	公共广播系统			检测部位		
施工单位				项目经理		
执行标准名称及编号						
	检测内容	规范条款	检测结果记录	结果评价		备注
				合格	不合格	
主控项目	公共广播系统的应备声压级	12.0.4				
	主观评价	12.0.5				
	紧急广播的功能和性能	12.0.6				
一般项目	业务广播和背景广播的功能	12.0.7				
	公共广播系统的声场不均匀度、漏出声衰减及系统设备信噪比	12.0.8				
	公共广播系统的扬声器分布	12.0.9				
强制性条文	当紧急广播系统具有火灾应急广播功能时，应检查传输线缆、槽盒和导管的防火保护措施	12.0.2				

检测结论：

监理工程师签字　　　　　　　　　　　　检测负责人签字
（建设单位项目专业技术负责人）
年　月　日　　　　　　　　　　　　年　月　日

注：1. 结果评价栏中，左列打"√"为合格，右列打"√"为不合格；
2. 备注栏内填写检测时出现的问题。

十四、会议系统子分部工程检测记录

会议系统子分部工程检测记录应按表8-21执行。

表8-21 会议系统子分部工程检测记录

<table>
<tr><td>工程名称</td><td colspan="5"></td><td>编号</td><td></td></tr>
<tr><td>子分部名称</td><td colspan="5">会议系统</td><td>检测部位</td><td></td></tr>
<tr><td>施工单位</td><td colspan="5"></td><td>项目经理</td><td></td></tr>
<tr><td>执行标准
名称及编号</td><td colspan="7"></td></tr>
<tr><td rowspan="2"></td><td rowspan="2">检测内容</td><td rowspan="2">规范条款</td><td rowspan="2">检测结果记录</td><td colspan="2">结果评价</td><td rowspan="2" colspan="2">备注</td></tr>
<tr><td>合格</td><td>不合格</td></tr>
<tr><td rowspan="4">主控项目</td><td>会议扩声系统声学特性指标</td><td>13.0.5</td><td></td><td></td><td></td><td colspan="2"></td></tr>
<tr><td>会议视频显示系统显示特性指标</td><td>13.0.6</td><td></td><td></td><td></td><td colspan="2"></td></tr>
<tr><td>具有会议电视功能的会议灯光系统的平均照度值</td><td>13.0.7</td><td></td><td></td><td></td><td colspan="2"></td></tr>
<tr><td>与火灾自动报警系统的联动功能</td><td>13.0.8</td><td></td><td></td><td></td><td colspan="2"></td></tr>
<tr><td rowspan="2">一般项目</td><td>会议电视系统检测</td><td>13.0.9</td><td></td><td></td><td></td><td colspan="2"></td></tr>
<tr><td>其他系统检测</td><td>13.0.10</td><td></td><td></td><td></td><td colspan="2"></td></tr>
</table>

检测结论：

监理工程师签字　　　　　　　　　　　　　　检测负责人签字

（建设单位项目专业技术负责人）

年　月　日　　　　　　　　　　　　　　　　年　月　日

注：1. 结果评价栏中，左列打"√"为合格，右列打"√"为不合格；

2. 备注栏内填写检测时出现的问题。

十五、信息导引及发布系统子分部工程检测记录

信息导引及发布系统子分部工程检测记录应按表 8-22 执行。

表 8-22 信息导引及发布系统子分部工程检测记录

<table>
<tr><td>工程名称</td><td colspan="4"></td><td colspan="2">编号</td><td></td></tr>
<tr><td>子分部名称</td><td colspan="4">信息导引及发布系统</td><td colspan="2">检测部位</td><td></td></tr>
<tr><td>施工单位</td><td colspan="4"></td><td colspan="2">项目经理</td><td></td></tr>
<tr><td>执行标准名称及编号</td><td colspan="7"></td></tr>
<tr><td rowspan="2"></td><td rowspan="2">检测内容</td><td rowspan="2">规范条款</td><td rowspan="2">检测结果记录</td><td colspan="2">结果评价</td><td rowspan="2" colspan="2">备注</td></tr>
<tr><td>合格</td><td>不合格</td></tr>
<tr><td rowspan="2">主控项目</td><td>系统功能</td><td>14.0.3</td><td></td><td></td><td></td><td colspan="2"></td></tr>
<tr><td>显示性能</td><td>14.0.4</td><td></td><td></td><td></td><td colspan="2"></td></tr>
<tr><td rowspan="3">一般项目</td><td>自动恢复功能</td><td>14.0.5</td><td></td><td></td><td></td><td colspan="2"></td></tr>
<tr><td>系统终端设备的远程控制功能</td><td>14.0.6</td><td></td><td></td><td></td><td colspan="2"></td></tr>
<tr><td>图像质量主观评价</td><td>14.0.7</td><td></td><td></td><td></td><td colspan="2"></td></tr>
</table>

检测结论：

监理工程师签字　　　　　　　　　　　　检测负责人签字

（建设单位项目专业技术负责人）

年　月　日　　　　　　　　　　　　年　月　日

注：1. 结果评价栏中，左列打“√”为合格，右列打“√”为不合格；

2. 备注栏内填写检测时出现的问题。

十六、时钟系统子分部工程检测记录

时钟系统子分部工程检测记录应按表8-23执行。

表8-23 时钟系统子分部工程检测记录

<table>
<tr><td>工程名称</td><td colspan="4"></td><td colspan="2">编号</td><td></td></tr>
<tr><td>子分部名称</td><td colspan="4">时钟系统</td><td colspan="2">检测部位</td><td></td></tr>
<tr><td>施工单位</td><td colspan="4"></td><td colspan="2">项目经理</td><td></td></tr>
<tr><td>执行标准名称及编号</td><td colspan="7"></td></tr>
<tr><td rowspan="2"></td><td rowspan="2">检测内容</td><td rowspan="2">规范条款</td><td rowspan="2">检测结果记录</td><td colspan="2">结果评价</td><td rowspan="2" colspan="2">备注</td></tr>
<tr><td>合格</td><td>不合格</td></tr>
<tr><td rowspan="4">主控项目</td><td>母钟与时标信号接收器同步、母钟对子钟同步校时的功能</td><td>15.0.3</td><td></td><td></td><td></td><td colspan="2"></td></tr>
<tr><td>平均瞬时日差指标</td><td>15.0.4</td><td></td><td></td><td></td><td colspan="2"></td></tr>
<tr><td>时钟显示的同步偏差</td><td>15.0.5</td><td></td><td></td><td></td><td colspan="2"></td></tr>
<tr><td>授时校准功能</td><td>15.0.6</td><td></td><td></td><td></td><td colspan="2"></td></tr>
<tr><td rowspan="4">一般项目</td><td>母钟、子钟和时间服务器等运行状态的监测功能</td><td>15.0.7</td><td></td><td></td><td></td><td colspan="2"></td></tr>
<tr><td>自动恢复功能</td><td>15.0.8</td><td></td><td></td><td></td><td colspan="2"></td></tr>
<tr><td>系统的使用可靠性</td><td>15.0.9</td><td></td><td></td><td></td><td colspan="2"></td></tr>
<tr><td>有日历显示的时钟换历功能</td><td>15.0.10</td><td></td><td></td><td></td><td colspan="2"></td></tr>
</table>

检测结论：

监理工程师签字　　　　　　　　　　　　　　检测负责人签字
（建设单位项目专业技术负责人）
　　　　年　月　日　　　　　　　　　　　　　　年　月　日

注：1. 结果评价栏中，左列打“√”为合格，右列打“√”为不合格；
2. 备注栏内填写检测时出现的问题。

十七、信息化应用系统子分部工程检测记录

信息化应用系统子分部工程检测记录应按表8-24执行。

表8-24 信息化应用系统子分部工程检测记录

<table>
<tr><td>工程名称</td><td colspan="4"></td><td>编号</td><td colspan="2"></td></tr>
<tr><td>子分部名称</td><td colspan="4">信息化应用系统</td><td>检测部位</td><td colspan="2"></td></tr>
<tr><td>施工单位</td><td colspan="4"></td><td>项目经理</td><td colspan="2"></td></tr>
<tr><td>执行标准名称及编号</td><td colspan="7"></td></tr>
<tr><td rowspan="2"></td><td rowspan="2">检测内容</td><td rowspan="2">规范条款</td><td rowspan="2">检测结果记录</td><td colspan="2">结果评价</td><td rowspan="2" colspan="2">备注</td></tr>
<tr><td>合格</td><td>不合格</td></tr>
<tr><td rowspan="4">主控项目</td><td>检查设备的性能指标</td><td>16.0.4</td><td></td><td></td><td></td><td colspan="2"></td></tr>
<tr><td>业务功能和业务流程</td><td>16.0.5</td><td></td><td></td><td></td><td colspan="2"></td></tr>
<tr><td>应用软件功能和性能测试</td><td>16.0.6</td><td></td><td></td><td></td><td colspan="2"></td></tr>
<tr><td>应用软件修改后回归测试</td><td>16.0.7</td><td></td><td></td><td></td><td colspan="2"></td></tr>
<tr><td rowspan="2">一般项目</td><td>应用软件功能和性能测试</td><td>16.0.8</td><td></td><td></td><td></td><td colspan="2"></td></tr>
<tr><td>运行软件产品的设备中与应用软件无关的软件检查</td><td>16.0.9</td><td></td><td></td><td></td><td colspan="2"></td></tr>
</table>

检测结论：

监理工程师签字　　　　　　　　　　　　　　　检测负责人签字

（建设单位项目专业技术负责人）

年　月　日　　　　　　　　　　　　　　　　年　月　日

注：1. 结果评价栏中，左列打“√”为合格，右列打“√”为不合格；

2. 备注栏内填写检测时出现的问题。

十八、建筑设备监控系统子分部工程检测记录

建筑设备监控系统子分部工程检测记录应按表 8-25 执行。

表 8-25　建筑设备监控系统子分部工程检测记录

<table>
<tr><td>工程名称</td><td></td><td colspan="2">编号</td><td colspan="3"></td></tr>
<tr><td>子分部名称</td><td>建筑设备监控系统</td><td colspan="2">检测部位</td><td colspan="3"></td></tr>
<tr><td>施工单位</td><td></td><td colspan="2">项目经理</td><td colspan="3"></td></tr>
<tr><td>执行标准
名称及编号</td><td colspan="6"></td></tr>
<tr><td rowspan="2"></td><td rowspan="2">检测内容</td><td rowspan="2">规范条款</td><td rowspan="2">检测结果记录</td><td colspan="2">结果评价</td><td rowspan="2">备注</td></tr>
<tr><td>合格</td><td>不合格</td></tr>
<tr><td rowspan="9">主控项目</td><td>暖通空调监控系统的功能</td><td>17.0.5</td><td></td><td></td><td></td><td></td></tr>
<tr><td>变配电监测系统的功能</td><td>17.0.6</td><td></td><td></td><td></td><td></td></tr>
<tr><td>公共照明监控系统的功能</td><td>17.0.7</td><td></td><td></td><td></td><td></td></tr>
<tr><td>给排水监控系统的功能</td><td>17.0.8</td><td></td><td></td><td></td><td></td></tr>
<tr><td>电梯和自动扶梯监测系统启停、上下行、位置、故障等运行状态显示功能</td><td>17.0.9</td><td></td><td></td><td></td><td></td></tr>
<tr><td>能耗监测系统能耗数据的显示、记录、统计、汇总及趋势分析等功能</td><td>17.0.10</td><td></td><td></td><td></td><td></td></tr>
<tr><td>中央管理工作站与操作分站功能及权限</td><td>17.0.11</td><td></td><td></td><td></td><td></td></tr>
<tr><td>系统实时性</td><td>17.0.12</td><td></td><td></td><td></td><td></td></tr>
<tr><td>系统可靠性</td><td>17.0.13</td><td></td><td></td><td></td><td></td></tr>
<tr><td rowspan="2">一般项目</td><td>系统可维护性</td><td>17.0.14</td><td></td><td></td><td></td><td></td></tr>
<tr><td>系统性能评测项目</td><td>17.0.15</td><td></td><td></td><td></td><td></td></tr>
<tr><td colspan="7">检测结论：

监理工程师签字　　　　　　　　　　　　　　检测负责人签字
（建设单位项目专业技术负责人）
年　月　日　　　　　　　　　　　　　　年　月　日</td></tr>
</table>

注：1. 结果评价栏中，左列打“√”为合格，右列打“√”为不合格；
2. 备注栏内填写检测时出现的问题。

十九、安全技术防范系统子分部工程检测记录

安全技术防范系统子分部工程检测记录应按表8-26执行。

表8-26 安全技术防范系统子分部工程检测记录

工程名称					编号		
子分部名称	安全技术防范系统				检测部位		
施工单位					项目经理		
执行标准名称及编号							
	检测内容	规范条款	检测结果记录	结果评价		备注
				合格	不合格	
主控项目	安全防范综合管理系统的功能	19.0.5				
	视频安防监控系统控制功能、监视功能、显示功能、存储功能、回放功能、报警联动功能和图像丢失报警功能	19.0.6				
	入侵报警系统的入侵报警功能、防破坏及故障报警功能、记录及显示功能、系统自检功能、系统报警响应时间、报警复核功能、报警声级、报警优先功能	19.0.7				
	出入口控制系统的出入目标识读装置功能、信息处理/控制设备功能、执行机构功能、报警功能和访客对讲功能	19.0.8				
	电子巡查系统的巡查设置功能、记录打印功能、管理功能	19.0.9				
	停车库(场)管理系统的识别功能、控制功能、报警功能、出票验票功能、管理功能和显示功能	19.0.10				
一般项目	监控中心管理软件中电子地图显示的设备位置	19.0.11				
	安全性及电磁兼容性	19.0.12				

检测结论：

监理工程师签字　　　　　　　　　　　　检测负责人签字
(建设单位项目专业技术负责人)
年　月　日　　　　　　　　　　　　　　年　月　日

注：1. 结果评价栏中，左列打“√”为合格，右列打“√”为不合格；
2. 备注栏内填写检测时出现的问题。

二十、应急响应系统子分部工程检测记录

应急响应系统子分部工程检测记录应按表 8-27 执行。

表 8-27　应急响应系统子分部工程检测记录

<table>
<tr><td>工程名称</td><td colspan="3"></td><td colspan="2">编号</td><td></td></tr>
<tr><td>子分部名称</td><td colspan="3">应急响应系统</td><td colspan="2">检测部位</td><td></td></tr>
<tr><td>施工单位</td><td colspan="3"></td><td colspan="2">项目经理</td><td></td></tr>
<tr><td>执行标准名称及编号</td><td colspan="6"></td></tr>
<tr><td rowspan="2"></td><td rowspan="2">检测内容</td><td rowspan="2">规范条款</td><td rowspan="2">检测结果记录</td><td colspan="2">结果评价</td><td rowspan="2">备注</td></tr>
<tr><td>合格</td><td>不合格</td></tr>
<tr><td>主控项目</td><td>功能检测</td><td>20.0.2</td><td></td><td></td><td></td><td></td></tr>
</table>

检测结论：

监理工程师签字　　　　　　　　　　　　　　检测负责人签字

（建设单位项目专业技术负责人）

年　月　日　　　　　　　　　　　　　　　　年　月　日

注：1. 结果评价栏中，左列打“√”为合格，右列打“√”为不合格；

2. 备注栏内填写检测时出现的问题。

二十一、机房工程子分部工程检测记录

机房工程子分部工程检测记录应按表 8-28 执行。

表 8-28 机房工程子分部工程检测记录

<table>
<tr><td>工程名称</td><td colspan="4"></td><td colspan="2">编号</td><td></td></tr>
<tr><td>子分部名称</td><td colspan="4">机房工程</td><td colspan="2">检测部位</td><td></td></tr>
<tr><td>施工单位</td><td colspan="4"></td><td colspan="2">项目经理</td><td></td></tr>
<tr><td>执行标准名称及编号</td><td colspan="7"></td></tr>
<tr><td rowspan="2"></td><td rowspan="2">检测内容</td><td rowspan="2">规范条款</td><td rowspan="2">检测结果记录</td><td colspan="2">结果评价</td><td rowspan="2" colspan="2">备注</td></tr>
<tr><td>合格</td><td>不合格</td></tr>
<tr><td rowspan="5">主控项目</td><td>供配电系统的输出电能质量</td><td>21.0.4</td><td></td><td></td><td></td><td colspan="2"></td></tr>
<tr><td>不间断电源的供电时延</td><td>21.0.5</td><td></td><td></td><td></td><td colspan="2"></td></tr>
<tr><td>静电防护措施</td><td>21.0.6</td><td></td><td></td><td></td><td colspan="2"></td></tr>
<tr><td>弱电间检测</td><td>21.0.7</td><td></td><td></td><td></td><td colspan="2"></td></tr>
<tr><td>机房供配电系统、防雷与接地系统、空气调节系统、给水排水系统、综合布线系统、监控与安全防范系统、消防系统、室内装饰装修和电磁屏蔽等系统检测</td><td>21.0.8</td><td></td><td></td><td></td><td colspan="2"></td></tr>
</table>

检测结论：

监理工程师签字　　　　　　　　　　　　　　　　检测负责人签字

（建设单位项目专业技术负责人）

年　月　日　　　　　　　　　　　　　　　　年　月　日

注：1. 结果评价栏中，左列打“√”为合格，右列打“√”为不合格；

2. 备注栏内填写检测时出现的问题。

二十二、防雷与接地子分部工程检测记录

防雷与接地子分部工程检测记录应按表 8-29 执行。

表 8-29　防雷与接地子分部工程检测记录

<table>
<tr><td>工程名称</td><td colspan="3"></td><td colspan="2">编号</td><td></td></tr>
<tr><td>子分部名称</td><td colspan="3">防雷与接地</td><td colspan="2">检测部位</td><td></td></tr>
<tr><td>施工单位</td><td colspan="3"></td><td colspan="2">项目经理</td><td></td></tr>
<tr><td>执行标准
名称及编号</td><td colspan="6"></td></tr>
<tr><td rowspan="2"></td><td rowspan="2">检测内容</td><td rowspan="2">规范条款</td><td rowspan="2">检测结果记录</td><td colspan="2">结果评价</td><td rowspan="2">备注</td></tr>
<tr><td>合格</td><td>不合格</td></tr>
<tr><td rowspan="5">主控项目</td><td>接地装置与接地连接点安装</td><td>22.0.3</td><td></td><td></td><td></td><td></td></tr>
<tr><td>接地导体的规格、敷设方法和连接方法</td><td>22.0.3</td><td></td><td></td><td></td><td></td></tr>
<tr><td>等电位联结带的规格、联结方法和安装位置</td><td>22.0.3</td><td></td><td></td><td></td><td></td></tr>
<tr><td>屏蔽设施的安装</td><td>22.0.3</td><td></td><td></td><td></td><td></td></tr>
<tr><td>电涌保护器的性能参数、安装位置、安装方式和连接导线规格</td><td>22.0.3</td><td></td><td></td><td></td><td></td></tr>
<tr><td>强制性条文</td><td>智能建筑的接地系统必须保证建筑内各智能化系统的正常运行和人身、设备安全</td><td>22.0.4</td><td></td><td></td><td></td><td></td></tr>
<tr><td colspan="7">检测结论：

监理工程师签字　　　　　　　　　　　　检测负责人签字
（建设单位项目专业技术负责人）
　　　　年　月　日　　　　　　　　　　　　年　月　日</td></tr>
</table>

注：1. 结果评价栏中，左列打"√"为合格，右列打"√"为不合格；
2. 备注栏内填写检测时出现的问题。

二十三、智能建筑分部工程检测汇总记录

智能建筑分部工程检测汇总记录应按表8-30执行。

表8-30 智能建筑分部工程检测汇总记录

<table>
<tr><td>工程名称</td><td colspan="3"></td><td>编号</td><td></td></tr>
<tr><td>设计单位</td><td colspan="2"></td><td>施工单位</td><td colspan="2"></td></tr>
<tr><td rowspan="2">子分部名称</td><td rowspan="2">序号</td><td colspan="2" rowspan="2">内容及问题</td><td colspan="2">检测结果</td></tr>
<tr><td>合格</td><td>不合格</td></tr>
<tr><td></td><td></td><td colspan="2"></td><td></td><td></td></tr>
<tr><td></td><td></td><td colspan="2"></td><td></td><td></td></tr>
<tr><td></td><td></td><td colspan="2"></td><td></td><td></td></tr>
<tr><td></td><td></td><td colspan="2"></td><td></td><td></td></tr>
<tr><td></td><td></td><td colspan="2"></td><td></td><td></td></tr>
<tr><td colspan="6">检测结论：

检测负责人签字
年　月　日</td></tr>
</table>

注：在检测结果栏，按实际情况在相应空格内打“√”（左列打“√”为合格，右列打“√”为不合格）。

二十四、智能建筑分部（子分部）工程质量验收记录

智能建筑分部（子分部）工程质量验收记录应按表8-31执行。

表 8-31 ____________分部（子分部）工程质量验收记录

工程名称			结构类型		层数	
施工单位			技术负责人		质量负责人	
序号	子分部(分项)工程名称		分项工程（检验批）数	施工单位检查评定		验收意见
1						
2	质量控制资料					
3	安全和功能检验(检测)报告					
4	观感质量验收					
验收单位	施工单位		项目经理		年　月　日	
	设计单位		项目负责人		年　月　日	
	监理(建设)单位					

二十五、智能建筑工程验收资料审查记录

智能建筑工程验收资料审查记录应按表 8-32 执行。

表 8-32 智能建筑工程验收资料审查记录

工程名称		施工单位		
序号	资料名称	份数	审核意见	审核人
1	图纸会审、设计变更、洽商记录、竣工图及设计说明			
2	材料、设备出厂合格证及技术文件及进场检(试)验报告			
3	隐蔽工程验收记录			
4	系统功能测定及设备调试记录			
5	系统技术、操作和维护手册			
6	系统管理、操作人员培训记录			
7	系统检测报告			
8	工程质量验收记录			

结论：

总监理工程师：

施工单位项目经理：　　　　　　　　　　（建设单位项目负责人）

年　月　日　　　　　　　　　　年　月　日

二十六、智能建筑工程质量验收结论汇总记录

智能建筑工程质量验收结论汇总记录应按表 8-33 执行。

表 8-33　智能建筑工程质量验收结论汇总记录

<table>
<tr><td>工程名称</td><td></td><td>编号</td><td colspan="2"></td></tr>
<tr><td>设计单位</td><td></td><td>施工单位</td><td colspan="2"></td></tr>
<tr><td colspan="2">工程实施的质量控制检验结论</td><td></td><td>验收人签名：</td><td>年　月　日</td></tr>
<tr><td colspan="2">系统检测结论</td><td></td><td>验收人签名：</td><td>年　月　日</td></tr>
<tr><td colspan="2">系统检测抽检结果</td><td></td><td>抽检人签名：</td><td>年　月　日</td></tr>
<tr><td colspan="2">观感质量验收</td><td></td><td>验收人签名：</td><td>年　月　日</td></tr>
<tr><td colspan="2">资料审查结论</td><td></td><td>审查人签名：</td><td>年　月　日</td></tr>
<tr><td colspan="2">人员培训考评结论</td><td></td><td>考评人签名：</td><td>年　月　日</td></tr>
<tr><td colspan="2">运行管理队伍及规章制度审查</td><td></td><td>审查人签名：</td><td>年　月　日</td></tr>
<tr><td colspan="2">设计等级要求评定</td><td></td><td>评定人签名：</td><td>年　月　日</td></tr>
<tr><td colspan="2">系统验收结论</td><td></td><td colspan="2">验收小组组长签名：
日期：</td></tr>
<tr><td colspan="5">建议与要求：

验收组长、副组长签名：</td></tr>
</table>

注：1. 本汇总表须附本附录所有表格、行业要求的其他文件及出席验收会与验收机构人员名单（签到）。

2. 验收结论一律填写“合格”或“不合格”。

相关知识

施工现场质量管理检查记录

施工现场质量管理检查记录应由施工单位填写、项目监理机构总监理工程师（或建设单位项目负责人）作出检查结论，且记录的格式应符合表 8-34 的规定。

表 8-34　施工现场质量管理检查记录

<table>
<tr><td colspan="3"></td><td>资料编号</td><td colspan="2"></td></tr>
<tr><td>工程名称</td><td colspan="2"></td><td>施工许可证（开工证）</td><td colspan="2"></td></tr>
<tr><td>建设单位</td><td colspan="2"></td><td>项目负责人</td><td colspan="2"></td></tr>
<tr><td>设计单位</td><td colspan="2"></td><td>项目负责人</td><td colspan="2"></td></tr>
<tr><td>监理单位</td><td colspan="2"></td><td>总监理工程师</td><td colspan="2"></td></tr>
<tr><td>施工单位</td><td></td><td>项目经理</td><td></td><td>项目技术负责人</td><td></td></tr>
</table>

序号	项　　目	内　　容
1	现场质量管理制度	
2	质量责任制	
3	施工安全技术措施	
4	主要专业工种操作上岗证书	
5	施工单位资质与管理制度	
6	施工图审查情况	
7	施工组织设计、施工方案及审批	
8	施工技术标准	
9	工程质量检验制度	
10	现场设备、材料存放与管理	
11	检测设备、计量仪表检验	

检查结论：

总监理工程师
（建设单位项目负责人）　　　　年　月　日

第 9 章　建筑工程竣工组卷资料管理

第 1 节　竣　工　图

要　点

竣工图是建筑工程竣工档案的重要组成部分，是工程建设完成后的主要凭证性材料，是建筑物真实的写照，是工程竣工验收的必备条件，是工程维修、管理、改建、扩建的依据。各项新建、改建、扩建项目均必须编制竣工图。

解　释

一、竣工图的主要内容

竣工图包括：建筑、结构、钢结构、幕墙、建筑给水排水及供暖、建筑电气、燃气、智能建筑、通风空调、工艺布置、规划红线以内的室外工程。

二、竣工图的绘制要求

1. 利用电子版施工图改绘的竣工图

（1）将图纸变更结果直接改绘到电子版施工图中，用云线圈出修改部位，按表 9-1 的形式做修改内容备注表。

表 9-1　修改内容备注表

设计变更、洽商编号	简要变更内容

（2）竣工图的比例应与原施工图一致。

（3）设计图签中应有原设计单位人员签字。

（4）委托本工程设计单位编制竣工图时，应直接在设计图签中注明“竣工阶段”，并应有绘图人、审核人的签字。

（5）竣工图章可直接绘制成电子版竣工图签，出图后应有相关责任人的签字。

2. 利用施工蓝图改绘的竣工图

（1）应采用杠（划）改或叉改法进行绘制。

（2）应使用新晒制的蓝图，不得使用复印图纸。

3. 利用翻晒硫酸纸底图改绘的竣工图

（1）应使用刀片将需更改部位刮掉，再将变更内容标注在修改部位，在空白处做修改内容备注表；修改内容备注表样式可按表 9-1 执行。

（2）宜晒制成蓝图后，再加盖竣工图章。

4. 重新绘制的竣工图

当图纸变更内容较多时，应重新绘制竣工图。重新绘制的竣工图应符合下列规定。

（1）竣工图的绘制应符合国家现行有关标准的规定。

（2）竣工图的比例应与原施工图一致。

（3）设计图签中应有原设计单位人员签字。

三、竣工图章

①“竣工图章”应具有明显的“竣工图”字样，并包括编制单位名称、制图人、审核人和编制日期等内容。竣工图章内容、尺寸参见图 9-1。

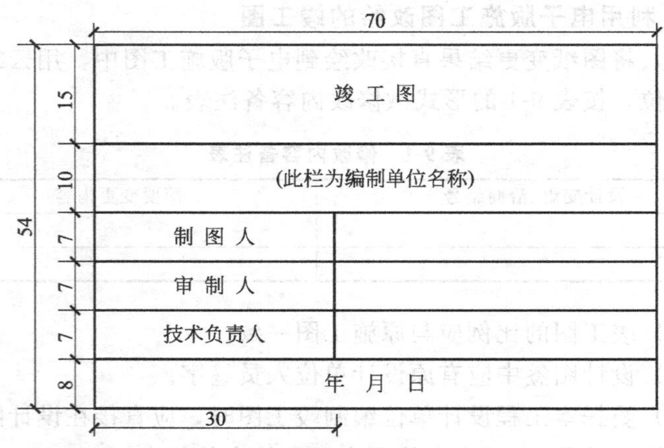

图 9-1　竣工图章（单位：mm）

② 由施工图电子文件制成的竣工图应有原设计人员的签字；没有原设计人员签字的，须附有原施工图，原图和竣工图均应加盖竣工图章。

③ 竣工图章应加盖在图签附近的空白处，图章应清晰。

④ 图纸折叠前应按图 9-2 的裁图线裁剪整齐，图纸幅面应符合表 9-2 的规定。

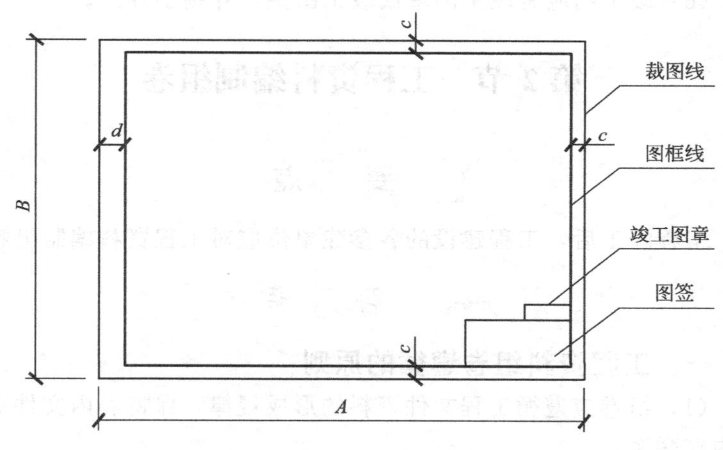

图 9-2　图纸幅面

表 9-2　图纸幅面尺寸

基本图幅代号	0#	1#	2#	3#	4#
B/mm×A/mm	841×1189	594×841	420×594	297×420	297×210
c/mm	10			5	
d/mm	25				

相关知识

竣工图的要求

(1) 竣工图应与工程实际境况相一致。

(2) 竣工图的图纸必须是蓝图或绘图仪绘制的白图，不得使用复印的图纸。

(3) 竣工图应字迹清晰并与施工图大小比例一致。

(4) 竣工图应有图纸目录，目录所列的图纸数量、图号、图名应与竣工图内容相符。

(5) 竣工图使用国家法定计量单位和文字。

(6) 竣工图应有竣工图章或竣工图签，并签字齐全。

第2节　工程资料编制组卷

要　点

工程竣工后，工程建设的各参建单位应对工程资料编制组卷。

解　释

一、工程资料组卷遵循的原则

(1) 组卷应遵循工程文件资料的形成规律，保持卷内文件资料的内在联系。

(2) 基建文件和监理资料可按一个项目或一个单位工程进行整理和组卷。

(3) 施工资料应按单位工程进行组卷，可根据工程大小及资料的多少等具体情况选择按专业或按分部、分项等进行整理和组卷。

(4) 竣工图应按设计单位提供的施工图专业序列组卷。

(5) 专业承包单位的工程资料应单独组卷。

(6) 建筑节能工程现场实体检验资料应单独组卷。

(7) 移交城建档案馆保存的工程资料案卷中，施工验收资料部分应单独组成一卷。

(8) 资料管理目录应与其对应工程资料一同组卷。

(9) 工程资料可根据资料数量多少组成一卷或多卷。

相关知识

二、工程资料案卷的要求

（1）案卷应有案卷封面、卷内目录、内容、备考表及封底。

（2）案卷不宜过厚，一般不超过40mm。

（3）案卷应美观、整齐，案卷内不应有重复资料。

第3节　工程资料验收与移交

要　点

工程资料验收与移交主要包括工程档案的验收内容、验收要求以及建筑安装施工技术资料移交书和施工技术资料移交明细表等。

解　释

一、工程档案验收内容

（1）工程资料移交书　工程资料移交书是工程资料进行移交的凭证，应有移交日期和移交单位、接收单位的盖章。

（2）工程档案移交书　使用城市建设档案移交书，为竣工档案进行移交的凭证，应有移交日期和移交单位、接收单位的盖章。

（3）工程档案微缩品移交书　使用城市建设档案馆微缩品移交书，为竣工档案进行移交的凭证，应有移交日期和移交单位、接收单位的盖章。

（4）工程资料移交目录　工程资料移交，办理的工程资料移交书应附工程资料移交目录。

（5）工程档案移交目录　工程档案移交，办理的工程档案移交书应附城市建设档案移交目录。

二、工程档案验收要求

① 国家、市重点工程项目或一些特大型、大型的工程项目的

预验收和验收会，必须有城建档案馆参加验收。

② 为确保工程竣工档案的质量，各编制单位、建设单位或工程管理部门、监理单位、城建档案馆、档案行政管理部门等要严格进行检查、验收。编制单位、制图人、审核人、技术负责人必须进行签字或盖章。如有不符合技术要求、缺项、缺页等的，一律退回编制单位进行改正、补齐，问题严重者可令其重做。不符合要求者，不能交工验收。

③ 城建档案馆负责工程竣工档案的最后验收，并对编制报送工程竣工档案进行业务指导、督促和检查。凡报送的竣工档案，如验收不合格将其退回建设单位，由建设单位责成责任者重新进行编制，待达到要求后重新报送。检查验收人员应对接收的档案负责，在案卷备考表中签字。

三、建筑安装施工技术资料移交书

建筑安装施工技术资料移交书见表9-3。

表9-3 建筑安装施工技术资料移交书

按有关规定向 办理　　　工程施工技术资料移交手续。共计　　册。其中图样材料　　册，文字材料　　册，其他材料　　张(　　)。 附：移交明细表	
移交单位(公章) 单位负责人： 移交人：	接受单位(公章) 单位负责人： 接收人： 移交时间　　年　　月　　日

四、施工技术资料移交明细表

施工技术资料移交明细表见表9-4。

相关知识

工程档案移交注意事项

(1) 专业承包单位应向总承包单位（或建设单位）移交不少于一套完整的工程档案，并办理相关移交手续。

表 9-4 施工技术资料移交明细表

序号	案卷题名	数量						备注
		文字材料		图纸材料		其他		
		册	张	册	张	册	张	
1	原材料、半成品、成品出厂证明和试(检)验报告							
2	施工试验报告							
3	施工记录							
4	预检记录							
5	隐检记录							
6	基础结构验收记录							
7	给水排水与采暖工程							
8	电气安装工程							
9	通风与空调工程							
10	电梯安装工程							
11	施工组织设计与技术交底							
12	工程质量验收记录							
13	竣工验收资料							
14	设计变更、洽商记录							
15	竣工图							
16	其他							

(2) 监理单位、施工总承包单位应各自向建设单位移交不少于一套完整的工程档案，并办理相关的移交手续。

(3) 建设单位应在工程竣工验收合格后六个月内，将城建档案馆预验收合格的工程档案移交城建档案馆，并办理相关手续。

(4) 国家重点工程及五万平方米以上的大型公建工程，建设单位应将列入城建档案馆保存的工程档案制作成缩微胶片，移交城建档案馆。

第4节　竣工备案管理

要　点

在我国城市化进程不断深入过程中，建设工程也发挥着至关重要的作用。而竣工验收备案管理作为建设工程项目管理中的重要组成部分，它不仅可以实现对整个工程建设质量的深度监督，同时还对交付使用后的建设工程质量管理起到重要作用。

解　释

一、备案制项目竣工资料归档要求

1. 前期资料

（1）设计（计划）任务书及批复。

（2）建设用地选址意见书及批复。

（3）国有土地使用证及地形图（附原有房屋权属及拆房证明文件）。

（4）国有土地使用权转让、抵押文件以及前期批租文件。

（5）建设用地规划许可证、核准的地形图及建设用地许可通知。

（6）建设工程规划许可证、项目表核准的总图及地形图。

（7）环保、卫生、消防、人防等审核意见单。

2. 设计资料

（1）工程水文、地质勘探报告及地质图。

（2）工程结构设计计算书及说明书或代保管证明。

3. 施工资料

（1）开（竣）工报告。

（2）施工定位测量记录、测量复核单及成果图、规划管理部门放样复核单。

(3) 桩基分项工程质量验收证明书（设计、勘察、施工监理各单位）。

(4) 打桩记录、桩位测试报告、桩顶标高和偏差实测记录、桩位竣工图。

(5) 地基与基础分部工程质量验收证明书（设计、勘察、施工监理各单位）。

(6) 主体结构分部工程质量验收证明书（设计、勘察、施工监理各单位）。

(7) 工程质量事故报告及处理意见书。

(8) 工程沉降、位移观察记录。

(9) 图样交底会议记录、设计变更通知单、技术核定单、业务联系单等。

4. 竣工资料

(1) 建设工程验收报告。

(2) 各专业竣工验收鉴定证书（包括：消防、环保、卫生防疫、环卫、劳动保护、建筑查勘、规划、城建档案等单位）。

(3) 施工单位质量竣工报告（合格证明书）

(4) 勘察单位工程质量竣工报告（合格证明书）。

(5) 设计单位工程质量竣工报告（合格证明书）。

(6) 监理单位工程质量竣工报告（合格证明书）。

(7) 工程决算（含审价报告）。

(8) 建设工程竣工验收备案表。

(9) 工程现场原地物、地貌和建设中、建成后的建筑物的照片、录像。

(10) 工程全套竣工图（新蓝图、红色印泥章、用黑色碳素墨水记注）。

二、工程竣工验收备案文件

1. 建设单位办理工程竣工验收备案应当提交的文件及附表

(1) 工程竣工验收备案表见表 9-5。

表 9-5　房屋建筑工程和市政基础设施工程竣工验收备案表

<table>
<tr><td colspan="2">建设单位名称</td><td colspan="3">（全称）</td></tr>
<tr><td colspan="2">备案日期</td><td colspan="3">（由备案部门填写）</td></tr>
<tr><td colspan="2">工程名称</td><td colspan="3">（详细地址）</td></tr>
<tr><td colspan="2">工程地点</td><td colspan="3"></td></tr>
<tr><td colspan="2">建筑面积/m^2</td><td colspan="3"></td></tr>
<tr><td colspan="2">结构类型</td><td colspan="3"></td></tr>
<tr><td colspan="2">工程造价</td><td colspan="3">（应和支付凭证一致）</td></tr>
<tr><td colspan="2">工程用途</td><td colspan="3">（生产/使用用途）</td></tr>
<tr><td colspan="2">开工日期</td><td colspan="3">年　月　日</td></tr>
<tr><td colspan="2">竣工验收日期</td><td colspan="3">年　月　日（与竣工验收报告相一致）</td></tr>
<tr><td colspan="2">施工许可证号</td><td colspan="3"></td></tr>
<tr><td colspan="2">施工图审查批复编号</td><td colspan="3"></td></tr>
<tr><td colspan="2">勘察单位名称</td><td>全称</td><td>资质等级</td><td></td></tr>
<tr><td colspan="2">设计单位名称</td><td>全称</td><td>资质等级</td><td></td></tr>
<tr><td colspan="2">施工单位名称</td><td>全称</td><td>资质等级</td><td></td></tr>
<tr><td colspan="2">监理单位名称</td><td>全称</td><td>资质等级</td><td></td></tr>
<tr><td colspan="2">工程质量监督机构名称</td><td colspan="3">区（县）建设工程质量监督站</td></tr>
<tr><td rowspan="5">竣工验收意见</td><td>勘察单位意见</td><td colspan="3">单位（项目）负责人：　公章
年　月　日</td></tr>
<tr><td>设计单位意见</td><td colspan="3">单位（项目）负责人：　公章
年　月　日</td></tr>
<tr><td>施工单位意见</td><td colspan="3">单位（项目）负责人：　公章
年　月　日</td></tr>
<tr><td>监理单位意见</td><td colspan="3">单位（项目）负责人：　公章
年　月　日</td></tr>
<tr><td>建设单位意见</td><td colspan="3">单位（项目）负责人：　公章
年　月　日</td></tr>
</table>

续表

<table>
<tr><td>工程竣工
验收备案
文件目录</td><td colspan="3">①工程竣工验收报告
②工程施工许可证
③施工图设计文件审查意见
④单位工程质量综合验收文件
⑤市政基础设施的有关质量检测和功能性试验资料
⑥规划、公安、消防、环保等部门出具的认可文件或准许使用文件
⑦施工单位签署的工程质量保修书
⑧商品住宅的《住宅质量保证书》和《住宅使用说明书》
⑨法规、规章规定必须提供的其他文件</td></tr>
<tr><td>备案意见</td><td colspan="3">该工程的竣工验收备案文件已于________年________月________日收讫，文件齐全

（公章）
年　　月　　日</td></tr>
<tr><td>备案机关负责人</td><td></td><td>备案经手人</td><td></td></tr>
<tr><td colspan="4">备案机关处理意见：

经办人　　　　　　　　　　　　　　（公章）
备案机关负责人　　　　　　　　　　年　　月　　日</td></tr>
</table>

（2）工程竣工验收报告见表9-6。

表9-6　建设工程竣工验收报告

单位工程名称：________________工程

建设单位名称：（单位全称）________

竣工验收时间：　年　　月　　日

单位工程名称	工程		
建筑面积	m^2	结构类型、层次	
施工单位名称	（单位全称）		
勘察单位名称	（单位全称）		
设计单位名称	（单位全称）		

续表

监理单位名称	（单位全称）		
工程报建时间	年　月　日	开工时间	年　月　日
工程造价	万元，与付款证明相符合		

二程概况：

①工程地址、占地面积、周边环境情况

②简要说明工程的立项情况，包括工程投资来源与竣工后的使用用途

③工程结构情况

④工程配套设施的完善情况

⑤其他应说明的情况

对勘察单位评价：

①勘察单位提供的勘察报告是否真实、准确，并为设计单位的工作打下坚实基础

②勘察单位能否履行质量责任和义务，服务态度是否良好

③勘察单位在工作中存在＿＿＿＿＿＿＿＿＿＿＿＿＿不足

对设计单位评价：

①设计单位提供的设计文件能否满足建设单位需求，且图样已通过审图机构审查

②设计单位对于出具的与设计有关的问题能够及时处理，并提出相应处理方法

③设计修改，变更手续和资料齐全

④设计单位人员履行质量责任和义务基本到位，服务质量及态度较好

⑤设计单位在工作中存在＿＿＿＿＿＿＿＿＿＿＿＿＿不足

对施工单位评价：

①施工单位能够依据设计文件进行施工

②施工单位在工程建设过程中能够严格执行与建设有关的法律、法规和工程建设标准强制性条文的要求

③工程技术资料汇总及时、准确

④施工单位能执行各项质量管理制度和质量责任制

⑤施工单位在工作中存在＿＿＿＿＿＿＿＿＿＿＿＿＿不足

对监理单位评价：

①监理单位能够按照法律、法规、工程建设标准强制性条文、设计文件和合同，严格遵守监理守则对工程进行监理

②监理单位能够执行《建设工程监理规范》的要求，正确维护建设单位和承包单位的合法权益

③监理单位在工作中存在＿＿＿＿＿＿＿＿＿＿＿＿＿不足

④监理单位的服务质量及态度较好

续表

建设单位执行基本建设程序情况：

①工程前期工作如项目审批、规划、用地等工作已完成，各类资料基本齐全，符合要求

②建设单位根据相应法律、法规认真选择了相关的参建单位

③因为对基本建设程序的熟悉不够，建设单位在工程建设中尚存在以下问题：

a. 存在先开工后报建的现象

b. 存在审图工作滞后于工程施工现象

建设单位业主意识到建规之行为，将在今后的工程建设中杜绝以上各类现象

工程竣工验收意见：　　　　　　　　　　　　　　质量等级：合格

①该工程已完成设计文件和合同约定的各项内容

②建设参与各方的各类资料基本齐全，符合要求

③建设行政主管部门及其委托的质量监督部门要求整改的质量问题已整改完毕

④规划、环保、公安消防等部门已出具认可文件或准许使用文件或相关说明

⑤竣工验收组人员一致认为该工程通过竣工验收

工程验收结论：

符合国家质量标准；同意使用；质量等级合格

注：结论为是否符合国家标准；能否同意使用

	验收组职务	姓名	工作单位	技术职称	单位职务
竣工验收人员签名	验收组组长				
	副组长				
	验收组成员				
	建设单位项目负责人______________				（公章）
	建设单位法定代表人______________				年　月　日

注：1. 验收组组长必须由建设单位项目负责人担任。

2. 副组长及组员可由参与建设的其他部门如设计、施工、监理人员担任。

3. 监督人员是监督整个竣工验收的程序内容，因此不可作为竣工验收人员。

（3）法律、行政法规规定应当由规划、公安消防、环保部门出具的认可文件或准许使用文件。

（4）施工单位签署的工程质量保修书见表9-7。

表9-7　工程质量保修书

<table>
<tr><td>单位工程名称</td><td></td><td>竣工日期</td><td></td></tr>
<tr><td>建设单位名称</td><td>（单位全称）</td><td>施工单位名称</td><td>（单位全称）</td></tr>
<tr><td colspan="4">本工程在质量保修期内，如发生质量问题，本单位将按照《建设工程质量管理条例》、《房屋建筑工程质量保修办法》的有关规定负责质量保修，属施工质量问题，保修费用由本单位承担，属其他质量问题，保修费用由责任单位承担</td></tr>
<tr><td>质量保修范围</td><td colspan="3">在正常使用条件下，建设工程最低保修期限为：
1. 基础设施工程、房屋建筑的地基基础工程和主体结构工程，为设计文件规定的该工程的合理使用年限______年
2. 屋面防水工程，有防水要求的卫生间，房间与外墙的防渗漏，为五年
3. 供热与制冷系统，为两个采暖、制冷期
4. 电气管线、给水排水管、设备安装为两年
5. 装饰工程为两年
其他：</td></tr>
<tr><td colspan="4">注：1. 建设工程保修期，自建设单位竣工验收合格之日起计算
2. 建设工程超过保修期后，应由产权所有人（物业管理单位）进入正常的定期保养与维修</td></tr>
</table>

<table>
<tr><td rowspan="5">施工单位</td><td>法人代表</td><td>签名</td><td rowspan="5">施工企业（公章）

年　　月　　日</td></tr>
<tr><td>项目经理</td><td>签名</td></tr>
<tr><td>保修联系人</td><td>签名</td></tr>
<tr><td>联系电话</td><td></td></tr>
<tr><td>联系地址、邮编</td><td>详细地址</td></tr>
</table>

（5）施工图设计文件审查意见。

（6）单位工程质量综合验收意见。

（7）市政基础设施的有关质量检测和功能性能抽测资料。

（8）施工单位签署的工程质量保修书。

(9) 法规、规章规定必须提供的其他文件，商品住宅还应提交《住宅质量保证书》和《住宅使用说明书》。

2. 填写说明

(1) “两表”应由建设单位用黑色或蓝黑色钢笔根据表式要求认真填写。

(2) “两表”中凡涉及单位名称的项目必须完整地填写单位全称并应一致。且应与申报项目立项名称一致。

(3) “两表”中单位工程的面积、结构层数应一致。

(4) 工程概况是指工程的基本情况。

(5) 竣工验收的程序、内容、组织和标准应符合原建设部建[2000] 142 号文《房室建筑工程和市政基础设施工程竣工验收暂行办法》和《建筑工程施工质量验收统一标准》(GB/T 50300—2013) 的有关规定。

(6) 建设单位对参与工程建设的勘察、设计、施工、监理等单位在工程建设过程中的工作应作出客观、真实的评价，不得主观任意夸大或作出失实的评价。

(7) 建设单位应严格按照基本建设程序组织工程建设，并将全过程真实反映在建设工程竣工验收报告上。

(8) 建设单位应明确地给出工程竣工验收意见、质量等级和工程竣工验收结论。

(9) 竣工验收工作组应由建设单位组织参与工程施工的勘察、设计、施工、监理的工作人员组成，原则上应由建设单位人员担任验收组组长，同时可设由参建单位人员担任的 1～3 名副组长。

(10) 建设单位项目负责人可由建设单位法定代表人担任或由其委托给本单位的某位工作人员，他们应在建设工程竣工验收报告上签名。

(11) 建设工程竣工备案表上的工程质量监督机构是指县以上人民政府建设行政主管部门（建设工程质量监督站）。

（12）建设参与各方必须明确签署工程质量等级，同时该单位工程的项目负责人与该单位的法定代表应签字负责。

（13）建设单位不得在建设工程备案表的第二页上填写任何文字。

3. 其他规定

（1）备案管理部门收到备案申请后，应审查备案文件是否齐全并对照工程质量报告予以审查。对符合条件的，在《房屋建筑工程竣工验收备案表》上签署同意备案意见。对违反有关规定程序、文件不全、质量不符合国家强制性标准要求的，要求建设单位限期进行整改。达到要求后，重新申请备案。

（2）备案管理部门发现建设单位在竣工验收过程中有违反国家关于建设质量管理规定行为的，应当在收讫竣工备案文件 15 天内，责令停止使用重新组织竣工验收。

（3）竣工验收备案文件齐全，备案机关及其工作人员不办理备案手续的，由有关机关责令改正，对直接责任人员给予行政处分。

（4）备案机关收到建设单位报送的竣工验收备案文件，在验证文件齐全后，应在工程竣工验收备案表上签署文件收讫。

工程竣工验收备案表一式两份，一份由建设单位保存，一份留备案机关。

（5）对于符合条件、文件完整的房屋建筑工程，建设单位已经提出备案，备案部门在规定的时间内未办理备案手续的，建设单位可以依法申请行政复议或提请行政诉讼。

（6）工程质量监督机构应当在工程竣工验收之日起 5 日内，向备案机关提交工程质量监督报告。

相关知识

工程竣工验收备案的程序

合格工程竣工验收备案工作程序如图 9-3 所示。

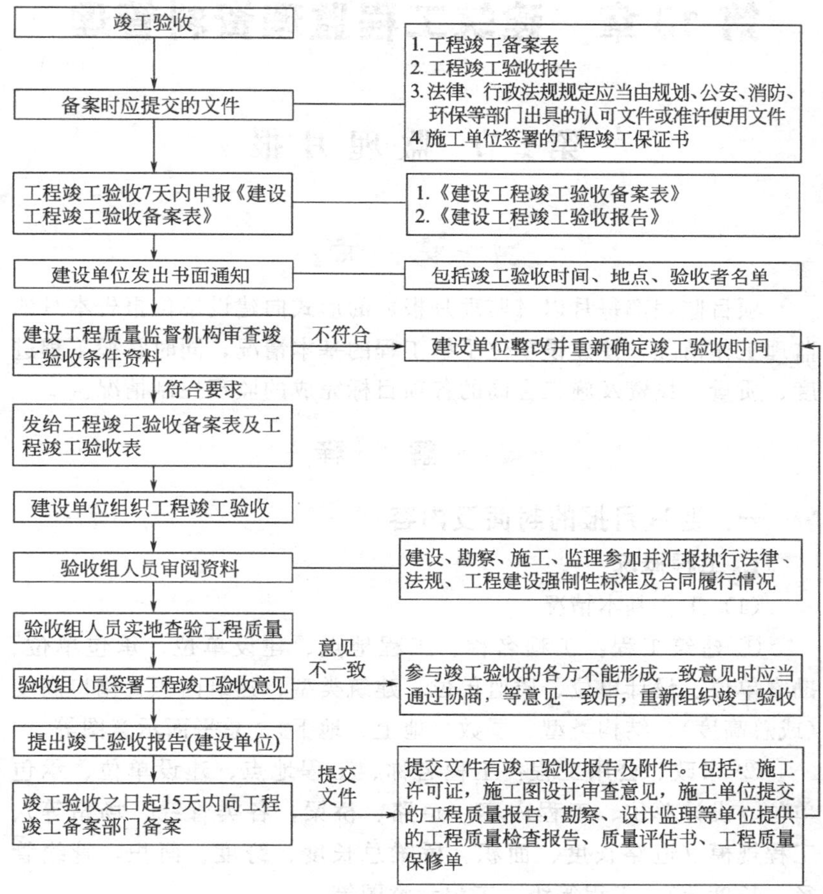

图 9-3　合格工程竣工验收备案工作程序

第 10 章 建筑工程监理资料管理

第 1 节 监理月报

要 点

项目监理部每月以《监理月报》的形式向建设单位报告本月的监理工作情况，使建设单位了解工程的基本情况，同时掌握工程进度、质量、投资及施工合同的各项目标完成的监理控制情况。

解 释

一、监理月报的封面及内容

1. 工程概况

（1）工程基本情况

① 建筑工程：工程名称、工程地点、建设单位、承包单位、勘察单位、设计单位、质监单位、建筑类型、建筑面积、檐口高度（或总高度）、结构类型、层数（地上、地下）、总平面示意图等。

② 市政、公用工程：工程名称、工程地点、建设单位、承包单位、设计单位、工程内容（道路、桥梁，各类管线、场站等）、工程规模（道路长度、面积、桥梁总长度、跨度、面积，管线管径、长度等）、工程等级、工程示意图等。

③ 合同情况：合同约定质量目标、工期、合同价等。

（2）施工基本情况

① 本期在施形象部位及施工项目。

② 施工中主要问题等。

2. 工程进度

① 工程实际完成情况与总进度计划比较。

② 本月实际完成情况与计划进度比较。

③ 本月工、料、机动态。

④ 对进度完成情况的分析（含停工、复工情况）。

⑤ 本月采取的措施及效果。

⑥ 本月在施部位工程照片。

3. 工程质量

① 分项工程和检验批质量验收情况（部位、承包单位自检、监理单位签认、一次验收合格率等）。

② 分部（子分部）工程质量验收情况。

③ 主要施工试验情况（如钢筋连接、混凝土试块强度、砌筑砂浆强度以及暖、卫、电气、通风空调施工试验等）。

④ 工程质量问题。

⑤ 工程质量情况分析。

⑥ 本月采取的措施及效果。

4. 工程计量与工程款支付

① 工程计量审批情况。

② 工程款审批及支付情况。

③ 工程款到位情况分析。

④ 本月采取的措施及效果。

5. 构配件与设备

① 采购、供应、进场及质量情况。

② 对供应厂家资质的考察情况。

6. 合同其他事项的处理情况

① 工程变更情况（主要内容、数量等）。

② 工程延期情况（申请报告主要内容及审批情况）。

③ 费用索赔情况（次数、数量、原因、审批情况）。

7. 天气对施工影响的情况

影响天数及部位。

8. 本月监理工作小结

① 对本期工程进度、质量、工程款支付等方面的综合评价。

② 意见和建议。

③ 本月监理工作的主要内容。

④ 下月监理工作的重点。

二、监理月报的编制

1. 工程概况

工程基本情况表见表 10-1。

表 10-1 工程基本情况表

工程名称					
工程地点					
工程性质					
建设单位					
勘察单位					
设计单位					
承包单位					
质监单位					
开工日期		竣工日期		工期天数	
质量目标		合同价款		承包方式	

工程项目一览表

单位工程名称	建筑面积/m^2	结构类型	地上/地下层数	檐高/m	基础及埋深	设备安装	工程造价
工程施工基本情况							

2. 承包单位项目组织系统

(1) 承包单位组织框图及主要负责人

用框图表示承包单位项目经理部主要组成人员的组织系统及人员姓名、职务，并简要介绍承包单位的资质等级，过去的工程业绩、项目经理部各主要负责人的资格证书、职称等主要情况。

(2) 主要分包单位承担分包工程的情况

主要分包单位承担分包工程的情况统计见表 10-2。

表 10-2　主要分包单位情况表

工种 人数(持证人数) 对别					分包工程名称、范围	备注

3. 工程进度

(1) 工程实际完成情况与总进度计划比较

工程实际完成情况与总进度计划的比较见表 10-3。

(2) 本月实际完成情况与总进度计划比较

本月实际完成情况与总进度计划的比较见表 10-4。

(3) 本月工、料、机动态

本月工、料、机的动态见表 10-5。

表 10-3　工程实际完成情况与总进度计划比较表

序号	年月 分部工程名称	____年												____年											
		1	2	3	4	5	6	7	8	9	10	11	12	1	2	3	4	5	6	7	8	9	10	11	12

═ 计划进度　▬ 实际进度

表 10-4　本月实际完成情况与总进度计划比较表

序号	日期 分　项 工程名称	____月						____月																								
		26	27	28	29	30	31	1	2	3	4	5	6	7	8	9	10	11	12	13	14	15	16	17	18	19	20	21	22	23	24	25

══ 计划进度　▬▬ 实际进度　　　　　　　　编制人：

表 10-5　工、料、机动态

<table>
<tr><td rowspan="3">人工</td><td>工种</td><td></td><td></td><td></td><td></td><td></td><td></td><td></td><td>其他</td><td>总人数</td></tr>
<tr><td>人数</td><td></td><td></td><td></td><td></td><td></td><td></td><td></td><td></td><td></td></tr>
<tr><td>持证人数</td><td></td><td></td><td></td><td></td><td></td><td></td><td></td><td></td><td></td></tr>
<tr><td rowspan="5">主要材料</td><td>名称</td><td>单位</td><td colspan="2">上月库存量</td><td colspan="2">本月进厂量</td><td colspan="2">本月库存量</td><td colspan="2">本月消耗量</td></tr>
<tr><td></td><td></td><td colspan="2"></td><td colspan="2"></td><td colspan="2"></td><td colspan="2"></td></tr>
<tr><td></td><td></td><td colspan="2"></td><td colspan="2"></td><td colspan="2"></td><td colspan="2"></td></tr>
<tr><td></td><td></td><td colspan="2"></td><td colspan="2"></td><td colspan="2"></td><td colspan="2"></td></tr>
<tr><td></td><td></td><td colspan="2"></td><td colspan="2"></td><td colspan="2"></td><td colspan="2"></td></tr>
<tr><td rowspan="5">主要机械</td><td>名称</td><td colspan="4">生产厂家</td><td colspan="3">规格型号</td><td colspan="2">数量</td></tr>
<tr><td></td><td colspan="4"></td><td colspan="3"></td><td colspan="2"></td></tr>
<tr><td></td><td colspan="4"></td><td colspan="3"></td><td colspan="2"></td></tr>
<tr><td></td><td colspan="4"></td><td colspan="3"></td><td colspan="2"></td></tr>
<tr><td></td><td colspan="4"></td><td colspan="3"></td><td colspan="2"></td></tr>
</table>

相关知识

监理月报的编制依据

① 建设工程监理规范《建设工程监理规范》GB/T 50319—2013。

②《建筑工程资料管理规程》DB11/T 465—2009。

③ 工程质量验收系列规范、规程和技术标准。

④ 监理单位的有关规定。

第 2 节　监理会议纪要

要　点

监理会议纪要应由项目监理部根据会议记录整理，经总监理工程师审阅，由与会各方代表会签。主要包括监理会议纪要内容、要求及监理会议纪要编制的常用表格等方面。

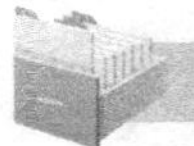

解 释

一、第一次工地会议的内容

① 建设单位、承包单位和监理单位分别介绍各自驻现场的组织机构、人员及其分工。

② 建设单位根据委托监理合同宣布对总监理工程师的授权。

③ 建设单位介绍工程开工准备情况。

④ 承包单位介绍施工准备情况。

⑤ 建设单位和总监理工程师对施工准备情况提出意见和要求。

⑥ 总监理工程师介绍监理规划的主要内容。

⑦ 研究确定各方在施工过程中参加工地例会的主要人员，召开工地例会周期、地点及主要议题。

二、经常性工地会议内容

1. 会议参加者

在开会前由监理工程师通知有关人员参加，主要人员不得缺席。

① 监理方参加者：总监理工程师（总监代表）、驻地监理工程师。

② 承包方参加者：项目经理（或副经理）、技术负责人及其他有关人员、分包商参加会议由承包商确定。

③ 业主：邀请业主代表参加。

在某些特殊情况下，还可邀请其他有关单位参加会议。

2. 会议资料的准备

会议资料的准备是开好经常性工地会议的重要环节，参会者务必提前做好准备。

① 监理工程师应准备以下资料：上次工地会议的记录；承包商对监理程序执行情况分析资料；施工进度的分析资料；工程质量情况及有关技术问题的资料；合同履行情况分析资料；其他相关资料。

② 承包商应准备以下主要资料：工程进度图表；气象观测资料；试验数据资料；观测数据资料；人员及设备清单；现场材料的种类、数量及质量；有关事项说明资料，如进度和质量分析、安全问题分析、技术方案问题、财务支付问题、其他需要说明的问题。

3. 会议程序

① 确认上次工地会议记录。对上次会议的记录若有争议，就确认各方同意的上次会议记录。

② 工程进度情况。审核主要工程部分的进度情况；影响进度的主要问题；对所采取的措施进行分析。

③ 工程进度的预测。介绍下期的进度计划、主要措施。

④ 承包商投入人力的情况。提供到场人员清单。

⑤ 机械设备到场情况。提供现场施工机械设备清单。

⑥ 材料进场情况。提供进场材料清单，讨论现场材料的质量及其适用性。

⑦ 有关技术事宜。讨论相关的技术问题。

⑧ 财务事宜。讨论有关计量与支付的任何问题。

⑨ 行政管理事宜。工地试验情况；各单位间的协调；与公共设施部门的关系；监理工作程序；安全状况等。

⑩ 合同事宜。未决定的工程变更情况；延期和索赔问题；工程保险等。

⑪ 其他方面的问题。

⑫ 下次会议的时间与地点、主要内容等。

4. 会议记录

经常性工地会议应有专人做好记录。记录的主要内容一般包括：会议时间、地点及会议序号；出席会议人员的姓名、职务及单位；会议提交的资料；会议中发言者的姓名及发言内容；会议的有关决定。

会议记录要真实、准确，同时必须得到监理工程师及承包商的同意。同意的方式可以是在会议记录上签字，也可以在下次工地会议上对记录取得口头上认可。

三、监理会议纪要编制的常用表格

监理会议纪要编制常用表格见表10-6～表10-8。

表10-6　第一次工地会议纪要

<table>
<tr><td>单位工程名称</td><td colspan="2"></td><td colspan="2">工程造价/万元</td><td></td></tr>
<tr><td>建筑面积/m²</td><td colspan="2"></td><td colspan="2">结构类型层数</td><td></td></tr>
<tr><td>建设单位</td><td colspan="2"></td><td colspan="2">项目负责人</td><td></td></tr>
<tr><td>勘察单位</td><td colspan="2"></td><td colspan="2">项目负责人</td><td></td></tr>
<tr><td>设计单位</td><td colspan="2"></td><td colspan="2">项目负责人</td><td></td></tr>
<tr><td>施工单位</td><td colspan="2"></td><td colspan="2">项目经理</td><td></td></tr>
<tr><td>监理单位</td><td colspan="2"></td><td colspan="2">总监理工程师</td><td></td></tr>
<tr><td>会议时间</td><td>年　月　日</td><td>地点</td><td></td><td>主持人</td><td></td></tr>
<tr><td colspan="6">签到栏：</td></tr>
<tr><td colspan="6">会议内容纪要：</td></tr>
<tr><td colspan="6">建设单位驻现场的组织机构、人员及分工情况：</td></tr>
<tr><td colspan="6">施工单位驻现场的组织机构、人员及分工情况：</td></tr>
<tr><td colspan="6">监理单位驻现场的组织机构、人员及分工情况：</td></tr>
<tr><td colspan="6">建设单位根据委托监理合同宣布对总监理工程师的授权：</td></tr>
<tr><td colspan="6">建设单位介绍工程开工准备情况：</td></tr>
<tr><td colspan="6">施工单位介绍施工准备情况：</td></tr>
<tr><td colspan="6">建设单位对施工准备情况提出的意见和要求：</td></tr>
<tr><td colspan="6">总监理工程师对施工准备情况提出的意见和要求：</td></tr>
<tr><td colspan="6">总监理工程师介绍监理规划的主要内容：</td></tr>
<tr><td colspan="6">研究确定的各方在施工过程中参加工地例会的主要人员：
建设单位：
施工单位：
监理单位：
召开工地例会周期、地点及主要议题：</td></tr>
</table>

表 10-7　工地例会

工程名称		编号	
会议名称		主持人	
会议时间	年　月　日	地点	
签到栏：			
会议内容纪要			
检查上次例会议定事项的落实情况、分析未完事项原因：			
检查分析工程项目进度计划完成情况，提出下一阶段进度目标及其落实措施：			
检查工程质量核定及工程款支付情况：			
解决需要协调的有关事项：			
其他有关事宜：			

表 10-8　专题会议

工程名称		编号	
会议名称		主持人	
会议时间	年　月　日	地点	
签到栏：			
会议内容纪要			

相关知识

第一次工地会议准备的内容

第一次工地会议由总监理工程师主持，业主、承包商、指定分包商、专业监理工程师等参加，各方准备工作的内容如下。

① 监理单位准备工作的内容包括：现场监理组织的机构框图及各专业监理工程师、监理人员名单及职责范围；监理工作的例行程序及有关表达说明。

② 业主准备的工作内容包括：派驻工地的代表名单以及业主的组织机构；工程占地、临时用地、临时道路、拆迁以及其他与工程开工有关的条件；施工许可证、执照的办理情况；资金筹集情况；施工图纸及其交底情况。

③ 承包商准备工作的内容包括：工地组织机构图表，参与工程的主要人员名单以及各种技术工人和劳动力进场计划表；用于工程的材料、机械的来源及落实情况；供材计划清单；各种临时设施的准备情况，临时工程建设计划；试验室的建立或委托试验室的资质、地点等情况；工程保险的办理情况，有关已办手续的副本；现场的自然条件、图纸、水准基点及主要控制点的测量复核情况；为监理工程师提供的设备准备情况；施工组织总设计及施工进度计划；与开工有关的其他事项。

第3节 监理工作日志

要 点

监理日志是项目监理机构在被监理工程施工期间每日记录气象、施工记录、监理工作及有关事项的日记。以项目监理部的监理工作为记载对象，从经历工作开始至监理工作结束止，由专人负责逐日记载。

解　释

一、监理工作日志的要点

① 监理日志以单位工程为记录对象，从工程开工之日始至工程竣工日止，由专人或相关人逐月记载，记载内容应保持其连续和完整。

② 监理日志应使用统一格式的《监理日志》，每册封面应标明工程名称、册号、记录时间段及建设、设计、施工、监理单位名称，并由总监理工程师签字。

③ 监理人员巡检，专检或工作后应及时填写监理日记并签字。

④ 监理日记不得补记，不得隔页或扯页以保持其原始记录。

⑤ 监理工作工程巡检中监理日志的记录内容。

监理日志是监理资料中重要的组成部分，是监理服务工作量和价值的体现，是工程实施过程中最真实的工作证据，也是监理人员素质和技术水平的体现。

二、监理日志的推荐格式

施工监理日记推荐格式见表 10-9。

表 10-9　施工监理日记

工程名称		编号	
施工部位		日期	
气象情况	最高气温　℃　最低气温　℃　风力：　级		
1			
2			

主要事项记载：

记录人：______

相关知识

监理工作日志的填写要求

监理日记的记录是监理资料中较重要的组成部分，是工程实施过程中最真实的工作证据，是记录人素质、能力和技术水平的体现。所以监理日记的内容必须保证真实、全面，充分体现参建各方合同的履行程度。公正地记录好每天发生的工程情况是监理人员的重要职责。

监理工作日记应以项目监理部的监理工作为记载对象，从监理工作开始起至监理工作结束止，由专人负责逐日记载。

1. 准确记录时间

气象监理人员在书写监理日记时，往往只重视时间记录，而忽视了气象记录，其实气象记录的准确性和工程质量有直接的关系。

① 混凝土强度、砂浆强度在不同气温条件下的变化值有着明显的区别，监理人员可以根据混凝土浇捣时的温度及今后几天的气温变化，准确计算出强度的理论计算值，从而判断是否具备拆模条件，是否具备承载能力，承载能力有多少。

② 在地基与基础工程、主体工程、装饰工程、屋面工程等分部工程施工过程中，气象的变化直接影响工程的施工质量。有些工程在单位工程结束后出现一系列的质量问题，调查人员即可根据问题部位的监理日记作出分析，有的质量问题可能就与气象有直接的关系。比如雨季施工时，基槽遭雨水浸泡，引起土壤变化进而影响基础工程的质量。

2. 做好现场巡查，真实、准确、全面地记录工程相关问题

① 监理人员在书写监理日记之前，必须做好现场巡查，增加巡查次数，提高巡查质量，巡查结束后按不同专业、不同施工部位进行分类整理，最后工整地书写监理日记，并做记录人的签名工作。

② 监理人员在做监理日记记录时，往往只记录工程进度，而

对施工中存在的问题没有做好记录，或者认为问题较小，没有必要写在日记当中；或者认为问题已经解决，没有必要再找麻烦。其实这就忽视了自身价值的体现。现在许多业主方并不理解监理工作在工程项目中的作用，如果我们在日常的资料中没有记录监理发现的问题，没有记录监理的监督工作，怎么能让业主方更多地了解监理的工作内容和服务宗旨。所以在记录监理日记时，要真实、准确、全面地反映与工程相关的一切问题（包括“三控制”、“二管理”、“一协调”）。

③ 监理人员在做监理日记记录时，往往只记录工程进度、存在问题。没有记录问题是怎样解决的。应该说，发现问题是监理人员经验和观察力的表现，解决问题是监理人员能力和水平的体现。在监理工作中，并不只是发现问题，更重要的是怎样科学合理地解决问题。所以监理日记要记录好发现的问题、解决的方法以及整改的过程和程度。

3. 关心安全文明施工管理，做好安全检查记录

一般的监理合同中大多不包括安全内容。虽然安全检查属于合同外的服务，但直接影响操作工人的情绪。进而影响工程质量，所以监理人员也要多关心、多提醒。做好检查记录，从而保证监理工作的正常开展。

4. 书写工整、规范用语、内容严谨

工程监理日记充分展现了记录人对各项活动、问题及其相关影响的表达。文字如处理不当，比如错别字多，涂改明显，语句不通，不符逻辑，或用词不当、用语不规范、采用日常俗语等等都会产生不良后果。语言表达能力不足的监理人员在日常工作中要多熟悉图纸、规范，提高技术素质，积累经验，掌握写作要领，严肃认真地记录好监理日记。

5. 日记完成后的工作

书写好监理日记后，要及时交总监审查，以便及时沟通和了解，从而促进监理工作正常有序地开展。

第4节　工程进度控制资料

要　点

工程季度控制资料主要包括工程开工报审表、施工进度计划报验申请表、工程临时延期申请表和工程临时延期审批表等资料。

解　释

一、工程开工报审表

工程开工报审表（含必要的附件）见表10-10。

表10-10　工程开工报审表

<table>
<tr><td rowspan="2">工程名称</td><td rowspan="2"></td><td>施工编号</td><td></td></tr>
<tr><td>监理编号</td><td></td></tr>
<tr><td></td><td></td><td>日期</td><td></td></tr>
<tr><td colspan="4">致________(监理单位)
我方承担的________工程，已完成了以下各项工作，具备了开工条件，特此申请施工，请核查并签发开工指令。
附件：

施工总承包单位(章)________
项目经理________</td></tr>
<tr><td colspan="4">审查意见：

监理单位________
总监理工程师________
日　期________</td></tr>
</table>

二、施工进度计划报验申请表

施工进度计划报验申请见表10-11。

表 10-11 施工进度计划报验申请表

<table>
<tr><td>工程名称</td><td></td><td>编号</td><td></td></tr>
<tr><td colspan="4">致：__________（监理单位）
我单位已经完成了____________________工作，现报上该工程报验申请表，请予以审查和验收
附件：

施工单位(章)____________
项目经理____________
日期____________</td></tr>
<tr><td colspan="4">审查意见：

监理单位____________
总监理工程师____________
日期____________</td></tr>
</table>

三、工程临时延期申请表

工程临时延期申请见表 10-12。

表 10-12 工程临时延期申请表

<table>
<tr><td>工程名称</td><td></td><td>编号</td><td></td></tr>
<tr><td colspan="4">致：__________（监理单位）
根据施工合同条款第______条的规定，由于____________________________原因，我方申请工程延期，请予以批准
工程延期的依据及工期计算：

合同竣工日期：
申请延长竣工日期：
附：证明材料

施工单位名称：　　　　项目经理(签字)：</td></tr>
</table>

四、工程临时延期审批表

工程临时延期审批见表 10-13。

表 10-13　工程临时延期审批表

工程名称		编号	

致：________________________（施工总承包/专业承包单位）

根据施工合同条款第________条的规定，我方对你方提出的________工程延期申请（第______号）要求延长工期______日历天的要求，经审核评估：

□同意工期延长______日历天。使竣工日期（包括已指令延长的日期）从原来的××年××月××日延迟到××年××月××日。请你方执行

□不同意延长工期，请按约定竣工日期组织施工

说明：

监理单位____________

总监理工程师____________

日期____________

相关知识

工程进度控制的基本程序

① 总监理工程师审批承包单位报送的施工总进度计划。

② 总监理工程师审批承包单位编制的年、季、月度施工进度计划。

③ 专业监理工程师对进度计划实施情况检查、分析。

④ 当实际进度符合计划进度时，应要求承包单位编制下一期进度计划；当实际进度滞后于计划进度时，专业监理工程师应书面通知承包单位采取纠偏措施并监督实施。

工程进度控制框图如图 10-1 所示。

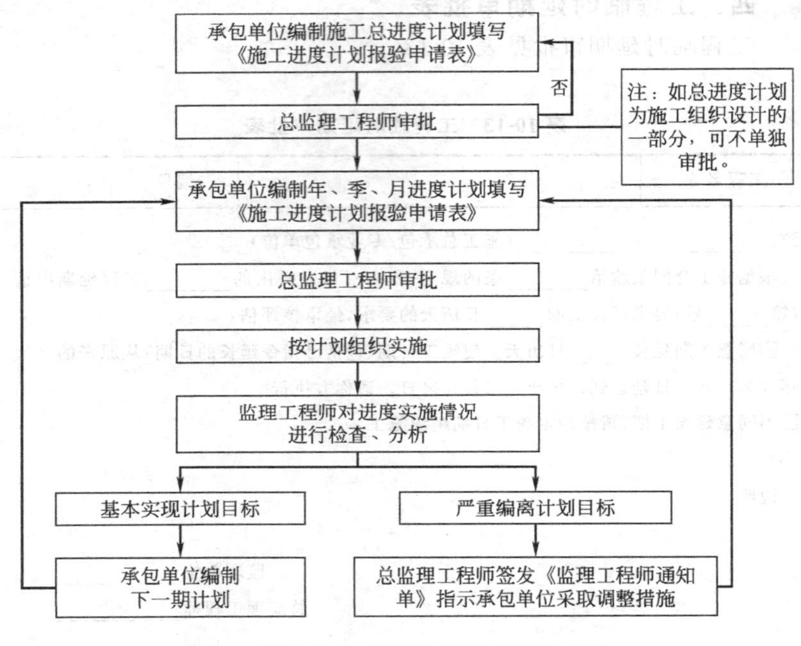

图 10-1　工程进度控制框图

第 5 节　工程质量控制资料

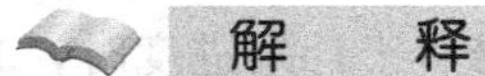

工程质量控制资料主要包括工程材料报审表、分项/分部工程施工报验表、隐蔽工程报验申请表、不合格项处置记录表和旁站监理记录等。

要　点

解　释

一、工程材料报审表

工程材料报审表见表 10-14。

表 10-14 工程材料报审表

工程名称		编号	

致：____________(监理单位)

我方于××年××月××日进场的工程材料/构配件/设备数量如下(见附件)。现将质量证明文件及自检结果报上，拟用于下述部位：

附件：

1. 数量清单

2. 质量证明文件

3. 自检结果

施工单位(章)____________

项目经理____________

日期____________

审查意见：

监理单位____________

总监理工程师____________

日期____________

二、分项/分部工程施工报验表

分项/分部工程施工报验表填写表式见表 10-15。

表 10-15　分项/分部工程施工报验表

<table>
<tr><td rowspan="2">工程名称</td><td rowspan="2"></td><td>编号</td><td></td></tr>
<tr><td>日期</td><td></td></tr>
</table>

现我方已完成______(层)______(轴线或房间)______(高程)______(部位)的______工程，经我方检验符合设计、规范要求，请予以验收。

附件：　名称　页数　编号

1.□质量控制资料汇总表　____页　________

2.□隐蔽工程检查记录表　____页　________

3.□预检记录　____页　________

4.□施工记录　____页　________

5.□施工试验记录　____页　________

6.□分部工程质量检验评定记录　____页　________

7.□分项工程质量检验评定记录　____页　________

8.□　____页　________

9.□　____页　________

10.□　____页　________

质量检查员(签字)：

承包单位名称：　技术负责人(签字)：

审查意见：

审查结论：　□合格　□不合格

监理单位名称：　(总)监理工程师(签字)：　审查日期：

注：本表由承包单位填报，监理单位、承包单位各存一份。分项分部工程不合格，应填写《不合格项处置记录》，分部工程应由总监理工程师签字。

三、隐蔽工程报验申请表

隐蔽工程报验申请表见表 10-16。

四、不合格项处置记录表

监理工程师在隐蔽工程验收和检验批验收中，针对不合格的工程应填写《不合格项处置记录》。填写表式见表 10-17。

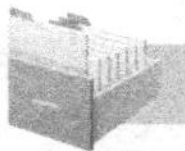

表 10-16　隐蔽（检验批、分项、分部）工程报验申请表

<table>
<tr><td>工程名称</td><td></td><td>编号</td><td></td></tr>
<tr><td colspan="4">致：＿＿＿＿＿＿＿＿＿＿（监理单位）
我单位已经完成了＿＿＿＿＿＿＿＿＿＿＿＿工作，现报上该工程报验申请表，请予以审查和验收。
附件：

施工单位（章）＿＿＿＿＿＿
项目经理＿＿＿＿＿＿
日期＿＿＿＿＿＿</td></tr>
<tr><td colspan="4">审查意见：

监理单位＿＿＿＿＿＿
总监理工程师＿＿＿＿＿＿
日期＿＿＿＿＿＿</td></tr>
</table>

表 10-17　不合格项处置记录

<table>
<tr><td rowspan="2">工程名称</td><td rowspan="2"></td><td>编号</td><td></td></tr>
<tr><td>发生/发现日期</td><td></td></tr>
<tr><td colspan="4">不合格项发生部位与原因：
致＿＿＿＿（单位）：
由于以下情况的发生，使你单位在＿＿＿发生严重□/一般□不合格项，请及时采取措施予以整改。
具体情况：

□自行整改
□整改后报我方验收
签发单位名称：　　签发人（签字）　　日期</td></tr>
<tr><td colspan="4">不合格项改正措施：

整改限期：
整改责任人（签字）：
单位责任人（签字）：</td></tr>
</table>

不合格项整改结果：

致：____________(签发单位)：

根据你方提示，我方已完成整改，请予以验收。

单位负责人(签字)：　　　日期：

整改结论：　☐同意验收　☐________

　　　　　　☐继续整改　☐________

验收单位名称：　验收人(签字)　　　日期：

注：本表由下达方填写，整改方填报整改结果，双方各存一份。

五、旁站监理记录

旁站监理记录见表 10-18。

表 10-18　旁站监理记录

工程名称				编号	
开始时间		结束时间		日期及天气	

监理的部位或工序：

施工情况：

监理情况：

发现问题：

处理结果：

备注：

监理单位名称：________ 旁站监理人员(签字)：________	施工单位名称：________ 质检员(签字)：________

相关知识

工程质量问题和质量事故处理

工程质量问题和质量事故处理应注意以下几点。

① 对施工过程中出现的质量缺陷，专业监理工程师应及时下达《监理工程师通知单》，要求承包单位整改，并检查整改结果。

② 监理人员发现施工存在重大质量隐患，可能造成质量事故或已经造成质量事故，应通过总监理工程师及时下达《工程暂停令》，要求承包单位停工整改。整改完毕并经监理人员复查，符合规定要求后，总监理工程师应及时签署工程复工报审表。总监理工程师下达《工程暂停令》和签署工程复工报审表，宜事先向建设单位报告。

③ 对需要返工处理或加固补强的质量事故，总监理工程师应责令承包单位报送质量事故调查报告和经设计单位等相关单位认可的处理方案，项目监理机构应对质量事故的处理过程和处理结果进行跟踪检查和验收。

总监理工程师应及时向建设单位及本监理单位提交有关质量事故的书面报告，并应将完整的质量事故处理记录整理归档。

第 6 节　工程造价控制资料

要　点

工程造价控制资料主要包括工程款支付申请表、工程款支付证书、费用索赔申请表和费用索赔审批表等内容。

解　释

一、工程款支付申请表

工程款支付申请表见表 10-19。

表 10-19　工程款支付申请表

工程名称		编号	

致：____________（监理单位）

我方已完成了______工作，按施工合同规定，建设单位应在____年__月__日前支付该项工程款共（大写）________（小写：________），现报上________工程付款申请表，请予以审查并开具工程款支付证书。

附件：

1. 工程量清单：
2. 计算方法：

施工单位名称：　　　　　　　　项目经理（签字）：

二、工程款支付证书

工程款支付证书见表 10-20。

表 10-20　工程款支付证书

工程名称		编号	

致：____________（建设单位）

根据施工合同____条____款的约定，经审核施工单位的支付申请及附件，并扣除有关款项，同意本期支付工程款共（大写）________（小写：________）。请按合同约定及时支付。

其中：

1. 施工单位申报款为：____________
2. 经审核施工单位应得款为：____________
3. 本期应扣款为：____________
4. 本期应付款为：____________

附件：

1. 施工单位的工程支付申请表及附件；
2. 项目监理机构审查记录。

监　理　单　位____________
总监理工程师____________
日　　　　期____________

三、费用索赔申请表

费用索赔申请表见表 10-21。

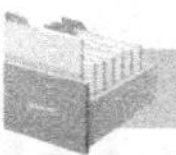

表 10-21　费用索赔申请表

工程名称		编号	

致：＿＿＿＿＿＿＿＿＿＿（监理单位）

根据施工合同条款＿×＿条规定，由于＿＿＿＿＿＿＿＿＿＿＿＿＿＿原因，我方要求索赔金额（大写）＿＿＿＿＿＿元，请予以批准。

索赔的详细理由即经过：

索赔金额的计算：

附：证明材料

施工单位名称：　　　　　　　　　　项目经理（签字）：

四、费用索赔审批表

费用索赔审批表见表 10-22。

表 10-22　费用索赔审批表

工程名称		编号	

致：＿＿＿＿＿＿＿＿＿＿（施工总承包/专业承包单位）

根据施工合同条款＿＿＿条的规定，你方提出的＿＿＿＿＿＿费用索赔申请（第×××号），索赔（大写）＿＿＿＿＿＿，经我方审核评估：

□不同意此项索赔

□同意此项索赔，金额为（大写）＿＿＿＿＿元。

同意/不同意索赔的理由：

索赔金额的计算：

监理单位＿＿＿＿＿＿

总监理工程师＿＿＿＿＿＿

日期＿＿＿＿＿＿

相关知识

一、工程造价控制原则

① 应严格执行建设工程施工合同中所约定的合同价、单价、工程量计算规则和工程款支付方法。

② 应坚持对报验资料不全、与合同文件的约定不符、未经监理工程师质量验收合格或有违约的工程量不予计量和审核，拒绝该部分工程款的支付。

③ 处理由于工程变更和违约索赔引起的费用增减应坚持合理、公正。

④ 对有争议的工程量计量和工程款支付，应采取协商的方法确定，在协商无效时，由总监理工程师做出决定。若仍有争议，可执行合同争议调解的基本程序。

⑤ 对工程量及工程款的审核应在建设工程施工合同所约定的时限内。

二、工程造价控制方法

① 项目监理机构应依据施工合同有关条款、施工图，对工程项目造价目标进行风险分析，并应制定防范性对策。

② 总监理工程师应从造价、项目的功能要求、质量和工期等方面审查工程变更的方案，并宜在工程变更实施前与建设单位、承包单位协商确定工程变更的价款。

③ 项目监理机构应按施工合同约定的工程量计算规则和支付条款进行工程量计量和工程款支付。

④ 专业监理工程师应及时建立月完成工程量和工作量统计表，对实际完成量与计划完成量进行比较、分析，制定调整措施，并应在监理月报中向建设单位报告。

⑤ 专业监理工程师应及时收集、整理有关的施工和监理资料，为处理费用索赔提供证据。

⑥ 项目监理机构应及时按施工合同的有关规定进行竣工结算，

并应对竣工结算的价款总额与建设单位和承包单位进行协商。当无法协商一致时，应按相关规定进行处理。

⑦ 未经监理人员质量验收合格的工程量，或不符合施工合同规定的工程量，监理人员应拒绝计量和该部分的工程款支付申请。

第7节 工程竣工验收资料

要 点

施工单位在单位工程完工，经自检合格并达到竣工验收条件后，填写单位工程竣工预验收报验表，并附相应的竣工资料（包括分包单位的竣工资料）报项目监理部，申请工程竣工预验收。

解 释

一、填表要求

（1）单位（子单位）工程承包单位自检符合竣工条件后，向项目监理机构提出工程竣工验收。

（2）工程预验收通过后，总监理工程师应及时报告建设单位和编写工程质量评估报告文件。

（3）工程项目

指施工合同签订的达到竣工要求的工程名称。

（4）附件

指用于证明工程按合同约定完成并符合竣工验收要求的全部竣工资料。

（5）审查意见

总监理工程师组织专业监理工程师按现行的单位（子单位）工程竣工验收的有关规定逐项进行核查，并对工程质量进行预验收，根据核查和预验收结果，将“不符合”或“符合”用横线划掉；全部符合要求的，将“不合格”、“不可以”用横线划掉；否则，将“合格”、“可以”用横线划掉，并向承包单位列出不符合项目的清单和要求。

(6) 单位（子单位）工程竣工应符合下列条件：

① 按承包合同已完成了设计文件的全部内容，且单位（子单位）工程所含分部（子分部）工程的质量均已验收合格；

② 质量控制材料完整；

③ 单位（子单位）工程所含分部工程有关安全和功能的检测资料完整；

④ 主要使用功能项目的抽查结果符合相关专业质量验收规范的规定；

⑤ 观感质量验收符合要求。

(7) 工程竣工预验报验程序

① 单位（子单位）工程完成后，承包单位要依据质量标准、设计图纸等组织有关人员自检，并对检测结果进行评定，符合要求后填写工程竣工报验单并附工程验收报告和完整的质量资料报送项目监理机构，申请竣工预验收。

② 总监理工程师组织各专业监理工程师对竣工资料进行核查：构成单位工程的各分部工程均已验收，且质量验收合格；按《建筑工程施工质量验收统一标准》GB 50300—2013 附录 H（表 H.0.1-2）和相关专业质量验收规范的规定，相关资料文件完整。

③ 涉及安全和使用功能的分部工程有关安全和功能检验资料，按《建筑工程施工质量验收统一标准》GB 50300—2013 附录 H（表 H.0.1-3）逐项复查。不仅要全面检查其完整性（不得有漏检缺项）。而且对分部工程验收时补充进行的见证抽样检验报告也要复查。

④ 总监理工程师应组织各专业监理工程师会同承包单位对各专业的工程质量进行全面检查、检测，按《建筑工程施工质量验收统一标准》GB 50300—2013 附录 H（表 H.0.1-4）进行观感质量检查，对发现影响竣工验收的问题，签发《工程质量整改通知》，要求承包单位整改，承包单位整改完成，填报《监理工程师通知回复单》，由专业监理工程师进行复查，直至符合要求。

⑤ 对需要进行功能试验的工程项目（包括单机试车和无负荷

试车)，专业监理工程师应督促承包单位及时进行试验，并对重要项目进行现场监督、检查，必要时请建设单位和设计单位参加。专业监理工程师应认真审查试验报告单。

⑥ 专业监理工程师应督促承包单位搞好成品保护和现场清理。

⑦ 经项目监理机构对竣工资料及实物全面检查，验收合格后由总监理工程师签署工程竣工报验单和竣工报告。

⑧ 竣工报告经总监理工程师、监理单位法定代表人签字并加盖监理单位公章后，由施工单位向建设单位申请竣工。

⑨ 总监理工程师组织专业监理工程师编写质量评估报告。总监理工程师、监理单位技术负责人签字并加盖监理单位公章后报建设单位。

二、单位工程竣工预验收报验表

单位工程竣工预验收报验表见表10-23。

表 10-23　单位工程竣工预验收报验表

<table>
<tr><td>工程名称</td><td></td><td>编号</td><td></td></tr>
<tr><td colspan="4">致：__________(监理单位)
我方已按合同要求完成了__________工程，经自检合格，请予以检查和验收
附件：
1. 单位(子单位)工程质量控制资料核查记录
2. 单位(子单位)工程安全和功能检验资料核查及主要功能抽查记录
3. 单位(子单位)工程观感质量检查记录
施工单位(章)__________
项目经理__________
日期××年××月××日</td></tr>
<tr><td colspan="4">审查意见：
经初步验收，该工程
1. 符合/不符合我国现行法律、法规要求
2. 符合/不符合我国现行工程建设标准
3. 符合/不符合设计文件要求
4. 符合/不符合施工合同要求
综上所述，该工程初步验收合格/不合格，可以/不可以组织正式验收
监理单位__________
总监理工程师__________
日期__________</td></tr>
</table>

相关知识

工程竣工验收资料编制要求

(1) 当工程达到基本交验条件时，应组织各专业监理工程师对各专业工程的质量情况、使用功能进行全面检查，对发现影响竣工验收的问题签发《监理工程师通知单》要求承包单位进行整改。

(2) 对需要进行功能试验的项目（包括无负荷试车），应督促承包单位及时进行试验；认真审阅试验报告单，并对重要项目现场监督；必要时应请建设单位及设计单位派代表参加。

(3) 总监理工程师组织竣工预验收

① 要求承包单位在工程项目自检合格并达到竣工验收条件时，填写工程竣工报验单，并附相应竣工资料（包括分包单位的竣工资料）报项目监理部，申请竣工预验收。

② 总监理工程师组织项目监理部监理人员对质量控制资料进行核查，并督促承包单位完善。

③ 总监理工程师组织监理工程师和承包单位共同对工程进行检查验收。

参 考 文 献

[1] 建筑地基基础工程施工质量验收规范（GB 50202—2002）[S]. 北京：中国计划出版社，2002.

[2] 砌体工程施工质量验收规范（GB 50203—2011）[S]. 北京：中国建筑工业出版社，2012.

[3] 混凝土结构工程施工质量验收规范（GB 50204—2015）[S]. 北京：中国建筑工业出版社，2015.

[4] 钢结构工程施工质量验收规范（GB 50205—2001）[S]. 北京：中国计划出版社，2003.

[5] 屋面工程质量验收规范（GB 50207—2012）[S]. 北京：中国建筑工业出版社，2012.

[6] 地下防水工程质量及验收规范（GB 50208—2011）[S]. 北京：中国建筑工业出版社，2012.

[7] 建筑装饰装修工程质量验收规范（GB 50210—2001）[S]. 北京：中国标准出版社，2002.

[8] 建筑给水排水及采暖工程施工质量验收规范（GB 50242—2002）[S]. 北京：中国建筑工业出版社，2002.

[9] 通风与空调工程施工质量验收规范（GB 50243—2016）[S]. 北京：中国计划出版社，2017.

[10] 建筑电气工程施工质量验收规范（GB 50303—2015）[S]. 北京：中国建筑工业出版社，2016.

[11] 电梯工程施工质量验收规范（GB 50310—2002）[S]. 北京：中国建筑工业出版社，2002.

[12] 智能建筑工程质量验收规范（GB 50339—2013）[S]. 北京：中国建筑工业出版社，2014.

[13] 建筑工程施工质量验收统一标准（GB 50300—2013）[S]. 北京. 中国建筑工业出版社，2014.

[14] 建设工程监理规范（GB/T 50319—2013）[S]. 北京：中国建筑工业出版社，2014.

[15] 建设工程文件归档整理规范（GB/T 50328—2014）[S]. 北京：中国建筑工业出版社，2015.